Arbeitszeugnisse für D
Schummelseit

AUCH FÜR ARBEITSZEUGNISSE GILT: OHNE REGELN GEHT ES NICHT.

- ✔ Jeder Arbeitnehmer hat beim Austritt aus dem Arbeitsverhältnis Anspruch auf ein Arbeitszeugnis.
- ✔ Auch Freiberufler oder Dienstleister können ein Arbeitszeugnis beanspruchen.
- ✔ Es besteht kein rechtlicher Anspruch auf ein Zwischenzeugnis, mit Ausnahme bei Vorlage eines triftigen Grunds, wie etwa dem drohenden Verlust des Arbeitsplatzes.
- ✔ Der Arbeitnehmer entscheidet, ob es ein einfaches Arbeitszeugnis (ohne Bewertung von Leistung und Verhalten) oder ein qualifiziertes Arbeitszeugnis (mit Bewertung von Leistung und Verhalten) sein soll.
- ✔ Arbeitszeugnisse müssen wahr und zugleich wohlwollend ausgestellt werden.
- ✔ Arbeitszeugnisse müssen mit der nötigen Sorgfalt erstellt werden. Enthält ein Arbeitszeugnis Rechtschreibfehler, ist es verschmutzt oder geknickt, muss es neu ausgefertigt werden.
- ✔ Arbeitgebern ist es verboten, Formulierungen zu verwenden, die den Zweck haben den Arbeitnehmer mit einer aus dem Wortlaut nicht ersichtlichen Weise zu kennzeichnen, etwa, dass er engagiert für die Interessen der Kollegen eintrat, was in Wirklichkeit bedeutet, dass er Mitglied des Betriebsrats war.
- ✔ Verboten sind auch die Verwendung von Geheimzeichen und alle Aussagen, die sich auf das Privatleben beziehen.

Alle wichtigen Informationen zu den rechtlichen Grundlagen finden Sie ausführlich in Kapitel 1.

DER RICHTIGE AUFBAU

- ✔ Überschrift: Zeugnis, Zwischenzeugnis, Ausbildungszeugnis, Praktikumszeugnis
- ✔ Einleitungssatz mit Stammdaten, Position und Beschäftigungszeit
- ✔ Kurze Beschreibung des Unternehmens (optional und je nach Größe der Firma)
- ✔ Werdegang und Beschreibung der Tätigkeiten/Aufgaben (chronologisch)

Arbeitszeugnisse für Dummies

Schummelseite

- ✔ Beurteilung von Leistung und Verhalten
- ✔ Grund für die Zeugnisausstellung
- ✔ Schlussformel (Dank, Bedauern und Wünsche für die Zukunft)
- ✔ Ort und Datum
- ✔ Unterschrift

Schlagen Sie Kapitel 2 auf, wenn Sie mehr zum Aufbau des Arbeitszeugnisses erfahren möchten. Auch in den Musterzeugnissen in Kapitel 7 können Sie sich den perfekten Aufbau von Arbeitszeugnissen genauer ansehen.

WAS NICHT DRINSTEHEN DARF

- ✔ Betriebsratstätigkeiten
- ✔ Erkrankungen und Behinderungen
- ✔ Gewerkschafts- und Parteizugehörigkeiten
- ✔ Angaben zur Religion oder zur sexuellen Ausrichtung
- ✔ Nebenberufliche oder ehrenamtliche Tätigkeiten
- ✔ Gehalt
- ✔ Grund der Kündigung

Was nicht in einem Arbeitszeugnis stehen darf, erfahren Sie in Kapitel 11, aber auch bei den Rechtsgrundlagen in Kapitel 1 können Sie weitere Informationen hierzu nachschlagen.

Arbeitszeugnisse für Dummies

Jennifer Herbert

Arbeitszeugnisse für dummies®

BWL 163
19 :STB Misburg
3616395:02.12.2019
CoT:1018095

WILEY
WILEY-VCH Verlag GmbH & Co. KGaA

Arbeitszeugnisse für Dummies

Bibliografische Information der Deutschen Nationalbibliothek

Die Deutsche Nationalbibliothek verzeichnet diese Publikation in der Deutschen Nationalbibliografie; detaillierte bibliografische Daten sind im Internet über http://dnb.d-nb.de abrufbar.

1. Auflage 2019

© 2019 WILEY-VCH Verlag GmbH & Co. KGaA, Weinheim

All rights reserved including the right of reproduction in whole or in part in any form.

Alle Rechte vorbehalten inklusive des Rechtes auf Reproduktion im Ganzen oder in Teilen und in jeglicher Form.

Wiley, die Wiley logo, Für Dummies, the Dummies Man logo, and related trademarks and trade dress are trademarks or registered trademarks of John Wiley & Sons, Inc. and/or its affiliates, in the United States and other countries. Used by permission.

Wiley, die Bezeichnung »Für Dummies«, das Dummies-Mann-Logo und darauf bezogene Gestaltungen sind Marken oder eingetragene Marken von John Wiley & Sons, Inc., USA, Deutschland und in anderen Ländern.

Das vorliegende Werk wurde sorgfältig erarbeitet. Dennoch übernehmen Autorin und Verlag für die Richtigkeit von Angaben, Hinweisen und Ratschlägen sowie eventuelle Druckfehler keine Haftung.

Coverfoto: © Stockfotos-MG / stock.adobe.com
Korrektur: Johanna Rupp, Walldorf
Satz: SPi Global, Chennai
Druck und Bindung: CPI books GmbH, Leck

Print ISBN: 978-3-527-71498-8
ePub ISBN: 978-3-527-81597-5

10 9 8 7 6 5 4 3 2 1

Über die Autorin

Jennifer Herbert träumt sogar manchmal von Arbeitszeugnissen, denn seit vielen Jahren beschäftigt sie sich mit dem Schreiben und Analysieren von Arbeitszeugnissen. Sie ist Geschäftsführerin der PSRM GmbH.

Im Jahre 2002 machte sie sich als Personalreferentin selbstständig und gründete eine kleine Firma, die die Erstellung von Arbeitszeugnissen für Firmen und Privatpersonen anbot. Diese Dienstleistung war zu diesem Zeitpunkt neu. Einige Medien wurden auf Jennifer Herbert und ihre Arbeit aufmerksam. In Zeitungen, im Radio, im Internet und im Fernsehen konnte sie über ihre Arbeit erzählen und machte ihr Ein-Frau-Unternehmen damit quasi über Nacht bekannt.

Der stetig wachsende Kundenstamm ließ die kleine Firma schnell größer werden und so wurde im Oktober 2013 die Personalsupport Rhein-Main (PSRM) GmbH gegründet. Heute arbeiten 20 fest angestellte Mitarbeiter für das Unternehmen. Das Angebot der Dienstleistungen hat sich im Laufe der Jahre erweitert und erstreckt sich über die Erstellung von Arbeitszeugnissen hinaus auf jegliche ausgelagerte Arbeit aus dem Bereich Personal. Jennifer Herbert und ihr Team beraten Firmen auch in der Optimierung der Erstellung von Arbeitszeugnissen und entsprechender Prozesse. Auch heute noch schreibt sie selbst Arbeitszeugnisse und gibt ihr Know-how an ihre Mitarbeiter sowie in Arbeitszeugnis-Seminaren an ihre Kunden weiter.

Auf einen Blick

Über die Autorin 7
Einführung 17

Teil I: Rechtliche Grundlagen und Aufbau eines Arbeitszeugnisses 21
Kapitel 1: Die wichtigsten Rechtsgrundlagen. 23
Kapitel 2: Der Aufbau eines Arbeitszeugnisses 35
Kapitel 3: Referenz- und Empfehlungsschreiben 49

Teil II: Das Arbeitszeugnis für Arbeitnehmer 61
Kapitel 4: Das Arbeitszeugnis selbst schreiben 63
Kapitel 5: Zeugnissprache, Zeugniscodes und Geheimcodes 87
Kapitel 6: Textbausteine und Formulierungshilfen. 97
Kapitel 7: Arbeitszeugnisse von A bis Z 107

Teil III: Arbeitszeugnisse für Arbeitgeber 141
Kapitel 8: Tipps für die Zeugniserstellung im Tagesgeschäft 143
Kapitel 9: Muster für Zwischen- und Austrittszeugnisse nach Branchen 155

Teil IV: Arbeitszeugnisse analysieren 187
Kapitel 10: Den Geheimcode entschlüsseln. 189
Kapitel 11: Zeugnisse analysieren 205

Teil V: Der Top-Ten-Teil 219
Kapitel 12: Die zehn wichtigsten Rechtsgrundlagen. 221
Kapitel 13: Zehn Tipps zum Aufbau eines Arbeitszeugnisses 225
Kapitel 14: Zehn Tipps für Arbeitnehmer. 237
Kapitel 15: Zehn Tipps für Arbeitgeber. 251

Stichwortverzeichnis **265**

Inhaltsverzeichnis

Über die Autorin 7
Einführung 17
    Über dieses Buch 17
    Konventionen in diesem Buch 18
    Törichte Annahmen über den Leser 18
    Wie dieses Buch aufgebaut ist 18
    Symbole, die in diesem Buch verwendet werden 19
    Wie es weitergeht 20

TEIL I
RECHTLICHE GRUNDLAGEN UND AUFBAU EINES ARBEITSZEUGNISSES 21

Kapitel 1
Die wichtigsten Rechtsgrundlagen 23

    Anspruch auf Zeugniserstellung 23
        Wer ein Arbeitszeugnis verlangen kann 25
        Wann ein Austrittszeugnis erstellt werden muss 26
        Das korrekte Ausstellungsdatum 26
        Was zu tun ist, wenn das Arbeitszeugnis verloren ging oder zu beantragen vergessen wurde 26
        Wann kein Anspruch auf ein Arbeitszeugnis mehr besteht 27
        Anspruch in unseren Nachbarländern Österreich und der Schweiz . 27
        Wann man Anspruch auf ein Zwischenzeugnis hat 27
        Bitte nicht knicken und schön ordentlich 28
    Die Wahrheits- und Wohlwollenspflicht 29
    Schadenersatzpflicht – Das kann teuer werden 30
    Das Zeugnis ist eine Katastrophe – was zu tun ist 31
    Die Unterschrift des Geschäftsführers ist kein gutes Recht 32
    Was im Zeugnis stehen darf und was nicht 32

Kapitel 2
Der Aufbau eines Arbeitszeugnisses 35

    Unterschiedliche Zeugnisarten 35
        Hier wird nicht bewertet: Das einfache Arbeitszeugnis 36
        Nicht nur Fakten: Das qualifizierte Arbeitszeugnis 36
        Das Zeugnis für zwischendurch 37
        Welche Zeugnisse es sonst noch gibt 37

Wie ein Zeugnis aussieht 38
    Überschrift, Einleitung und Unternehmensskizze.................. 39
    Tätigkeitsbeschreibung – Was gemacht wurde...................... 39
    Die Leistungsbeurteilung – Können, Wollen, Tun und Ergebnis........... 41
    Die Verhaltensbeurteilung – soziales Verhalten und Teamfähigkeit....... 42
    Die Schlussformel – Der gute Abschluss........................... 42
Umfang und Aussehen eines Arbeitszeugnisses 43
    Eine bis drei Seiten Umfang 43
    Der erste Eindruck zählt – Wie das Zeugnis aussehen soll 44
Landessprache in Arbeitszeugnissen – English for runaways................ 45
Zu guter Letzt – Wie man ein Arbeitszeugnis abschließt.................... 46
    Die Zusammensetzung für den richtigen Abschluss................... 46

Kapitel 3
Referenz- und Empfehlungsschreiben 49
Generelles und Aufbau eines Referenzschreibens...................... 49
Vorteile von Referenz- und Empfehlungsschreiben..................... 51
Referenz versus Arbeitszeugnis..................................... 57
Informationen zum Letter of Recommendation........................ 58

TEIL II
DAS ARBEITSZEUGNIS FÜR ARBEITNEHMER 61

Kapitel 4
Das Arbeitszeugnis selbst schreiben 63
Der Tätigkeitenteil – In der Kürze liegt die Würze....................... 64
Aufgabenbeschreibungen unterschiedlicher Berufsgruppen................ 68
    Assistentin.. 68
    Assistenzarzt Chirurgie 69
    Außendienstmitarbeiterin.................................... 69
    Automobilkaufmann 69
    Controllerin... 70
    Creative Director 70
    Fachärztin Chirurgie.. 71
    Filialleiter Einzelhandel 71
    Firmenkundenberaterin Bank 71
    Grafiker 72
    Immobilienberaterin 72
    Kfz-Mechaniker.. 72
    Marketing Managerin 72
    Pflegedienstleiter.. 73
    Privatkundenberaterin Bank 73
    Produktionsmitarbeiter..................................... 74
    Softwareentwicklerin....................................... 74
    Steuerfachangestellter 74
    Strategische Einkäuferin 75

Der Leistungs- und Verhaltensteil und das Benotungsprinzip 75
    Zeugnisbaustein zu Wissen und Weiterbildung 76
    Zeugnisbaustein zur Arbeitsbefähigung. 77
    Zeugnisbaustein zur Arbeitsbereitschaft 77
    Zeugnisbaustein zur Arbeitsweise. 78
    Zeugnisbaustein zum Arbeitserfolg. 78
    Zeugnisbaustein zur zusammenfassenden Bewertung 79
    Zeugnisbaustein zum Führungsverhalten bei Vorgesetzen. 79
    Zeugnisbaustein für das Sozialverhalten 80
Besonderheiten im Zeugnis für Führungskräfte. 81
    Beispielformulierungen für Zeugnisse von Führungskräften 82
Der krönende Abschluss. 83

Kapitel 5
Zeugnissprache, Zeugniscodes und Geheimcodes **87**

Die Krux mit »wahr« und »wohlwollend«. 87
    Geheimcodes sind verboten. 88
    So funktionieren die Zeugniscodes 88
Die Sache mit »stets beliebt« und dem »gesunden Selbstvertrauen«. 89
    Verschiedene Techniken der Verschlüsselung von Zeugnissen 89
Ein paar »No-Gos« in Arbeitszeugnissen 92
Warum die Abschlussformel so wichtig ist 94
    Die Abschlussformel im Detail. 94

Kapitel 6
Textbausteine und Formulierungshilfen **97**

Textbausteine Note 1 und 2. 97
    Textbausteine für ein Austrittszeugnis 98
    Textbausteine für ein Zwischenzeugnis 100
Formulierungshilfen 103
Das gewisse Extra 106
    Einem Zeugnis das gewisse Extra verpassen. 106

Kapitel 7
Arbeitszeugnisse von A bis Z. **107**

Musterzeugnisse für Arbeitnehmer alphabetisch sortiert 107
    Auszubildender. 108
    Bürokauffrau. 109
    Chemielaborant 110
    Designerin. 112
    Erzieher 113
    Finanzbuchhalterin 115
    Gärtner 116
    Hauswirtschafterin. 117
    Ingenieur 118
    Juristin 120

Krankenpfleger... 121
Lehrerin... 122
Mechaniker.. 124
Nachtwächterin (Sicherheitsservice)........................ 125
Optiker.. 126
Praktikantin... 127
Qualitätsprüfer.. 128
Reiseverkehrskauffrau.................................... 130
Softwareentwickler....................................... 131
Technische Zeichnerin.................................... 133
Unternehmensberater..................................... 134
Verkäuferin.. 136
Werkstudent... 137
Zahntechnikerin.. 138

TEIL III
ARBEITSZEUGNISSE FÜR ARBEITGEBER............................ 141

Kapitel 8
Tipps für die Zeugniserstellung im Tagesgeschäft... 143
Eine Last und ein »Must«.................................. 143
Das Emotionale bei Zeugnissen............................ 144
Die Außenwirkung von Zeugnissen......................... 145
Optimierung des Prozesses der Zeugniserstellung.......... 145
    Mitarbeiter und Vorgesetzte beteiligen................ 146
    Effektive Zeugnisformulare............................ 147
    Die praktische Ablage – Arbeiten mit einem Zeugnislaufwerk........... 148
    Standards entwickeln und Platz für Individualität lassen............... 148
Outsourcing der Zeugniserstellung......................... 150
    Wann man auslagern sollte............................ 151
    Offener Umgang bei der externen Zeugnisausstellung........ 152
    Pro und Contra Zeugnisgenerator...................... 152

Kapitel 9
Muster für Zwischen- und Austrittszeugnisse nach Branchen.. 155
Musterzeugnisse mit Variationen.......................... 155
    Musterzeugnisse für den kaufmännischen Bereich........ 156
    Musterzeugnisse für den technischen Bereich............ 163
    Musterzeugnisse für den Produktionsbereich............. 171
    Musterzeugnisse für den medizinischen Bereich.......... 178

TEIL IV
ARBEITSZEUGNISSE ANALYSIEREN 187

Kapitel 10
Den Geheimcode entschlüsseln 189
    Der Zeugnisaussteller ist ausschlaggebend 189
    Werdegang und Tätigkeiten in die Analyse einbeziehen 192
        Das rechte Maß für die Tätigkeitsbeschreibung finden 192
    Die Leistungsbewertung analysieren 194
        Wissen und Weiterbildung 195
        Arbeitsbefähigung 195
        Arbeitsbereitschaft 196
        Arbeitsweise 196
        Arbeitserfolg 196
        Zusammenfassende Bewertung 197
        Führungsverhalten bei Vorgesetzen 197
        Sozialverhalten 197
        Die Schlussformulierung 198
        Schlussformeln für Zwischenzeugnisse 199
    Was nicht in einem Arbeitszeugnis stehen darf 199
        Die Verwendung von Geheimzeichen 200
    Analyse-Check für Arbeitszeugnisse 200

Kapitel 11
Zeugnisse analysieren 205
    Zeugnisse unter die Lupe nehmen 205
        Analyse von Austrittszeugnissen 206
        Analyse von Zwischenzeugnissen 213
    Nur nicht akzeptieren 214
    Die Aussagekraft von Arbeitszeugnissen 216
        Studien im Vergleich 216

TEIL V
DER TOP-TEN-TEIL 219

Kapitel 12
Die zehn wichtigsten Rechtsgrundlagen 221
    Bei Austritt Anspruch auf ein Arbeitszeugnis 221
    Dauer des Anspruchs 222
    Wer Anspruch auf ein Zeugnis hat 222
    Wann es teuer wird für den Arbeitgeber 222
    Das Zeugnis für zwischendurch 222
    Wahr und trotzdem gut gemeint 223

Das äußere Erscheinungsbild 223
Verbotenes im Arbeitszeugnis. 223
Gegen ein Arbeitszeugnis klagen 224
Wer das Zeugnis unterschreibt 224

Kapitel 13
Zehn Tipps zum Aufbau eines Arbeitszeugnisses 225

Das Schnörkellose – das einfache Arbeitszeugnis 225
Das Ausführliche – das qualifizierte Arbeitszeugnis. 227
Für dazwischen – das Zwischenzeugnis 229
Der perfekte Anfang eines qualifizierten Arbeitszeugnisses. 230
Worauf es beim Tätigkeitenteil ankommt 231
Das gehört in die Leistungsbewertung. 233
Das gehört in die Verhaltensbewertung 233
Das Beste zum Schluss 234
Besondere Anforderungen an ein Zeugnis für Führungskräfte 234
Auf die Optik und den Umfang kommt es an 235

Kapitel 14
Zehn Tipps für Arbeitnehmer 237

Zeugnissprache entschlüsseln. 237
Hier heißt es aufgepasst. 238
Was in Arbeitszeugnissen verboten ist. 239
Das Zeugnis ändern lassen 240
Die optimale Tätigkeitsbeschreibung 241
Daran erkennt man ein sehr gutes Arbeitszeugnis 242
Textbausteine für ein gutes oder sehr gutes Austrittszeugnis 243
So gestaltet man ein Arbeitszeugnis individuell 245
Arbeitszeugnisse für Führungskräfte 246
Alternativen zum Arbeitszeugnis. 247

Kapitel 15
Zehn Tipps für Arbeitgeber 251

Mit einem Arbeitszeugnis wertschätzen und werben 251
Den Prozess der Erstellung eines Arbeitszeugnisses durchleuchten 252
Führungskräfte und Mitarbeiter ins Boot holen 253
Schnelle Fertigstellung und zufriedene Mitarbeiter 254
Ein sehr gutes Arbeitnehmerzeugnis schreiben 255
Ein sehr gutes Führungskräftezeugnis schreiben 256
Wenn man ein schlechtes Zeugnis ausstellen möchte 258
Ein Zeugnis schnell analysieren 259
Sich von Profis unterstützen lassen 262
So kann ein Zeugnisgenerator helfen 263

Stichwortverzeichnis 265

Einführung

Es ranken sich die tollsten Geschichten um Arbeitszeugnisse, insbesondere um die Zeugnissprache, häufig auch als Geheimsprache bezeichnet. Bei den vielen Büchern und Informationen im Netz kann man als Arbeitnehmer schnell den Überblick verlieren und sich auch verunsichern lassen. Jeder kennt sich irgendwie ein bisschen damit aus, aber wenn es dann darum geht, den Inhalt eines Arbeitszeugnisses richtig zu deuten oder tatsächlich eines zu schreiben, winken die meisten ab. Viele Arbeitnehmer haben eine hohe Erwartung an ihr Arbeitszeugnis, da sie es auch mit Anerkennung und Wertschätzung ihrer Leistungen verbinden. Wenn diese Erwartung nicht erfüllt wird, kommt es oft zu großer Enttäuschung und jedes Jahr in Deutschland zu etwa 30.000 Gerichtsverfahren wegen Streitigkeiten über Arbeitszeugnisse.

Dennoch lassen Arbeitgeber ausscheidende Mitarbeiter häufig lange auf ihr Arbeitszeugnis warten, da sie oft großen Zeitaufwand betreiben müssen, um es fertigzustellen. Andererseits verlangen sie von Bewerbern passend zum Lebenslauf eine Vorlage der Arbeitszeugnisse der vorherigen Arbeitgeber. Viele Personalentscheider zweifeln heutzutage zudem an der Glaubwürdigkeit von Arbeitszeugnissen, da sie aufgrund von Konfliktvermeidung in der Regel zu positiv ausgestellt werden.

Ist ein Arbeitszeugnis nur noch ein lästiges und nicht aussagekräftiges Übel? Ich meine nein! Zuerst einmal ist das Zeugnis eine gute Gelegenheit, dem Arbeitnehmer Lob und Dank auszusprechen oder auch schlechte Leistungen zu dokumentieren. Außerdem ist das Arbeitszeugnis für Einstellende das einzige Dokument, das den Bewerber von Arbeitgeberseite beleuchtet. Nur hier wird im Rahmen der Tätigkeitsbeschreibung bestätigt, was der potenzielle Mitarbeiter an praktischer Erfahrung mitbringt. Wenn man dann noch berücksichtigt, wer dieses Zeugnis geschrieben hat (ein Personaler oder der Geschäftsführer eines Drei-Mann-Unternehmens?) und wie viel Mühe sich jemand bei der persönlichen Beurteilung gemacht hat (Standard oder Einheitsbrei?), wird das Arbeitszeugnis zu einem maßgeblichen Bestandteil zur Bewertung der Bewerbungsunterlage. Wie aussagekräftig ein Zeugnis ist, liegt also in der Hand des Erstellers. Die Qualität macht's!

Über dieses Buch

Arbeitszeugnisse für Dummies hilft Arbeitnehmern und Arbeitgebern, sich der Herausforderung des Lesens und Schreibens von Austritts- und Zwischenzeugnissen zu stellen. In diesem Buch finden Sie nicht nur Hinweise zu den wichtigsten Rechtsgrundlagen und zum richtigen Aufbau von Arbeitszeugnissen, sondern viele praktische Hinweise und Muster, um aussagekräftige und individuelle Zeugnisse schreiben zu können. Auch wie man die sogenannte Zeugnissprache übersetzt, Arbeitszeugnisse analysiert und was in Arbeitszeugnissen verboten ist, können Sie hier nachlesen.

Konventionen in diesem Buch

In diesem Buch finden Sie Informationen über Rechtsgrundlagen, das einfache und das qualifizierte Arbeitszeugnis, den Aufbau und die Analyse von Zeugnistexten sowie wertvolle Hilfestellungen rund um das Thema Arbeitszeugnisse. Die einzelnen Teile des Buches können Sie der Reihe nach lesen oder Sie suchen sich die Teile heraus, die für Sie besonders wichtig sind. Jeder Teil enthält alle für das Verständnis notwendigen Informationen, sodass Sie das Buch nicht unbedingt von vorn nach hinten durchlesen müssen. In Textkästen, Tabellen und Abbildungen sowie neben den verschiedenen Symbolen gibt es weiterführende Informationen oder anschauliche Erläuterungen, die Ihnen zusätzliches Wissen vermitteln – diese Passagen können Sie aber auch überspringen, ohne Wesentliches zu verpassen.

Törichte Annahmen über den Leser

Beim Schreiben des Buches habe ich einige Annahmen über Sie gemacht, um Ihnen die Informationen zu geben, die Sie wirklich brauchen. Hier meine Annahmen:

- Ich nehme an, dass Sie ein Arbeitnehmer sind, der sein erhaltenes Arbeitszeugnis richtig lesen und verstehen möchte oder einen eigenen Entwurf anfertigen muss und sich wenig oder gar nicht mit dem Thema auskennt.
- Ich gehe davon aus, dass Sie gern ein individuelles und kein Nullachtfünfzehn-Arbeitszeugnis haben möchten.
- Ich nehme an, dass Sie ein Arbeitgeber sind, der ein eingereichtes Arbeitszeugnis richtig lesen und verstehen möchte oder ein beziehungsweise mehrere Arbeitszeugnisse schreiben muss und sich wenig oder gar nicht mit dem Thema auskennt.
- Ich bin davon überzeugt, dass Sie sich viele praxisbezogene Tipps und praktikable Vorlagen wünschen.

Wie dieses Buch aufgebaut ist

Arbeitszeugnisse für Dummies ist in fünf Teile eingeteilt, die Ihnen Informationen und Ratschläge zum Lesen und Schreiben von Arbeitszeugnissen geben. Im ersten Teil »Rechtliche Grundlagen und Aufbau eines Arbeitszeugnisses« erfahren Sie unter anderem, wer überhaupt Anspruch auf ein Zeugnis hat und wann, welche Zeugnisarten es gibt und was es mit der Wahrheits- und Wohlwollenspflicht auf sich hat. Dort erfahren Sie auch, was in Arbeitszeugnissen nicht stehen darf und was Sie tun können, wenn Sie mit Ihrem Arbeitszeugnis nicht zufrieden sind. Des Weiteren bekommen Sie einen Überblick über den Aufbau von Austritts- wie auch Zwischenzeugnissen.

Im zweiten Teil »Das Arbeitszeugnis für Arbeitnehmer« finden Arbeitnehmer zahlreiche Informationen und Tipps dazu, wie ein sehr gutes Austrittszeugnis oder Zwischenzeugnis aussehen sollte. Damit es sich nicht liest wie hundert andere Zeugnisdokumente, ist die Individualität auch ein großes Thema. Formulierungshilfen, Textbausteine und Musterzeugnisse verhelfen Ihnen zu einem professionellen, aussagekräftigen und individuellen Arbeitszeugnis.

Der dritte Teil »Arbeitszeugnisse für Arbeitgeber« befasst sich mit den Fragen und Problemen, die Arbeitgeber in Bezug auf Arbeitszeugnisse haben. Dort finden Sie Ratschläge zum effizienten Schreiben von Zeugnissen sowie praxisorientierte Tipps zur Formulierung der Zeugnistexte, die nach Branchen sortiert sind. Nach der Lektüre dieses Teils werden Sie motivierter und routinierter an das Schreiben von Arbeitszeugnissen herangehen.

Im vierten Teil »Arbeitszeugnisse analysieren« ist der Analyse-Check ein hilfreiches Werkzeug, um Zeugnisse Schritt für Schritt zu analysieren, auch wenn man noch nicht viel Erfahrung damit hat. Anhand von Musteranalysen veranschauliche ich, worauf es bei der Beschreibung der Positionen, der Tätigkeiten und beim Bewertungsteil ankommt. Darüber hinaus gehe ich auf die Aussagekraft von Arbeitszeugnissen ein und erkläre, wie man gegen ein schlechtes Arbeitszeugnis vorgehen kann. Im Top-Ten-Teil können Sie die wichtigsten Informationen und Tipps sowohl für Arbeitnehmer als auch Arbeitgeber nachlesen, ergänzt durch Hinweise über die rechtlichen Grundlagen der Zeugniserstellung.

Symbole, die in diesem Buch verwendet werden

In diesem Buch finden Sie immer wieder kurze Passagen, die mit einem Symbol gekennzeichnet sind.

 Dieses Symbol steht für eine Definition zum Thema Arbeitszeugnisse, die der genauen Erläuterung von Verfahren im jeweiligen Kapitel dienen soll.

 Mit diesem Symbol wird vor möglichen Fehlerquellen oder Fallstricken beim Thema Arbeitszeugnisse, aber auch Referenz- und Empfehlungsschreiben gewarnt.

 Dieses Symbol verweist auf wertvolle Tipps und Kniffe zum Lesen und Schreiben von Arbeitszeugnissen, Referenz- und Empfehlungsschreiben.

 Hinter diesem Symbol verbergen sich Beispiele, die dem besseren Verständnis der Teilbereiche der Themen Arbeitszeugnisse, Referenz- und Empfehlungsschreiben dienen.

 Mit den Texten neben diesem Symbol möchte ich Sie nochmals an bereits beschriebene Sachverhalte erinnern, um das erworbene Arbeitszeugnis-Know-how zu wiederholen und somit zu festigen.

 Hinter diesem Symbol verbergen sich Arbeitstechniken zum richtigen Schreiben von Arbeitszeugnissen.

Wie es weitergeht

Arbeitszeugnisse für Dummies richtet sich sowohl an Arbeitnehmer, die ein Zeugnis erhalten, als auch an Arbeitgeber, die ein Zeugnis schreiben. Über das Inhaltsverzeichnis und das Stichwortverzeichnis finden Sie die Kapitel, die auf die besonderen Fragen von Arbeitnehmern und Arbeitgebern eingehen. Ich wünsche Ihnen eine spannende und informative Lektüre und zukünftig viel Freude und Sicherheit beim spannenden Thema Arbeitszeugnisse.

Teil I
Rechtliche Grundlagen und Aufbau eines Arbeitszeugnisses

IN DIESEM TEIL …

Die Informationen in diesem Teil werden Ihnen sowohl beim Lesen als auch Schreiben von Arbeitszeugnissen zugutekommen. In Deutschland hat jeder Arbeitnehmer einen Rechtsanspruch auf ein Arbeitszeugnis. Nach einem kurzen Blick auf die Gesetzeslage informiere ich Sie über den Aufbau eines Arbeitszeugnisses. Was sind die einzelnen Bestandteile der verschiedenen Zeugnisarten, gibt es eine bestimmte Reihenfolge, die eingehalten werden muss, wie schließt man ein Arbeitszeugnis korrekt ab?

> **IN DIESEM KAPITEL**
>
> Der Anspruch auf ein Arbeitszeugnis
>
> Der Unterschied zwischen einem einfachen und einem qualifizierten Zeugnis
>
> Das Zeugnis als Holschuld
>
> Die äußere Form des Arbeitszeugnisses
>
> Was es mit der Wahrheits- und Wohlwollenspflicht auf sich hat
>
> Ablauf einer Arbeitszeugnisklage

Kapitel 1
Die wichtigsten Rechtsgrundlagen

Auch wenn die Überschrift dieses Kapitels nicht sehr spannend klingt: Die Lektüre lohnt sich. Haben Sie sich auch schon mal gefragt, warum es überhaupt Arbeitszeugnisse gibt? Ihren Ursprung haben Arbeitszeugnisse im 16. Jahrhundert. Zu dieser Zeit handelte es sich nur um eine Art Bescheinigung über das ordnungsgemäße Ausscheiden, die Dienstherren ihren Knechten ausstellen mussten. Ohne diese Bescheinigung durfte der Knecht bei keinem neuen Dienstherrn angestellt werden. Diese Regelung wurde Mitte des 19. Jahrhunderts von den Preußen im sogenannten Gesindebuch, auch Dienstbotenbuch genannt, verankert. In diesem Buch musste der Dienstherr ein vollumfängliches Zeugnis über Führung und Benehmen seines Gesindes niederschreiben, was dann vor einem neuen Arbeitsbeginn bei der ortsansässigen Polizei vorgelegt werden musste. Am 1. Januar 1900 wurde das Arbeitszeugnis dann deutschlandweit mit dem Inkrafttreten des Bürgerlichen Gesetzbuches geregelt.

Anspruch auf Zeugniserstellung

Die Pflicht zur Zeugniserstellung bei Beendigung des Arbeitsverhältnisses findet man im Bürgerlichen Gesetzbuch im § 630.

Bei der Beendigung eines dauernden Dienstverhältnisses kann der Verpflichtete von dem anderen Teil ein schriftliches Zeugnis über das Dienstverhältnis und dessen Dauer fordern. Das Zeugnis ist auf Verlangen auf die Leistungen und die Führung im Dienst zu erstrecken. Die Erteilung des Zeugnisses in elektronischer Form ist ausgeschlossen. Wenn der Verpflichtete ein Arbeitnehmer ist, findet § 109 der Gewerbeordnung Anwendung.

Arbeitnehmer haben gemäß § 109 Gewerbeordnung bei Beendigung ihres Arbeitsverhältnisses Anspruch auf ein schriftliches Zeugnis. Das Zeugnis muss mindestens Angaben zu Art und Dauer der Tätigkeit enthalten. Das nennt man einfaches Arbeitszeugnis.

Allerdings können Arbeitnehmer darüber hinaus verlangen, dass ihr Arbeitszeugnis auch ihre Leistung und ihr Verhalten umfasst. Hierbei handelt es sich dann um ein qualifiziertes Arbeitszeugnis.

Vom einfachen Arbeitszeugnis, was einem reinen Tätigkeitsnachweis nahekommt, zu unterscheiden ist die Arbeitsbescheinigung gemäß § 312 SGB III. Sie dient nur der Vorlage bei der Agentur für Arbeit beziehungsweise beim Jobcenter.

So ist ein einfaches Arbeitszeugnis aufgebaut:

- In der Überschrift steht das Wort Zeugnis beziehungsweise Zwischenzeugnis
- Der Einleitungssatz enthält Vor- und Nachname, Geburtsdatum und Geburtsort (nur auf Wunsch des Zeugnisempfängers)
- Dauer der Tätigkeit
- Gegebenenfalls folgt eine Unternehmensskizze (Branche, Produkte, Mitarbeiterzahl, Umsatz, Hauptsitz)
- Art der Tätigkeit(en) mit Positionsbezeichnung(en) und Auflistung der ausgeübten Aufgaben (in chronologischer Reihenfolge)
- Schlussformulierung mit Austrittsgrund beziehungsweise Grund für Zwischenzeugnis, Bedauern, Dank und Zukunftswünsche (optional und abhängig von der Leistung)
- Ort, Datum und Unterschrift

Dass die Bewertung der Leistung und des Verhaltens im einfachen Arbeitszeugnis fehlt, kann sowohl ein Vorteil als auch ein Nachteil sein. Gab es Schwierigkeiten in der Zusammenarbeit, werden sie nicht erwähnt. Das führt aber auch dazu, dass bei einem potenziellen neuen Arbeitgeber Misstrauen entsteht, warum denn nur ein einfaches Arbeitszeugnis ausgestellt wurde.

Es gibt aber auch Situationen, in denen es sinnvoller ist, dem Arbeitnehmer ein einfaches Arbeitszeugnis auszustellen. Dann nämlich, wenn seine Beschäftigungszeit einfach zu kurz war, um eine aussagekräftige Bewertung der Leistung und des Verhaltens treffen zu können. Das kann bei einer Kündigung nach kurzer Beschäftigungszeit sein, wie etwa in der Probezeit, oder weil der Arbeitnehmer über einen langen Zeitraum wegen einer Erkrankung gar nicht anwesend war.

Ein qualifiziertes Arbeitszeugnis ist folgendermaßen aufgebaut:

- ✔ In der Überschrift steht das Wort Zeugnis beziehungsweise Zwischenzeugnis
- ✔ Der Einleitungssatz enthält Vor- und Nachname, Geburtsdatum und Geburtsort (nur auf Wunsch des Zeugnisempfängers)
- ✔ Dauer der Tätigkeit
- ✔ Gegebenenfalls folgt eine Unternehmensskizze (Branche, Produkte, Mitarbeiterzahl, Umsatz, Hauptsitz)
- ✔ Art der Tätigkeit(en) mit Positionsbezeichnung(en) und Auflistung der ausgeübten Aufgaben (in chronologischer Reihenfolge)
- ✔ Beurteilung von Leistung und Verhalten
- ✔ Schlussformulierung mit Austrittsgrund beziehungsweise Grund für Zwischenzeugnis, Bedauern, Dank und Zukunftswünsche (optional und abhängig von der Leistung)
- ✔ Ort, Datum und Unterschrift

Der Zeugnisempfänger entscheidet, ob er ein einfaches oder ein qualifiziertes Arbeitszeugnis erhalten möchte. Die meisten Unternehmen in Deutschland stellen bei einem Austritt unaufgefordert überwiegend qualifizierte Zeugnisse aus.

Wer ein Arbeitszeugnis verlangen kann

Nicht nur fest angestellte Mitarbeiter haben ein Recht auf ein Arbeitszeugnis. Auch folgende Gruppen können sich an ihren Arbeitgeber wenden, wenn sie ein Arbeitszeugnis erhalten möchten:

- ✔ Auszubildenden muss laut § 16 Berufsbildungsgesetz bei Beendigung oder Abbruch der Berufsausbildung unaufgefordert ein Zeugnis ausgestellt werden, das Angaben über Art, Dauer und Ziel der Ausbildung sowie über die erzielten Fähigkeiten und Kenntnisse enthalten muss. Der Auszubildende kann ein Ausbildungszeugnis anfordern, dass auch die Bewertung der Leistung und des Verhaltens enthält.

- ✔ Dienstleister, wie freie Mitarbeiter, können laut § 630 BGB bei Beendigung eines dauernden Dienstverhältnisses auch ein einfaches oder qualifiziertes Arbeitszeugnis anfordern. Für Mitarbeiter von Zeitarbeitsfirmen ist die Zeitarbeitsfirma als Arbeitgeber zur Erstellung des Arbeitszeugnisses verpflichtet.

Studierende an Dualen Hochschulen und Studierende, die im Rahmen ihres Studiums ein praktisches Studiensemester absolvieren oder ihre Abschlussarbeit in Kooperation mit einem Unternehmen anfertigen, sind nach strittiger Auffassung keine Arbeitnehmer, keine arbeitnehmerähnlichen Personen nach § 12 Tarifvertragsgesetz und auch keine Auszubildenden nach Berufsbildungsgesetz und haben somit keinen Anspruch auf ein Arbeitszeugnis, was rechtlich keine zufriedenstellende Situation ergibt. Denn gerade Praktikumszeugnisse sind für Berufseinsteiger sehr wichtig im Bewerbungsprozess. Deshalb stellen die meisten Unternehmen ihren Praktikanten auch ein Zeugnis aus, obwohl sie rein rechtlich gesehen nicht dazu verpflichtet wären.

Wann ein Austrittszeugnis erstellt werden muss

Gemäß § 109 Gewerbeordnung entsteht der Anspruch auf ein Austrittszeugnis zum Kündigungszeitpunkt beziehungsweise beim Abschluss einer Aufhebungsvereinbarung.

Grundsätzlich müssen Arbeitnehmer ihre Arbeitspapiere, zu denen auch das Arbeitszeugnis gehört, beim Arbeitgeber abholen. Man spricht hier von einer Holschuld. Das setzt voraus, dass dem Arbeitgeber mitgeteilt wird, ob man ein einfaches oder ein qualifiziertes Arbeitszeugnis haben möchte. Das Zeugnis muss dann ohne sogenanntes schuldhaftes Zögern ausgestellt werden. Allerdings gibt es keine Regelfrist. Das ist sicherlich auch der Grund dafür, dass viele Arbeitnehmer häufig lange auf ihr Zeugnis warten müssen.

 Der Arbeitgeber darf ein Arbeitszeugnis nicht zurückhalten, auch wenn der Arbeitnehmer noch Dinge des Firmeneigentums besitzt, wie etwa den Dienstwagen, die Zutrittskarte oder das dienstliche Mobiltelefon.

Das korrekte Ausstellungsdatum

Das Ausstellungsdatum eines Austrittszeugnisses sollte immer der letzte Tag des Anstellungsverhältnisses sein, auch wenn dieser Tag auf einen Samstag, Sonntag oder Feiertag fällt. Auch im Falle einer Freistellung oder eines noch in Anspruch genommenen Resturlaubs sollte dieses Datum genommen werden, da es sonst Spielraum für Spekulationen gibt, wie etwa eine vorzeitige Trennung wegen verhaltensbedingter Gründe. Wenn der Arbeitnehmer bereits ausgetreten ist, hat er keinen Anspruch mehr auf eine Korrektur des Ausstellungsdatums.

Was zu tun ist, wenn das Arbeitszeugnis verloren ging oder zu beantragen vergessen wurde

Wenn ein gutes Verhältnis zum Arbeitgeber bestand, ist es sicher kein Problem, ein verlorenes oder vergessenes Arbeitszeugnis zu beantragen. Aber wie verhält man sich, wenn man nicht im Guten auseinanderging oder der alte Arbeitgeber nicht mehr gewillt ist, ein Arbeitszeugnis nachzuliefern? Da grundsätzlich der Anspruch auf ein Arbeitszeugnis besteht, sollte es zunächst schriftlich angefordert werden. Wenn darauf keine Reaktion folgt, am besten erneut schriftlich anfordern und eine 7- bis 14-tägige Frist setzen, inklusive Anmerkung, dass bei Ausbleiben einer Reaktion der Rechtsweg beschritten wird. Ignoriert der Arbeitgeber diese Aufforderung erneut, ist eine Klage beim Arbeitsgericht erforderlich.

Wann kein Anspruch auf ein Arbeitszeugnis mehr besteht

Grundsätzlich ist der Anspruch auf ein Arbeitszeugnis nach drei Jahren verjährt (§ 195 BGB). Die Frist beginnt nach § 199 BGB mit dem Ende des Jahres, in dem der Anspruch entstanden ist. Wenn dieser Anspruch aber nicht innerhalb einer angemessenen Frist geltend gemacht wurde und der Arbeitgeber nicht mehr damit rechnen kann, dass das Zeugnis beantragt wird, ist das Recht auf das Zeugnis verwirkt. Das kann schon nach wenigen Monaten der Fall sein. Ebenso kann man den Arbeitgeber auch nicht mehr zur Ausfertigung eines Arbeitszeugnisses verpflichten, wenn er es nicht mehr wahrheitsgemäß schreiben kann, da beispielsweise durch einen Feuer- oder Wasserschaden alle Unterlagen vernichtet wurden.

 Wenn der Arbeitgeber gegen seine Zeugnispflicht verstößt, hat der Arbeitnehmer im Falle eines Schadens ein Recht auf Schadenersatz, wenn das Fehlen des Arbeitszeugnisses etwa nachweislich die Suche nach einer neuen Stelle erschwert oder sie nicht angetreten werden kann. Allerdings muss der ausgeschiedene Mitarbeiter beweisen, dass ein finanzieller Schaden entstanden ist.

Anspruch in unseren Nachbarländern Österreich und der Schweiz

Auch in Österreich ist ein Arbeitgeber, hier Dienstgeber, nach dem Allgemeinen Bürgerlichen Gesetzbuch (ABGB, § 1163) und dem Angestelltengesetz (AngG, § 39) auf Verlangen des Angestellten verpflichtet, ein sogenanntes Dienstzeugnis nach Beendigung des Dienstverhältnisses anzufertigen. Im Gegensatz zu deutschen Arbeitnehmern haben die Österreicher aber nur Anspruch auf ein einfaches Dienstzeugnis.

In der Schweiz ist es genauso wie in Deutschland. Hier besteht auf Basis des Artikels 330a des Schweizerischen Obligationenrechts (OR) ein Rechtsanspruch auf ein qualifiziertes Arbeitszeugnis, das auch die Leistung und das Verhalten umfasst.

Wann man Anspruch auf ein Zwischenzeugnis hat

Der Anspruch auf ein Zwischenzeugnis unterliegt keiner gesetzlichen Norm. Häufig enthalten Tarifverträge einen Anspruch bei speziellen Anlässen. Aber auch ohne eine tarifliche Regelung besteht aufgrund der Fürsorgepflicht des Arbeitgebers beziehungsweise als vertragliche Nebenpflicht nach § 242 BGB ein Anspruch, wenn der Arbeitnehmer triftige und anzuerkennende Gründe für ein Zwischenzeugnis hat. Das können folgende sein:

- ✔ Externe Bewerbung
- ✔ Feststehendes Vertragsende nach Kündigung oder Aufhebungsvertrag
- ✔ Wahrscheinliches oder mögliches Ende des Arbeitsverhältnisses, wie etwa durch eine Umstrukturierung oder Schließung des Betriebs
- ✔ Freistellung

✔ Funktions- beziehungsweise Aufgabenwechsel, beispielsweise aufgrund einer Versetzung in einen anderen Bereich oder einer Beförderung

✔ Wechsel des direkten Vorgesetzen

✔ Auslandsentsendung

✔ Sabbatical

✔ Elternzeit oder Langzeiterkrankung

✔ Betriebsübergang

✔ Unsichere beziehungsweise feststehende Nichtübernahme in ein Arbeitsverhältnis bei Auszubildenden

✔ Keine Verlängerung eines befristeten Arbeitsverhältnisses

Kein triftiger Grund für die Ausstellung eines Zwischenzeugnisses ist zum Beispiel der Wunsch nach der Bewertung der aktuellen Leistung oder die Dokumentation der aktuell ausgeübten Aufgaben.

Es empfiehlt sich, im Laufe einer Tätigkeit ein Zwischenzeugnis ausstellen zu lassen, insbesondere wenn es zu den vorgenannten, teilweise doch recht einschneidenden Veränderungen in der beruflichen Karriere kommt. Ein Vorgesetzter, mit dem man über Jahre hinweg ein gutes Verhältnis hatte, wird eine entsprechende Bewertung in das Zwischenzeugnis einfließen lassen. Falls es dann mit dem neuen Chef nicht so gut laufen sollte, hat man mit dem bereits erstellten Zwischenzeugnis immer einen Vorteil.

Das Bundesarbeitsgericht hat entschieden, dass ein Zwischenzeugnis regelmäßig Bindungswirkung entfaltet (BAG, Urteil v. 16.10.2007 - Az.: 9 AZR 248/07). Nur wenn sich deutliche Leistungs- oder Verhaltensänderungen zwischen dem Zeitpunkt der Erstellung des Zwischenzeugnisses und dem Zeitpunkt der Erstellung des Endzeugnisses ergeben, kann eine Abweichung vom Zwischenzeugnis erfolgen. Das heißt, die Abweichung muss durch Leistung und Verhalten aus der Zeit nach der Anfertigung des Zwischenzeugnisses gerechtfertigt sein. Zudem hat man mit einem aktuellen guten oder gar sehr guten Zwischenzeugnis in der Bewerbungsmappe bessere Chancen bei einer gewünschten beruflichen Veränderung.

Bitte nicht knicken und schön ordentlich

Arbeitgeber halten sich in der Regel an das ungeschriebene Gesetz, dass man Arbeitszeugnisse nicht knicken darf. Das Bundesarbeitsgericht hat jedoch die Klage eines Arbeitnehmers auf ein ungefaltetes Arbeitszeugnis abgelehnt, solange die Falte auf einer Kopie des Dokumentes nicht zu erkennen ist (BAG BB 2000, 411). Um einen so unnötigen Streit trotz allem zu vermeiden, sollte man also lieber das Arbeitszeugnis nicht knicken und vor Versand in eine Folie sowie in einen verstärkten Umschlag stecken, damit es nicht beschädigt wird.

Da es sich bei einem Arbeitszeugnis um eine Urkunde handelt, muss es auf sauberem Papier und mit ordnungsgemäßem Briefkopf und/oder Fußzeile mit Namen und Anschrift des Ausstellers angefertigt werden. Und auch Folgendes muss eingehalten werden:

- ✔ Ein Arbeitszeugnis darf keine Flecken haben.

- ✔ Es darf nicht sichtbar verbessert (beispielsweise mit Tipp-Ex) oder etwas durchgestrichen werden.

- ✔ Ein Arbeitszeugnis darf nicht mit Bleistift geschrieben werden, sondern muss maschinenschriftlich verfasst sein.

- ✔ Ein Arbeitszeugnis darf keine Kennzeichnungen wie Unterstreichungen, Fettgedrucktes, Ausrufe- und Fragezeichen aufweisen.

- ✔ Geburtsdatum und Geburtsort sowie die Anschrift des Zeugnisempfängers dürfen nur auf dessen Wunsch im Arbeitszeugnis erwähnt werden.

- ✔ Ein Arbeitszeugnis muss vom Arbeitgeber unterschrieben sein (bei unleserlicher Unterschrift muss der Name zusätzlich aufgeführt werden).

In einem besonders kuriosen Fall zum Thema Unterschrift und Geheimzeichen hat das Arbeitsgericht Kiel einen Arbeitgeber zur Änderung seiner Unterschrift auf dem von ihm ausgestellten Arbeitszeugnis verurteilt. Denn laut Arbeitnehmer fand sich in der Unterschrift eine versteckte negative Botschaft. In dem ersten Buchstaben, einem G, erkannte der ehemalige Mitarbeiter zwei Punkte und einen nach unten gezogenen Haken. Das stellte für ihn einen Smiley mit nach unten gezogenen Gesichtszügen dar. Normalerweise unterschrieb der Vorgesetzte immer mit einem Haken nach oben, also einem fröhlichen Smiley. Der ehemalige Arbeitgeber meinte allerdings, dass das an den Haaren herbeigezogen wäre, da seine Unterschrift in Nuancen eben auch mal anders aussehen würde. Die Richter des Arbeitsgerichts prüften nun den Personalausweis des Vorgesetzten und darin fanden sie die Unterschrift mit dem Haken nach oben. Das führte dazu, dass die Unterschrift im Zeugnis per Gerichtsurteil mit dem fröhlichen Smiley versehen werden musste (ArbG Kiel, Urteil vom 18.04.2013, Az.: 5 Ca 80b/13).

Die Wahrheits- und Wohlwollenspflicht

Der oberste Grundsatz in Sachen Zeugniserstellung ist die Wahrheitspflicht. Dieser Grundsatz garantiert die Informationsfunktion von Arbeitszeugnissen. Zukünftige Arbeitgeber sollen einen korrekten Eindruck von den Aufgaben des Arbeitnehmers, seiner Beurteilung sowie sonstigen wichtigen Umständen des Arbeitsverhältnisses erhalten. Der Zeugnisaussteller muss daher mit größtmöglicher Objektivität formulieren. Auch darf ein Arbeitszeugnis nur Tatsachen, aber keine Behauptungen oder Verdächtigungen beinhalten.

Allerdings bedeutet die Wahrheitspflicht nicht die Pflicht zur schonungslosen Offenheit. Denn ein Arbeitszeugnis hat nicht nur eine Informationsfunktion, sondern auch eine Werbefunktion. Daher sollen Arbeitgeber Arbeitszeugnisse mit »verständigem Wohlwollen«

ausstellen. Das fällt ebenfalls in die Fürsorgepflicht des Arbeitgebers. Dazu gehört auch, dass man sich bei der Erstellung des Zeugnistextes auf den Gesamteindruck des Arbeitnehmers konzentriert und nicht kleinere Schwächen oder einmalige Fehlleistungen in den Vordergrund stellt.

Den richtigen Mix aus Wahrheit und Wohlwollen zu finden, ist wohl die größte Herausforderung in der Zeugniserstellung. Grundsätzlich hat aber die Wahrheitspflicht Priorität vor der Wohlwollenspflicht. Das heißt, man darf bedeutendes Fehlverhalten, wie etwa Diebstahl oder sexuelle Belästigung, nicht einfach unerwähnt lassen.

Schadenersatzpflicht – Das kann teuer werden

Bei Verstoß gegen die Wahrheitspflicht im Arbeitszeugnis kann man gegenüber einem anderen Arbeitgeber schadenersatzpflichtig werden. Voraussetzungen für einen Schadenersatzanspruch sind folgende:

✔ Das Arbeitszeugnis enthält falsche Angaben oder lässt wichtige unerwähnt.

✔ Der Aussteller war sich darüber bewusst, dass das Zeugnis falsche oder unvollständige Angaben enthält.

✔ Der neue Arbeitgeber hat die Angaben im Arbeitszeugnis geglaubt und daraufhin den Mitarbeiter eingestellt.

✔ Der neue Arbeitgeber wurde durch diesen Mitarbeiter geschädigt.

Ein Arbeitgeber hat folgende Sätze in das Austrittszeugnis eines Finanzbuchhalters geschrieben: »Wir schätzten Herrn Müller als immer verantwortungsbewussten und zuverlässigen Mitarbeiter. Alle ihm übertragenen Aufgaben hat er stets zu unserer vollen Zufriedenheit erledigt. Sein persönliches Verhalten war immer einwandfrei«. Später wurde entdeckt, dass Herr Müller zahlreiche Unterschlagungen getätigt hatte. Der Arbeitgeber hätte das ausgestellte Zeugnis widerrufen müssen, was er aber nicht tat. Aufgrund des guten Arbeitszeugnisses wurde Herr Müller als Finanzbuchhalter bei einem neuen Arbeitgeber eingestellt. Hier kam es wieder zu Unterschlagungen durch Herrn Müller. Der Bundesgerichtshof hat in einem ähnlichen Fall entschieden, dass der frühere Arbeitgeber aufgrund des falschen Zeugnisses gegenüber dem neuen Arbeitgeber haftet. Bei einem Finanzbuchhalter darf eine Unterschlagung nicht verschwiegen werden. Der alte Arbeitgeber wurde zu einer Schadenersatzzahlung in Höhe von damals 100.000 DM verurteilt (BGH, Grundsatzurteil vom 15.05.1979, Az.: VI ZR 230/76).

Sie sollten sich einen Gefallen tun und sich einen Rechtsstreit um ein Arbeitszeugnis ersparen und sich möglichst außergerichtlich einigen. Sind die Fronten jedoch sehr verhärtet, bleibt eben nur der Gang zum Arbeitsgericht.

Wenn der Arbeitgeber im Zuge eines Rechtsstreits zur Ausfertigung eines bestimmten Zeugnisses verpflichtet wird, haftet er selbst bei starker Unwahrheit nicht.

Oftmals werden in Aufhebungsvereinbarungen zwischen Arbeitgeber und Arbeitnehmer Vereinbarungen zum Arbeitszeugnis getroffen. Meistens einigt man sich auf die Ausstellung eines »wohlwollenden Zeugnisses«, das »der beruflichen Weiterentwicklung dient.« Das ist allerdings eine recht unkonkrete Formulierung und lässt dem Arbeitgeber großen Freiraum für Formulierungen. Das Sächsische Landesarbeitsgericht hat entschieden, dass konkrete inhaltliche Formulierungen und Wünsche im Anschluss an einen Vergleich im gerichtlichen Zwangsvollstreckungsverfahren nicht (mehr) durchsetzbar sind (Sächsisches Landesarbeitsgericht (LAG), vom 06.08.2012 - 4 Ta 170/12).

 Aus diesem Grund empfehle ich im Rahmen einer Aufhebungsvereinbarung oder im Zuge eines gerichtlichen Vergleichs gleich zu formulieren, dass der Arbeitnehmer einen eigenen Entwurf einreichen darf, von dem nur aus dringenden Gründen abgewichen werden darf. So kann man sicherstellen, dass der Entwurf auch genauso übernommen wird.

Das Zeugnis ist eine Katastrophe – was zu tun ist

Wenn weder ein klärendes Gespräch mit dem Arbeitgeber noch das Einschalten des Betriebsrats etwas gebracht haben, bleiben nur noch der Gang zum Anwalt für Arbeitsrecht und die Einreichung einer Klage beim Arbeitsgericht. Gut zu wissen: Etwa 50 Prozent der befragten Arbeitgeber haben im Zuge einer Umfrage geantwortet, dass sie bereit wären, ein befriedigendes Zeugnis in ein gutes umzuformulieren, falls der Arbeitnehmer ernsthaft mit einer Klage droht.

Wenn es dann zur Klage kommt, muss der Arbeitgeber zunächst beweisen, dass er den Arbeitnehmer richtig beurteilt hat und das Arbeitszeugnis inhaltlich korrekt ist. Wie kann man dieser Beweispflicht nachkommen?

✔ Befragung von Vorgesetzten und Kollegen

✔ Einsicht in die Personalakte

✔ Prüfung dokumentierter Mitarbeitergespräche, Beurteilungen und bereits erstellter Zwischenzeugnisse

✔ Prüfung vorhandener Dankesschreiben, Gehaltserhöhungen, Beförderungen und Bonuszahlungen

Kann der Arbeitgeber seiner Beweispflicht nicht nachkommen, muss er ein neues und ausgehandeltes Arbeitszeugnis ausstellen. Falls er dies nicht tut, kann dies mit einer gerichtlichen Zwangsgeldauflage geahndet werden. In den meisten Fällen wird sich jedoch geeinigt und eine Neuausstellung erwirkt.

Die Unterschrift des Geschäftsführers ist kein gutes Recht

Ein Zeugnis ohne Unterschrift geht gar nicht. Eine Norm hierfür gibt es jedoch nicht. Der Aussteller eines Arbeitszeugnisses und somit auch der Unterzeichner sollte immer ein in der Hierarchie höherstehender Angestellter sein. In der Regel wird es der direkte Vorgesetzte sein. Möglich sind auch der Abteilungsleiter, der Bereichsleiter und in Handwerksbetrieben der Betriebsleiter oder Meister. Auch den Prokuristen oder Geschäftsführer kann man als Unterzeichner in Zeugnissen finden. Einen rechtlichen Anspruch auf die Unterschrift des Geschäftsführers gibt es jedoch nicht, nur wenn es sich um die direkte Führungskraft handelt, wie beispielsweise bei Stabstellen oder bei kleineren Firmen. In vielen Unternehmen unterzeichnen zwei Personen das Arbeitszeugnis, was die Glaubwürdigkeit des Dokumentes erhöht.

Das Arbeitszeugnis muss auf jeden Fall handschriftlich unterschrieben sein, da es sonst den Eindruck erweckt, dass sich der Unterzeichner vom Inhalt distanziert. Mit welcher Farbe unterschrieben wird, ist hingegen irrelevant. Es soll schon darum gestritten worden sein, dass mit einem grünen anstelle mit einem erwartungsgemäß blauen Stift unterschrieben wurde. Wenn der Unterzeichner alle Schriftstücke nun aber mit grün unterschreibt, ist dagegen auch nichts einzuwenden.

Was im Zeugnis stehen darf und was nicht

Es gibt immer wieder Unsicherheiten, ob bestimmte Themen im Arbeitszeugnis erwähnt werden dürfen oder nicht. Hier bekommen Sie die Antworten dazu:

- ✔ Krankheitszeiten: Nur in ganz seltenen Fällen dürfen sie im Zeugnis aufgeführt werden, und zwar wenn sie in etwa die Hälfte der gesamten Beschäftigungszeit ausmachen.

- ✔ Teilzeit: Wenn die Tätigkeit vollumfänglich in Teilzeit ausgeübt wurde, muss das grundsätzlich im Zeugnis aufgeführt werden, um der Wahrheitspflicht zu entsprechen. Wenn der Umfang der Teilzeittätigkeit allerdings fast einer Vollzeittätigkeit, wie etwa 35 Stunden in der Woche, entspricht, kann man es auch unerwähnt lassen.

- ✔ Elternzeit: Das Bundesarbeitsgericht hat entschieden, dass eine Elternzeit nur erwähnt werden darf, wenn die Ausfallzeit eine wesentliche tatsächliche Unterbrechung der Beschäftigung war. Konkret bedeutet das wie auch bei Fehlzeiten durch Krankheit, dass man die Fehlzeit in der Regel erst dann erwähnen darf, wenn sie etwa die Hälfte der gesamten Beschäftigungszeit ausmacht.

- ✔ Heimarbeit: Da es in der Regel nicht entscheidend ist, wo die Tätigkeit ausgeübt wird, ist eine Erwähnung nicht nötig, es sei denn, es wird aus der Beschreibung der Tätigkeit ersichtlich und ist somit der klärenden Darstellung dienlich.

✔ Schwerbehinderung: Sie darf nur auf Wunsch des Arbeitnehmers im Zeugnis erwähnt werden.

✔ Ehrenamtliche Tätigkeiten: Wenn sie innerhalb des Unternehmens ausgeübt werden, wie zum Beispiel als Sanitäter oder Feuerwehrmann, können sie auf Wunsch des Arbeitnehmers aufgenommen werden.

Wenn Sie sich über aktuelle Urteile aus der Welt der Arbeitszeugnisse informieren möchten, können Sie den folgenden Link nutzen. Hier werden die zehn aktuellen Urteile bereitgestellt, die zum Schlagwort »Zeugnis (Arbeitszeugnis)« veröffentlicht wurden https://www.kostenlose-urteile.de/topten.zeugnis_arbeitszeugnis.htm.

IN DIESEM KAPITEL

Verschiedene Zeugnisarten

Was wohin gehört

Wie viele Seiten optimal sind

Wann ein Zwischenzeugnis beantragen

Der richtige Abschluss

Kapitel 2
Der Aufbau eines Arbeitszeugnisses

Auch bei einem Arbeitszeugnis gilt das alte Sprichwort: »Ordnung ist das halbe Leben«. Arbeitszeugnisse unterliegen quasi einer Norm beziehungsweise einer grundlegenden Strukturierung, die man kennen sollte. Es gibt verschiedene Zeugnisarten und nicht nur inhaltlich, sondern auch formal muss das Zeugnisdokument gewissen Standards gerecht werden, damit es überzeugen kann. Wenn Sie alle Zeugniskomponenten kennen und auch wissen, in welcher Reihenfolge diese erwartet werden, sind Sie schon mal sehr gut gerüstet, um Ihre Arbeitszeugnisse auf Korrektheit zu prüfen.

Unterschiedliche Zeugnisarten

Arbeitnehmer haben gemäß § 109 Gewerbeordnung bei Beendigung ihres Arbeitsverhältnisses Anspruch auf ein schriftliches Zeugnis. Das Zeugnis muss mindestens Angaben zu Art und Dauer der Tätigkeit enthalten. Dies nennt man einfaches Arbeitszeugnis. Arbeitnehmer können verlangen, dass sich das Zeugnis darüber hinaus auf Leistung und Verhalten im Arbeitsverhältnis erstreckt. Dies nennt man qualifiziertes Arbeitszeugnis. Der Anspruchsberechtigte entscheidet, ob er ein einfaches oder ein qualifiziertes Zeugnis will. Darüber hinaus können Arbeitnehmer aus besonderen Gründen auch ein Zwischenzeugnis beantragen, wie etwa bei einem Wechsel der Führungskraft oder einer anstehenden Umstrukturierung.

Hier wird nicht bewertet: Das einfache Arbeitszeugnis

Das einfache Arbeitszeugnis beinhaltet zunächst die folgenden Stammdaten des Zeugnisempfängers: Name, Vorname, gegebenenfalls Titel oder Hochschulabschluss und bei Einwilligung durch den Zeugnisempfänger auch das Geburtsdatum (der Geburtsort sollte aus Gründen der Gleichstellung generell nicht mehr mit aufgenommen werden, es sei denn der Empfänger besteht darauf). Des Weiteren können Angaben zum Unternehmen und der Branche folgen. Darüber hinaus werden in dieser Zeugnisart nur noch die Dauer und die Art der Tätigkeiten mit aufgenommen. Die Bewertung der Leistung und des Verhaltens sind kein Bestandteil dieser Zeugnisart. Das einfache Arbeitszeugnis erstreckt sich in der Regel maximal über eine Seite.

Personalfachleute bewerten ein einfaches Arbeitszeugnis meist mit schlechter Arbeitsleistung, Problemen im Verhalten oder gravierenden Geschehnissen.

Das einfache Arbeitszeugnis ist eine ganz neutrale Tätigkeitsbeschreibung, die in manchen Fällen sogar Sinn macht, nämlich dann, wenn die Beschäftigungszeit des Arbeitnehmers zu kurz war, um eine fundierte Beurteilung abzugeben.

Nicht nur Fakten: Das qualifizierte Arbeitszeugnis

Ein qualifiziertes Arbeitszeugnis umfasst neben den Personalien, der Unternehmensbeschreibung sowie der Dauer und Art der Tätigkeiten auch die Bewertung der Leistung und des Verhaltens des Zeugnisempfängers. Dabei werden die Zeugniskomponenten in einer bestimmten Rangfolge aufgeführt:

1. Zeugnisüberschrift (Arbeitszeugnis, Zeugnis, Ausbildungs/- oder Praktikumszeugnis, Zwischenzeugnis)

2. Einleitungssatz (Personalien, Dauer und Art der Tätigkeit)

3. Nicht zwingend: die Beschreibung des Unternehmens mit beispielsweise Angabe der Branche, Produkte, Mitarbeiteranzahl, des Umsatzes und Standortes

4. Tätigkeitsbeschreibung beziehungsweise Beschreibung des Werdegangs, der Position(en) und Aufgaben

5. Beurteilung der Leistung und des Verhaltens

6. Ausstellungsgrund

7. Abschluss mit Bedauern (bei Austritt), Dank und Wünschen für die Zukunft

8. Ausstellungsdatum und -ort

9. Firmenname und Unterschrift

Das qualifizierte Arbeitszeugnis muss zwei Anforderungen zwingend gerecht werden. Es muss wahr sein und zum anderen wohlwollend ausgestellt werden. Das heißt, dass der Aussteller den Fokus auf die Stärken des Zeugnisempfängers legen soll, was aber aufgrund der Wahrheitspflicht nicht dazu führen darf, dass er generell nur in den höchsten Tönen lobt. Deshalb hat sich im Bereich der Erstellung qualifizierter Arbeitszeugnisse die Anwendung der Zeugnissprache mit den verschiedenen Codierungen etabliert.

Das Zeugnis für zwischendurch

Ein Zwischenzeugnis kann man während einer laufenden Beschäftigung aus einem sogenannten triftigen Grund beantragen. Daher wird bei dieser Zeugnisart beim Schreiben die Gegenwartsform benutzt. Die gängigsten Gründe zur Beantragung eines Zwischenzeugnisses sind:

- ✔ Auf eigenen Wunsch zum Zwecke einer externen Bewerbung
- ✔ Vorgesetztenwechsel
- ✔ Stellenwechsel
- ✔ Eine bevorstehende längere Unterbrechung der Tätigkeit wie etwa eine Elternzeit oder ein Sabbatical
- ✔ Anstehende Umstrukturierungen, Betriebsübergänge oder Unternehmensschließungen

Auch ein Zwischenzeugnis kann als einfaches oder qualifiziertes Arbeitszeugnis beantragt beziehungsweise ausgestellt werden. Es gelten dieselben Formalien, das heißt das einfache Zwischenzeugnis enthält keine Angaben zur Bewertung der Leistung und des Verhaltens und das qualifizierte Zwischenzeugnis muss wahrheitsgemäß und wohlwollend formuliert sein. Im Unterschied zum Austrittszeugnis wird der Text aber im Präsens geschrieben.

Welche Zeugnisse es sonst noch gibt

Über die bereits vorgenannten Zeugnisarten hinaus gibt es folgende weitere Zeugnisarten:

- ✔ Vorläufiges Zeugnis, welches erstellt wird, wenn ein Austritt bereits feststeht, aber das Anstellungsverhältnis noch aktiv ist. Vorläufige Zeugnisse sind qualifizierte Arbeitszeugnisse, die im Präsens geschrieben werden, aber im Abschluss die Bestandteile eines Austrittszeugnisses enthalten, nämlich Austrittsgrund, Bedauern, Dank und Zukunftswünsche.

- ✔ Ausbildungszeugnis, welches über den Zeitraum einer Ausbildung und den erfolgten Abschluss informiert. Hier kann auch zwischen einfachem und qualifiziertem Ausbildungszeugnis gewählt werden. Der Schwerpunkt des Ausbildungszeugnisses sollte auf den ausgeübten Tätigkeiten und erworbenen Fachkenntnissen beziehungsweise Fertigkeiten liegen. Darüber hinaus muss es auch den Anforderungen der Wahrheits- und Wohlwollenspflicht gerecht werden. Im abschließenden Teil macht es sich besonders gut, wenn eine Übernahme durch den Arbeitgeber in ein unbefristetes Anstellungsverhältnis dokumentiert wird.

✔ Praktikumszeugnis, welches den Nachweis über ein geleistetes freiwilliges oder Pflichtpraktikum erbringt. Wie auch das Ausbildungszeugnis kann dieses Zeugnis einfach oder qualifiziert ausgestellt werden und muss wahrheitsgemäß und wohlwollend ausfallen. Es kommt in der Regel mit einer Seite aus und sollte einen guten Überblick über die erlernten Fähigkeiten sowie ausgeübten Tätigkeiten geben. Vorteilhaft ist die Erwähnung von Projektarbeiten und die Übernahme selbstständiger Aufgaben.

Wie ein Zeugnis aussieht

Damit das Zeugnis professionell und korrekt daherkommt, muss es wohlgeordnet sein. Hier erfahren Sie, wie ein qualifiziertes Arbeitszeugnis, in diesem Falle ein Austrittszeugnis, gegliedert wird und welche Bestandteile enthalten sein müssen, damit es der gängigen Norm entspricht (vergleiche Abbildung 2.1).

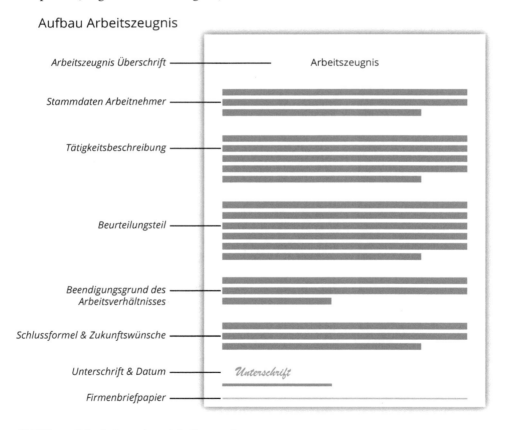

Abbildung 2.1: Aufbau eines Arbeitszeugnisses

Überschrift, Einleitung und Unternehmensskizze

Es geht schon los mit der korrekten Wahl der Überschrift, die deutlich vermitteln sollte, um welche Art Zeugnis es sich handelt. Es gibt sogar Alternativen, die unzulässig sind, wie etwa Mitarbeiterbeurteilung oder Arbeitsbescheinigung. Über die Daten Vor- und Zuname sowie Geburtsdatum und -ort hinaus findet man im einleitenden Absatz immer wieder auch die Angabe des Wohnortes mit Adresse. Da dieser aber in der heutigen Zeit häufig wechseln kann und eine Identifikation auch über die anderen Personalien möglich ist, ist dies mittlerweile nicht mehr angebracht. Es folgen die Daten zur Dauer und Art der Tätigkeit sowie weitere Informationen zum Werdegang. Die Unternehmensbeschreibung, die optional verwendet werden kann, hat im Arbeitszeugnis die Zielsetzung der besseren Einordnung der Position des Zeugnisempfängers und sollte maximal sechs bis sieben Zeilen umfassen.

- ✔ **Überschrift:** Arbeitszeugnis, Zeugnis, Ausbildungszeugnis oder Praktikumszeugnis
- ✔ **Einleitung:** Titel wie Dr., Bildungsabschluss (auf Wunsch des Zeugnisempfängers), Vorname, Nachname, Geburtsdatum und -ort (auf Wunsch des Zeugnisempfängers), Positionsbezeichnung, Dauer des Arbeitsverhältnisses oder Eintrittsdatum, gegebenenfalls Befristung
- ✔ **Unternehmensskizze:** Optional: Unternehmensbeschreibung (Branche, Produkte oder Dienstleistung, Mitarbeiter, Standort und so weiter)

Aufbau eines qualifizierten Arbeitszeugnisse: Überschrift, Einleitung, Unternehmensskizze

Zeugnis

Herr Martin Mustermann, geboren am 13.04.1973 in Hamburg, war in der Zeit vom 01.08.2014 bis zum 31.10.2017 (optional: im Rahmen eines befristeten Arbeitsverhältnisses) in verschiedenen Positionen in unserem Unternehmen tätig.

Die Beispiel GmbH ist ein Hersteller von Kunststoffverpackungen für die Industrie. An unserem Standort in Duisburg beschäftigen wir 450 Mitarbeiter. Im Jahr 2017 hat das Unternehmen einen Umsatz von 4,5 Millionen Euro erwirtschaftet.

Tätigkeitsbeschreibung – Was gemacht wurde

Diesen Teil des Arbeitszeugnisses schätzen die meisten Personalverantwortlichen als den wichtigsten Teil des Dokumentes, da er frei von Codierungen ist und somit einen wertvollen Überblick über die praktischen Erfahrungen des Arbeitnehmers gibt. Auch die rangmäßige Zuordnung und übertragenen Vollmachten beziehungsweise Kompetenzen, insbesondere auf Führungskräfteebene, sollten in diesen Teil des Arbeitszeugnisses einfließen. Bei vollzogenen Versetzungen sowie den Aufgaben ist es wichtig, diese in chronologischer Reihenfolge zu gestalten. Bei einem Stellenwechsel sollte, falls relevant, eine hierarchische Weiterentwicklung oder die Übernahme einer anspruchsvolleren Aufgabe klar herausgestellt werden.

- ✔ **Hierarchische Einordnung der Position:** Berichtslinie, Führungsebene, Stellvertretungsfunktionen
- ✔ **Tätigkeiten:** Hauptaufgaben, Sonderaufgaben, Projektarbeit, Mitgliedschaften in Ausschüssen oder Gremien
- ✔ **Kompetenzen:** Prokura, Handlungsvollmacht, Kreditkompetenz, Budget- oder Umsatzverantwortung und so weiter

Aufbau eines qualifizierten Arbeitszeugnisses: Einordnung, Tätigkeiten, Kompetenzen

Der Einsatz von Herrn Mustermann erfolgte zunächst als Sachbearbeiter im Bereich Einkauf. In dieser Position berichtete er direkt an den Bereichsleiter Rohstoffe. Außerdem vertrat er den Teamleiter in dessen Abwesenheit. Zu seinen Hauptaufgaben zählten:

- ✔ Eigenständige Vertragsverhandlungen
- ✔ Einholen und Vergleich von Angeboten sowie Lieferantenauswahl
- ✔ Durchführung von Reklamationen
- ✔ Auftragseingabe und Erfassung im System
- ✔ Korrespondenz mit Lieferanten, Kunden und internen Fachabteilungen

Darüber hinaus war Herr Mustermann mit den folgenden Sonder- und Projektaufgaben betraut:

- ✔ Teilprojektleitung im Zuge der Einführung eines neuen Warenwirtschaftssystems
- ✔ Einarbeitung von neuen Kollegen
- ✔ Zeiterfassung für die Mitarbeiter des Einkaufteams

Mit Wirkung vom 01.06.2015 wechselte Herr Mustermann als Sachbearbeiter in den Bereich Logistik. Seither umfasste sein Aufgabenbereich die folgenden Tätigkeiten:

- ✔ Buchungen im SAP-System und dem Lagerverwaltungssystem
- ✔ Erstellung von Auswertungen sowie Statistiken
- ✔ Fehler- und Reklamationsbearbeitung
- ✔ Mitarbeit in verschiedenen Projekten
- ✔ Planung und Disposition von Transporten

Zur Wahrnehmung seiner verantwortungsvollen Aufgaben und als Zeichen unserer Anerkennung statteten wir Herrn Mustermann am 01.01.2016 mit Handlungsvollmacht aus.

Die Leistungsbeurteilung – Können, Wollen, Tun und Ergebnis

In diesem Teil ist das Arbeitszeugnis in weitere Zeugniskomponenten untergliedert, und zwar in Fachwissen & Weiterbildung, Arbeitsbefähigung wie etwa Auffassungsgabe und Belastbarkeit, Arbeitsbereitschaft, Arbeitsweise, Arbeitserfolge, zusammenfassende Bewertung und bei Führungskräften zusätzlich die Führungskompetenz. In diesem Teil wird die viel zitierte Zeugnissprache mit ihren Codierungen verwendet, in dem es besonders wichtig ist, den Ansprüchen an wahrheitsgemäße und zugleich wohlwollende Formulierungen gerecht zu werden.

- **Fachwissen und Weiterbildung:** Umfang und Inhalt, Aktualität, Einsatz und Anwendung des Wissens und von erworbenen Kenntnissen

- **Arbeitsbefähigung – Das Können:** Auffassungsgabe, Denk- und Urteilsvermögen, Ausdauer, Belastbarkeit, Flexibilität und so weiter

- **Arbeitsbereitschaft und Motivation – Das Wollen:** Engagement, Initiative, Zielstrebigkeit, Interesse, Identifikation und weitere

- **Arbeitsweise – Das Tun:** Selbstständigkeit, Systematik, Effizienz, Sorgfalt, Zuverlässigkeit, Genauigkeit und andere

- **Arbeitserfolg – Das Ergebnis:** Qualität, Quantität und Verwertbarkeit

- **Zusammenfassende Bewertung:** zur vollen, stets vollen, stets vollsten Zufriedenheit

- **Führungskompetenz:** Abteilungsleitung, Mitarbeitermotivation, Arbeitsatmosphäre, Aufgabendelegation, Mitarbeiterförderung und weitere

Aufbau eines qualifizierten Arbeitszeugnisses: Die Bewertung der Leistung

Herr Mustermann verfügt über ein umfangreiches, fundiertes und aktuelles fachliches Wissen, das er stets zielführend und sehr erfolgreich in der täglichen Arbeit einsetzte und kontinuierlich weiter ausbaute.

Er arbeitete sich dank seiner sehr guten Auffassungsgabe stets schnell und sicher in neue Aufgabenstellungen ein. Auch bei stärkstem Arbeits- und Zeitdruck agierte er jederzeit ruhig, konzentriert und ergebnisorientiert.

Herr Mustermann identifizierte sich mit seinen Aufgaben und überzeugte jederzeit durch außerordentliches Engagement und große Eigeninitiative.

Seine Arbeitsweise war von einem sehr hohen Grad an Selbstständigkeit, Sorgfalt und Effizienz geprägt. Seine Arbeitsergebnisse waren daher sowohl in qualitativer als auch quantitativer Hinsicht jederzeit sehr gut. Besonders hervorheben möchten wir seine ausgezeichnet aufbereiteten Auswertungen und Statistiken, die der Bereichsleitung stets sehr hilfreich bei der Entscheidungsfindung waren.

> Herr Mustermann erledigte alle ihm übertragenen Aufgaben stets zu unserer vollsten Zufriedenheit.
>
> Im Rahmen seiner Stellvertretung des Teamleiters Einkauf war Herr Mustermann seinen Mitarbeitern jederzeit ein sehr anerkanntes Vorbild. Es gelang ihm laufend, das Team durch eine fach- und personenbezogene Führung zu hohem Einsatz und optimalen Leistungen zu motivieren. Er verstand es bestens, Teamgeist zu wecken und die Aufgaben in geeigneter Weise zu delegieren. Dabei förderte Herr Mustermann sehr engagiert die fachliche und persönliche Weiterentwicklung jedes Einzelnen.

Die Verhaltensbeurteilung – soziales Verhalten und Teamfähigkeit

Abschließend wird in dieser Komponente das Verhalten zu Internen und auch anderen Personen, mit denen am Arbeitsplatz Kontakt bestand, wie etwa Kunden, Lieferanten oder Gästen beschrieben und bewertet. Hier ist insbesondere die richtige Reihenfolge der entsprechenden Personen zu beachten, denn wenn Vorgesetzte, Kollegen und Mitarbeiter nicht in dieser Reihenfolge erwähnt werden, ist dies eine einschränkende Bewertung.

- **Verhalten zu Vorgesetzten und Kollegen:** Vorbildlichkeit, Einwandfreiheit, Loyalität und so weiter
- **Verhalten zu Externen:** Auftreten, Kontaktfähigkeit, Gesprächsverhalten, Verhandlungsstärke, Beratungskompetenz und andere
- **Soziale Kompetenz:** Teamorientierung, Kritikfähigkeit, Vertrauenswürdigkeit, Kompromissbereitschaft, Durchsetzungsvermögen und weitere

> **Aufbau eines qualifizierten Arbeitszeugnisses: Die Bewertung des Verhaltens**
>
> Sein Verhalten sowohl gegenüber Vorgesetzten, Kollegen und Mitarbeitern (Mitarbeiter nur bei Führungskräften mit auflisten) als auch Kunden und Geschäftspartnern war immer vorbildlich. Aufgrund seiner sehr freundlichen und hilfsbereiten Art sowie seines überzeugenden Auftretens wurde Herr Mustermann allseits sehr geschätzt und anerkannt.

Die Schlussformel – Der gute Abschluss

Das qualifizierte Arbeitszeugnis schließt mit dem Ausstellungsgrund, dem Bedauern über das Ausscheiden, dem Dank für die erbrachten Leistungen und die Zusammenarbeit sowie den Zukunftswünschen ab. Gefolgt wird dies von der korrekten Datierung und Unterzeichnung. Das Datum muss mit dem Datum der Beendigung des Anstellungsverhältnisses übereinstimmen und ist nicht zwangsläufig der letzte Arbeitstag (beispielsweise bei Freistellungen oder Abbau von Resturlaub). Das Zeugnis sollte immer von einem oder zwei ranghöheren Mitarbeitern unterzeichnet werden, idealerweise von der direkten Führungskraft und der Personalleitung.

- ✔ **Ausstellungsgrund:** Eigene Kündigung, Aufhebung, Kündigung durch Arbeitgeber, Ende Befristung, Ruhestand

- ✔ **Bedauern und Dank:** Bedauern des Ausscheidens oder des Verlustes einer wertvollen Fachkraft, Dank für die erbrachten Leistungen, die langjährige und erfolgreiche Mitarbeit sowie Dank für die Art der Zusammenarbeit

- ✔ **Zukunftswünsche:** Persönliche Wünsche und Erfolgswünsche

---

Aufbau eines qualifizierten Arbeitszeugnisses: Die Schlussformel

Das Arbeitsverhältnis mit Herrn Mustermann endet auf seinen Wunsch mit Ablauf des heutigen Tages. Wir bedauern sein Ausscheiden sehr und danken ihm für seine stets ausgezeichneten Leistungen sowie die immer angenehme Zusammenarbeit. Für seine Zukunft wünschen wir Herrn Mustermann alles Gute und weiterhin viel Erfolg.

Frankfurt am Main, 31.10.2017

Frank Meier	Katharina Schneider
Abteilungsleiter Logistik	Leiterin Personal

Umfang und Aussehen eines Arbeitszeugnisses

Dass es beim Arbeitszeugnis nicht nur auf den Inhalt, sondern auch auf das äußere Erscheinungsbild und das Volumen des Dokuments ankommt, ist den meisten Zeugnislesern gar nicht bewusst.

Eine bis drei Seiten Umfang

Viel diskutiert wird auch über die Länge eines Arbeitszeugnisses. Auf der einen Seite interpretieren Personalentscheider ein kurzes Zeugnis mit schlechten Leistungen, auf der anderen Seite möchten Sie sich aber auch nicht durch einen drei- oder gar vierseitigen »Roman« durcharbeiten. Viele Zeugnisempfänger fühlen sich gekränkt, wenn sie ein, aus ihrer Sicht, zu kurzes Zeugnis erhalten. Ausschlaggebend sind auch immer die ausgeübte Position und die Länge des Beschäftigungszeitraumes sowie die Schriftart und der Zeilenabstand. In der folgenden Tabelle habe ich für Sie – gegliedert nach Positionen – eine Übersicht erstellt, wie lang ein Zeugnis idealerweise sein sollte.

Position	Länge des Zeugnistextes (Din A4)
Angestellter (Beschäftigungszeitraum bis 10 Jahre)	1,5 bis 2 Seiten
Angestellter (Beschäftigungszeitraum größer 10 Jahre)	2 bis maximal 3 Seiten
Ausbildungszeugnis	1 Seite
Aushilfskraft	1 Seite
Führungskraft (Beschäftigungszeitraum bis 10 Jahre)	2 Seiten
Führungskraft (Beschäftigungszeitraum größer 10 Jahre)	2 bis maximal 3 Seiten
Geschäftsführer	2 bis maximal 3 Seiten
Minijobber	1 Seite
Praktikumszeugnis	1 Seite
Werkstudent	1 Seite

Tabelle 2.1: Die optimale Länge des Zeugnisses, abhängig von der Position und Dauer der Beschäftigung

 Manche Zeugnisaussteller und Arbeitnehmer, die eigene Entwürfe liefern, übertreiben es mit der Länge ihres Zeugnisentwurfes. Ich stelle dies häufig bei Angestellten aus IT-Bereichen, der Wissenschaft, aus Behörden oder auch sozialpädagogischen Berufen fest. Hier lese ich häufig Zeugnisse mit bis zu vier Seiten. Davon kann ich nur abraten, da diese Dokumente insgesamt übertrieben und aufgebläht wirken und man zudem nach der zweiten Seite die Lust verliert, sie bis zum Ende durchzulesen. Außerdem zweifelt man bei diesen Arbeitszeugnissen schnell an deren Glaubwürdigkeit.

Der erste Eindruck zählt – Wie das Zeugnis aussehen soll

Ein Arbeitszeugnis, ist es einmal geschrieben, begleitet den Zeugnisempfänger sein ganzes Berufsleben lang. Deshalb zählt nicht nur der Inhalt, sondern auch die äußere Form dieser wichtigen Urkunde. Was es hierbei zu beachten gibt, finden Sie in der folgenden Auflistung:

✔ Ausdruck auf Geschäftspapier

✔ Maschinenschriftliche Ausstellung

✔ Hochwertige und somit haltbare Papierqualität

✔ Tadelloser Zustand, keine Flecken, Eselsohren und so weiter

✔ Nicht gefaltet, gelocht oder getackert

✔ Frei von Rechtschreibfehlern

✔ Keine Fett- oder Kursivschrift

✔ Korrekte Überschrift

✔ Keine Durchstreichungen oder sichtbaren Verbesserungen

✔ Schriftfarbe schwarz und angemessene Schriftgröße (nicht kleiner als Schriftgröße 10 und größer als Schriftgröße 12)

✔ Einheitliche Absatzstruktur

✔ Fließtext im Blocksatz, Aufzählungen beziehungsweise Bullets linksbündig

✔ Keine Sonderzeichen wie Ausrufezeichen oder Fragezeichen

✔ Ausstellungsdatum muss vorhanden sein (bei Zwischenzeugnissen der Tag der Ausstellung und bei Austrittszeugnissen der Tag der Beendigung des Arbeitsverhältnisses)

✔ Eigenhändige Unterschrift, keine Paraphe, darunter maschinengeschrieben der Name, mit Angabe der Positionsbezeichnung

Da auch auf dem Postweg der Zustand des Zeugnisses leiden kann, empfehle ich eine persönliche Abholung beim Zeugnisaussteller. Empfehlenswert ist auch die Nutzung eines verstärkten DIN A4-Umschlags beim Versand.

Nicht nur bei einem inhaltlichen Fehler lohnt sich der Gang zum alten Arbeitgeber. Auch bei einer unzureichenden äußeren Form des Arbeitszeugnisses ist der Zeugnisaussteller gesetzlich dazu verpflichtet, diese zu verbessern. Gut zu wissen ist hierbei: Hat ein Bewerber sich nicht um Verbesserung beim ehemaligen Arbeitgeber gekümmert, wird das häufig als nachlässiges Verhalten seitens des Bewerbers interpretiert.

Gibt es einen Ersatz, wenn das Arbeitszeugnis verloren ging oder beschädigt wurde? Ja, und hierbei ist es irrelevant, wer hier Verursacher war. Der Anspruch auf Ersatz besteht unabhängig davon, wodurch das Zeugnis verloren ging, beschädigt wurde oder aus sonstigen Gründen nicht mehr verwendbar ist, oder wenn ein vom Aussteller abgesendetes Arbeitszeugnis beim Empfänger nicht angekommen ist (LAG Rheinland-Pfalz, Urteil vom 15.3.2011, 10 Ta 45/11).

Landessprache in Arbeitszeugnissen – English for runaways

Grundsätzlich ist ein Arbeitszeugnis in Deutschland in deutscher Sprache auszustellen. Dies gilt auch für ausländische Arbeitnehmer. Einen gesetzlichen Anspruch, dass der Arbeitgeber das Arbeitszeugnis in einer anderen Sprache als der Landessprache schreibt, gibt es nicht. Dennoch sind heutzutage aufgrund der zunehmenden Globalisierung Zeugnisse oder Referenzen, insbesondere in englischer Sprache, immer gefragter. Viele Arbeitgeber stellen sich auf den Standpunkt, dass der Arbeitnehmer das zur Verfügung gestellte Zeugnis ja auf eigene Kosten einfach übersetzen lassen kann. Hier ist allerdings größte Vorsicht geboten! Die deutsche Zeugnissprache beinhaltet so viele Feinheiten, die man nur schwer übersetzen kann. Eine wortwörtliche Übersetzung eines deutschen Arbeitszeugnisses führt meistens zu großer Irritierung bei ausländischen Lesern. Hinzu kommt, dass Arbeitszeugnisse in vielen Ländern einen viel geringeren Stellenwert haben als in Deutschland. Hier sind direkte Erkundigungen beim vorherigen Arbeitgeber üblich. Das schriftliche Gegenstück zum deutschen Arbeitszeugnis ist im englischen Sprachraum der sogenannte »Letter of Recommendation« (mehr dazu in Kapitel 3).

Mit der Übersetzung eines deutschen Arbeitszeugnisses sollten Sie einen professionellen Übersetzer beauftragen, der sich auch mit Arbeitszeugnissen beziehungsweise Empfehlungsschreiben im englischsprachigen Raum auskennt.

Zu guter Letzt – Wie man ein Arbeitszeugnis abschließt

Zum korrekten Aufbau eines Zeugnisses gehört natürlich auch der richtige Abschluss. Zu einer Abschlussformel ist ein Zeugnisaussteller übrigens nicht verpflichtet, was auf einer Entscheidung des Bundesarbeitsgerichts beruht. Dennoch ist es gang und gäbe Arbeitszeugnisse mit einer abschließenden Formulierung zu beenden. Diese beinhaltet das Bedauern über das Ausscheiden bei einem Austritt, den Dank für die Arbeit sowie Wünsche für die Zukunft.

Die Entscheidung, ob eine Abschlussformel im Arbeitszeugnis steht oder nicht und wie sie dann aussieht, trifft der Arbeitgeber. Sie ist somit nicht zwingend erforderlich und Arbeitnehmer können eine Aufnahme durch das Arbeitsgericht auch nicht erwirken lassen.

Wenn die abschließende Formulierung fehlt, werten dies die meisten Personalexperten aber als einen Hinweis auf Unzufriedenheit mit der Zusammenarbeit und einer nicht vorhandenen Bereitschaft, dem Zeugnisempfänger etwas Positives mit auf den Weg zu geben.

Die Zusammensetzung für den richtigen Abschluss

Der Aufbau der Abschlussformel von Arbeitszeugnissen, sowohl für Austrittszeugnisse als auch Zwischenzeugnisse, setzt sich aus den folgenden vier Komponenten zusammen:

1. Ausstellungsgrund (Kündigung durch Arbeitnehmer oder Arbeitgeber)
2. Ausdruck des Bedauerns über das Ausscheiden (nur bei Austrittszeugnissen)
3. Dank für die geleistete Mitarbeit
4. Wünsche für die Zukunft

Bei einer Eigenkündigung durch den Arbeitnehmer sieht eine sehr gute Formulierung zum Beispiel so aus: Herr Stefan Schneider verlässt uns zum 31.12.2018 auf eigenen Wunsch, um sich einer neuen beruflichen Herausforderung zu widmen. Wir bedauern sein Ausscheiden sehr und danken ihm für die stets sehr erfolgreiche und angenehme Zusammenarbeit. Für seine berufliche und private Zukunft wünschen wir ihm alles Gute und weiterhin viel Erfolg.

Auch bei einem Zwischenzeugnis ist es wichtig, den Ausstellungsgrund zu nennen. Darüber hinaus sollte sich für die bisherige Mitarbeit bedankt werden und sich positiv zur weiteren Zusammenarbeit geäußert werden.

Ein sehr gutes Zwischenzeugnis enthält beispielsweise diese Abschlussformel: Dieses Zwischenzeugnis wurde aufgrund eines Vorgesetztenwechsels erstellt. Wir bedanken uns bei Frau Müller für ihre bisherigen jederzeit ausgezeichneten Leistungen und freuen uns auf die weiterhin so erfolgreiche und angenehme Zusammenarbeit.

IN DIESEM KAPITEL

Unterschied zwischen einem Referenzschreiben und einem Empfehlungsschreiben

Bedeutung und Inhalt eines Referenzschreibens

Arbeitszeugnisse versus Referenzen

Besonderheiten des Recommendation Letter für den englischen Sprachraum

Kapitel 3
Referenz- und Empfehlungsschreiben

Wurden Sie im Zuge eines Bewerbungsprozesses auch schon mal aufgefordert Referenzschreiben vorzulegen? Mit einem Referenzschreiben gibt der (ehemalige) Arbeitgeber seinem Mitarbeiter eine positive Empfehlung in schriftlicher Form mit auf den Weg. Im Unterschied zu einem Arbeitszeugnis gibt es hier keine Notenabstufungen und auch keine spezielle »Geheimsprache«.

Generelles und Aufbau eines Referenzschreibens

Ein Referenzschreiben muss positiv formuliert sein, da es sonst gar keinen Sinn macht. Im Gegensatz zu den USA und Großbritannien sind Referenzschreiben, die dort als Letter of Recommendation bezeichnet werden, hierzulande noch nicht weit verbreitet. Häufig werden Referenzschreiben mit Empfehlungsschreiben in einen Topf geworfen, doch es gibt Unterschiede. Ein Referenzschreiben wird unspezifisch ausgestellt und soll insbesondere einen Eindruck über erworbene Qualifikationen und die erledigten Tätigkeiten geben. Da Freiberufler und Selbstständige keine klassischen Arbeitnehmer sind, erhalten sie in der Regel kein Arbeitszeugnis. Für diese Zielgruppe ist ein schriftlicher Nachweis ihrer Leistungen daher besonders wichtig, um bei potenziellen neuen Auftraggebern einen positiven Eindruck zu erzielen.

So ist ein Referenzschreiben in der Regel aufgebaut:

✔ Briefkopf des Referenzausstellers

✔ Nennung einer Telefonnummer

✔ Name und Anschrift des Adressaten

✔ Betreff mit Namensangabe des Bewerbers

✔ Kurze Vorstellung des Referenzausstellers

✔ Kurze prägnante Empfehlung des Bewerbers

✔ Tätigkeitsschwerpunkte

✔ Gegebenenfalls erzielte Qualifikationen (Abschlüsse, Zertifizierungen oder fachspezifische Fortbildungen)

✔ Erzielte Erfolge

✔ Empfehlung (warum man den Bewerber für besonders geeignet hält)

✔ Bereitschaft zur persönlichen Auskunft

✔ Ort, Datum und Unterschrift

Im Gegensatz zu einem Referenzschreiben wird ein Empfehlungsschreiben wesentlich persönlicher formuliert. Häufig besteht eine etwas engere Beziehung zwischen dem Aussteller und dem Empfohlenen. Studenten, die sich beispielsweise nach abgeschlossenem Bachelorstudium für ein Masterstudium bewerben möchten, werden oft aufgefordert ein Empfehlungsschreiben von ihren ehemaligen Dozenten beziehungsweise Professoren einzureichen. Grundsätzlich kann sich jeder ein Empfehlungsschreiben ausstellen lassen. Es unterliegt keinen Vorgaben und kann auch gern etwas emotionaler formuliert werden.

 Ein Muster zur Bewerbung für einen Master-Studiengang finden Sie hier:

```
https://www.mba-master.de/master/bewerbung/empfehlungsschreiben/
muster-empfehlungsschreiben.html
```

Bei vielen Hochschulen ist das Beifügen eines Empfehlungsschreibens eher freiwillig, andere Universitäten verlangen sogar ein Empfehlungsschreiben, um möglichst viele Informationen zu den akademischen und beruflichen Leistungen zu erhalten. In der Regel wird erwartet, dass dieses Schreiben von Dozenten oder Professoren ausgestellt wurde, die den Empfänger des Dokuments gut kennen und einschätzen können. Besonders wichtig ist, dass aus dem Schreiben hervorgeht, wie lange der Aussteller den Studienbewerber kennt und in welchem Verhältnis man zueinander steht.

Außerdem sollte eine Beschreibung der persönlichen Eigenschaften enthalten sein, die sich im Rahmen des Studiums positiv ausgewirkt haben. Hierzu ist es empfehlenswert, konkrete

Persönlichkeitsmerkmale hervorzuheben, wie zum Beispiel Motivation, Interesse, analytische Fähigkeiten, Kontaktstärke, Teamorientierung und Kreativität. Es ist auch üblich, dass sich Aussteller und Empfänger persönlich vorab austauschen und gemeinsam den Inhalt des Schreibens besprechen.

Referenzschreiben und Empfehlungsschreiben sollten eine DIN-A4-Seite möglichst nicht überschreiten und auf Firmenpapier ausgestellt sein. Außerdem sollten Sie darauf achten, dass der Aussteller einen guten Ruf hat und seine Position seine fachliche Kompetenz widerspiegelt. Auch wenn ein Referenz- oder Empfehlungsschreiben immer Werbung für Sie machen soll, sollte es dennoch glaubwürdig sein und sich nicht in Übertreibungen verlieren. Das gilt übrigens auch für die Anzahl der Referenz- beziehungsweise Empfehlungsschreiben, die Sie Ihrer Bewerbung beifügen. Ich empfehle maximal drei und passend zu den gesuchten Qualifikationen für die Stelle, auf die Sie sich bewerben möchten.

Vorteile von Referenz- und Empfehlungsschreiben

Ausschlaggebend für die Nützlichkeit eines Referenz- oder Empfehlungsschreibens sind in erster Linie der Aussteller und dessen Ruf. Darüber hinaus gilt: Je mehr Fakten und Differenzierungen in das Dokument einfließen, desto aussagekräftiger und glaubwürdiger ist es. In diesem Falle haben Referenz- und Empfehlungsschreiben einen großen Vorteil, weil sie persönlicher und nicht von Codierungen durchzogen sind. Insbesondere für freiberufliche oder nebenberufliche Tätigkeiten ist es ein hilfreiches Mittel, um Werbung in eigener Sache zu betreiben. Auch bei einer neuen beruflichen Ausrichtung kann so ein Schreiben unterstützen, da hierzu dann die nötigen Nachweise wie etwa ein entsprechendes Arbeitszeugnis fehlen. Ein Referenz- oder Empfehlungsschreiben kann eine mündliche Empfehlung oder eine Angabe auf einem der beruflichen Netzwerke nachweisen und nochmals bekräftigen. Schriftliche Referenzen sind freiwillig und wirken daher besonders positiv. Nicht nur direkte Vorgesetzte sind passende Aussteller, sondern auch Bereichsleiter, Professoren und Ausbilder. Maßgeblich ist, dass der Aussteller, wie auch beim Arbeitszeugnis, in der Hierarchie mindestens eine Ebene höher steht. Aber auch für Festangestellte machen sich zusätzlich zu den Arbeitszeugnissen Referenzen in der Bewerbungsmappe gut. Diese Schreiben können zusätzlich Klarheit über die Kenntnisse und Fähigkeiten eines Bewerbers bringen.

Kann man auf Nachfrage keine Referenzen vorweisen, kann sich das nachteilhaft auf den Bewerbungsprozess auswirken. Es erweckt den Eindruck, dass sich keiner bereit erklärt hat, dem Wunsch des Arbeitnehmers nachzukommen.

Da man bei der Gestaltung von Referenz- und Empfehlungsschreiben, bis auf ein paar wenige Vorgaben, recht frei ist, hier nun ein paar Mustervorlagen.

Muster 1 für ein Referenzschreiben

Hier ein Referenzschreiben für einen Freiberufler in der Industrie:

Name des Referenzausstellers

Anschrift

PLZ Wohnort

Telefonnummer

Empfänger

Adresse

PLZ Unternehmenssitz

Referenzschreiben für Michael Mustermann

Bereits seit fünf Jahren hat Herr Mustermann auf freiberuflicher Basis für unser Unternehmen gearbeitet.

Kurze Unternehmensbeschreibung (beispielsweise Branche, Mitarbeiterzahl, Umsatz)

Im Rahmen seiner Tätigkeit für uns hat er insbesondere … (hier die Haupttätigkeiten nennen) ausgeführt.

Besonders verdanken wir ihm die erfolgreiche Umsetzung, Etablierung von … (konkrete Erfolge aufführen).

Darüber hinaus hat Herr Mustermann erfolgreich die Zertifizierung zum xy absolviert/ an den Fachseminaren a, b und c teilgenommen.

Herr Mustermann hat uns mit seiner außerordentlichen Einsatzbereitschaft, seiner sympathischen Ausstrahlung und seinem ausgeprägten Teamgeist in Kombination mit seiner hohen Fach- und Beratungskompetenz absolut überzeugt (Hier können auch andere Eigenschaften ergänzt werden).

Nach hervorragender Arbeit für unser Haus hat Herr Mustermann beschlossen, sich beruflich neu zu orientieren. Einen Schritt, den wir als sein bisheriger Auftraggeber einerseits sehr bedauern, aber ihn gern weiterempfehlen möchten. Wir halten ihn für die von Ihnen zu besetzende Position als xy für bestens geeignet.

Wenn Sie weitere Fragen haben, können Sie sich auch sehr gern vertrauensvoll persönlich unter der angegebenen Telefonnummer an uns wenden.

Ort und Datum

Unterschrift Referenzgeber mit Titel/Positionsbezeichnung

Muster 2 für ein Referenzschreiben

Im Folgenden ein Muster eines Referenzschreibens für einen Freiberufler im kreativen Bereich:

Name des Referenzausstellers

Anschrift

PLZ Wohnort

Telefonnummer

Empfänger

Adresse

PLZ Unternehmenssitz

Referenzschreiben für Sabine Schneider

Seit Juli 2012 ist Frau Schneider als freie Grafikdesignerin (oder andere kreative Position) in meiner Agentur im Einsatz.

Kurze Beschreibung der Agentur (mit Ausrichtung, Mitarbeiterzahl, Kunden und so weiter)

Im Rahmen ihrer Tätigkeit für mein Team war sie im Wesentlichen betraut mit … (hier die Haupttätigkeiten nennen).

Besonders hervorzuheben ist (hier konkrete Erfolge aufnehmen)…

Frau Schneider beeindruckte mich durch ihr topaktuelles und enormes fachliches Wissen, ihre große Freude an der kreativen Gestaltung und ihr schon nach kurzer Zeit vorhandenes sicheres Gespür für unsere Kunden und deren Zielgruppe. Sie verstand es hervorragend, die gestalterischen und produktionsrelevanten Anforderungen exakt einzuschätzen und sehr innovative und hochwertige Lösungen zu erarbeiten, mit denen sie unsere Kunden jederzeit auf Anhieb begeistern konnte.

Ich würde Frau Schneider immer wieder als freie Mitarbeiterin für meine Agentur beauftragen und kann sie als sehr wertvolle Unterstützung absolut weiterempfehlen. Für mehr Auskünfte zu ihrer Arbeit und Person stehe ich sehr gerne telefonisch bereit.

Ort und Datum

Unterschrift Referenzgeber mit Titel/Positionsbezeichnung

Sowohl für Referenz- als auch Empfehlungsschreiben gilt, dass Lob allein nicht überzeugt. Das Lob sollte sich möglichst auf konkrete Tätigkeiten und/oder Tatsachen beziehen. Je konkreter Arbeitserfolge genannt werden können, desto höher ist der Wert der Empfehlung und somit deren Glaubwürdigkeit. Grundsätzlich gilt, dass ein Empfehlungsschreiben frei formuliert werden kann. Es folgen hier Muster als Textvorschläge, die individuell angepasst werden können.

In der Regel werden Empfehlungs- und Referenzschreiben wie auch Arbeitszeugnisse auf dem Geschäftspapier des Unternehmens ausgestellt. Rechtschreibfehler, stilistische Mängel oder ein schlampiges Aussehen des Dokuments fallen auch hier auf den Empfänger und nicht nur auf den Aussteller zurück, da er sich nicht um Ausbesserung gekümmert hat.

Muster 1 für ein Empfehlungsschreiben für Arbeitnehmer

Im Folgenden finden Sie ein Muster eines Empfehlungsschreibens für eine Kaufmännische Angestellte:

Liebe Frau Mustermann,

mit diesem Schreiben möchte ich mich bei Ihnen für Ihre wertvolle Mitarbeit in der Zeit vom Monat.Jahr bis zum Monat.Jahr in der Position einer xy sehr herzlich bedanken. Besonders hervorheben möchte ich … (besondere Erfolge nennen).

Sie haben mich durchweg durch Ihr großes persönliches Engagement, Ihr immer proaktives Vorgehen, Ihre Umsetzungsstärke, Ihren Teamspirit und Ihre zahlreichen konstruktiven sowie hilfreichen Vorschläge, womit Sie maßgeblich zur Verbesserung der Arbeitsabläufe in meiner Abteilung beigetragen haben, (hier können auch andere Eigenschaften ergänzt werden), überzeugt.

Sie waren eine Bereicherung für mein Unternehmen und ich würde Sie jederzeit wieder in meiner Abteilung einsetzen. Für weitere Auskünfte stehe ich zukünftigen Auftraggebern sehr gern telefonisch unter 123456 zur Verfügung.

Ort, Datum

Unterschrift Referenzgeber mit Titel/Positionsbezeichnung

Muster 2 für ein Empfehlungsschreiben für Arbeitnehmer

Im Folgenden finden Sie ein Muster für ein universell anwendbares Empfehlungsschreiben für einen Projektleiter:

Sehr geehrter Herr Beispiel,

mit diesem Schreiben möchte ich mich für Ihre hervorragenden Leistungen im Rahmen des 1A-Projekts bedanken. Sie haben die hohen Erwartungen an meine Unterstützung bei Weitem übertroffen, da Sie mich über die Tätigkeit als Projektleiter hinaus, fachlich und menschlich absolut überzeugt haben.

> Durch Ihre von ausgeprägter Hands-on-Mentalität und großem persönlichen Engagement geprägte Übernahme von Koordinationsaufgaben haben Sie meinen Bereich in vorbildlicher Weise während der Umsetzungsphase unterstützt. Mit Ihrer klar strukturierten und lösungsorientierten sowie effizienten Arbeitsweise haben Sie unter konsequenter Einhaltung der Termine und des Budgets maßgeblich zum Erfolg des Projektes beigetragen.
>
> Besonders beeindruckt hat mich Ihr Gespür für den Umgang mit Mitarbeitern aller Ebenen, sei es aus dem Projektteam oder von den Vertragspartnern. Es ist Ihnen ausgezeichnet gelungen, ein vertrauensvolles, konstruktives und offenes Klima zu erzeugen, was Ihnen eine hohe Akzeptanz und Wertschätzung durch das Team verschafft hat.
>
> Ihr persönliches Auftreten und Ihre außerordentliche Einsatzbereitschaft in Kombination mit Ihrer hohen Fachkompetenz haben nachhaltig einen sehr guten Eindruck aufseiten der Auftraggeber hinterlassen.
>
> Für Ihren zukünftigen Berufs- und Lebensweg wünsche ich Ihnen alles Gute und weiterhin so viel Erfolg. Ich würde Sie immer wieder als Mitarbeiter in meinem Team beschäftigen. Falls zukünftige Arbeitgeber Auskünfte über Ihre Person und Qualifikationen wünschen, stehe ich jederzeit sehr gern unter meiner Rufnummer 56789 zur Verfügung.
>
> Ort, Datum
>
> Unterschrift Referenzgeber mit Titel/Positionsbezeichnung

Auch für Dienstleisterfirmen kann ein Referenzschreiben sehr nützlich sein, damit sie für sich werben und auch von der Konkurrenz absetzen können. Und das sollte so ein Schreiben beinhalten:

- ✔ Name und Standort des Dienstleisters
- ✔ Kurze Unternehmensbeschreibung des ausstellenden Unternehmens
- ✔ Aufgaben, die beauftragt wurden und Häufigkeit des Einsatzes
- ✔ Zeitraum beziehungsweise Beginn der Zusammenarbeit
- ✔ Informationen über Zuverlässigkeit, Sorgfalt, Genauigkeit sowie weitere Angaben zur Ausübung der beauftragten Tätigkeiten
- ✔ Konkrete Erfolge, wie etwa die Erzielung von Kosteneinsparungen oder Prozessoptimierungen
- ✔ Konkrete Aussage zur Empfehlung
- ✔ Bereitschaft zur persönlichen Auskunft
- ✔ Ort, Datum und Unterschrift

Muster 1 für ein Referenzschreiben für Dienstleister

Im Folgenden finden Sie ein Muster eines Referenzschreibens für einen Dienstleister, in diesem Falle ein Zeitarbeitsunternehmen:

Die Firma Bestes Personal GmbH & Co. KG mit Sitz in Offenbach am Main ist seit 2016 unser Dienstleister für den Einsatz von Zeitarbeitskräften in unserem Hause.

Wir sind eine inhabergeführte Full Service Werbeagentur für Kommunikation, Design- und Kreativagentur in Frankfurt am Main.

Zur Verstärkung unseres Promotionteams beziehen wir regelmäßig Personal von der Firma Bestes Personal GmbH & Co. KG, durch deren Dienstleistung wir immer in der Lage sind, schnell qualifizierte Mitarbeiter zu gewinnen. Die kurzfristigen Einsatzmöglichkeiten der Mitarbeiter und das Engagement der Personalberater, schnell individuelle Lösungen anzubieten, überzeugen uns jederzeit sehr. Wir schätzen die Firma Bestes Personal GmbH & Co. KG als einen äußerst zuverlässigen, kompetenten und seriösen Personaldienstleister, der sich durch eine sehr gute Personalauswahl ebenso auszeichnet wie durch eine persönliche und wertschätzende Betreuung seiner Mitarbeiter während des gesamten Einsatzes.

Wir können dieses Unternehmen als sehr kompetenten und angenehmen Dienstleister in hohem Maße weiterempfehlen und stehen auch für eine persönliche Auskunft hierzu gerne unter der Telefonnummer 069/101112 zur Verfügung.

Frankfurt am Main, 30.09.2017

Unterschrift Auftraggeber

Muster 2 für ein Referenzschreiben für Dienstleister

Im Folgenden ein weiteres Muster eines Referenzschreibens für einen Dienstleister, bei dem es sich um ein Sicherheitsunternehmen handelt:

Referenzschreiben für Firma Sicher & Partner GmbH

Seit sieben Jahren begleitet die Firma Sicher & Partner unsere Konzertveranstaltungen in der Jahrhunderthalle Frankfurt am Main. Ohne ihren sehr professionellen Sicherheitsdienst wäre eine solche Veranstaltung in der heutigen Zeit nicht mehr möglich. Dank der ruhigen und umsichtigen Art sowie des ausgeprägten Einfühlungsvermögens der Sicherheitskräfte sowie der präzisen und verantwortungsvollen Vorbereitung und Planung der Veranstaltung hinsichtlich Sicherheit der Besucher kam es bis dato noch nie zu kritischen Situationen. Sowohl vor als auch während und nach der Veranstaltung hat Sicher & Partner immer alles im Griff.

Daher können wir die Firma Sicher & Partner GmbH nur wärmstens weiterempfehlen. Für weitere Auskünfte – gerne auch persönlich – wenden Sie sich gerne an uns unter info@konzertmaker.de.

Frankfurt am Main, 30.11.2018

Unterschrift Auftraggeber

Referenz versus Arbeitszeugnis

Über die Aussagekraft von Arbeitszeugnissen wird viel diskutiert. Arbeitnehmer liefern ihre Entwürfe selbst, Arbeitgeber werden durch Vereinbarungen dazu verdonnert sehr gute Zeugnisse auszustellen, die manches Mal gar nicht der Realität entsprechen, überall werden versteckte Botschaften vermutet und sowieso ist es nur eine lästige Pflicht und so weiter und so fort. Das Arbeitszeugnis ist ein typisch deutsches Instrument und sorgt insbesondere auf dem ausländischen Arbeitsmarkt für Verwunderung. All das trägt nicht gerade dazu bei, dass ein Arbeitszeugnis allein der Schlüssel im Personalauswahlverfahren ist, den richtigen Bewerber zu finden. Daher können Referenzen auf dem Arbeitsmarkt eine gute Alternative oder eine Ergänzung zu Arbeitszeugnissen sein. Referenzen können sowohl mündlich, in der Regel telefonisch, als auch in schriftlicher Form gegeben werden. Tabelle 3.1 zeigt die Vor- und Nachteile von Referenzen gegenüber Arbeitszeugnissen.

Vorteile	Nachteile
Freiwilligkeit der Ausstellung	Noch fehlende Anerkennung als Ersatz zum Arbeitszeugnis
Keine Zeugnissprache/Zeugniscodes	Keine gesetzliche Verpflichtung zur Ausstellung
Individuellere Formulierung und Gestaltung möglich	Bei innerdeutschen Bewerbungen wird meistens ein klassisches Arbeitszeugnis erwartet und bei Fehlen eingefordert.
Es besteht die Möglichkeit in persönlichen Kontakt mit dem Vorarbeitgeber zu treten	Der Empfänger wird nur eine ihm positiv gegenüberstehende Person um Ausstellung bitten, negative Eigenschaften fallen daher komplett unter den Teppich.
Mehr Nähe zwischen Aussteller und Empfänger, daher höhere Aussagekraft und Glaubwürdigkeit	Es gibt derzeit in Deutschland noch wenig Expertise in der Ausstellung von Referenzen
Vielseitiger und international einsetzbar	Seriosität wird häufig infrage gestellt

Tabelle 3.1: Vor- und Nachteile von Referenzen

Auf dem internationalen Arbeitsmarkt empfehlen sich Referenzenschreiben im Zuge einer Bewerbung, da Arbeitszeugnisse in diesem Zusammenhang oft entweder untypisch oder teilweise sogar völlig unbekannt sind.

Informationen zum Letter of Recommendation

Wer eine internationale Karriere anstrebt und sich im Ausland bewerben möchte, benötigt vorzeigbare und aussagekräftige Bewerbungsunterlagen. Selbst innerhalb von Deutschland fordern international agierende Unternehmen immer häufiger Bewerbungsunterlagen auf Englisch an. Dazu gehört auch ein englisches Arbeitszeugnis, dass man als Recommendation Letter oder Letter of Reference bezeichnet. Deutsche Arbeitszeugnisse und vor allem die Zeugnissprache sind für Leser außerhalb von Deutschland oft nicht nachvollziehbar. Es hilft also auch nicht viel, wenn man ein deutsches Arbeitszeugnis einfach nur übersetzen lässt. Im Gegensatz zu einem deutschen Arbeitszeugnis, das ganz klar geregelt ist, gibt es für englische Referenzschreiben keine Formalien und sie haben auch nicht das Gewicht. Hier sucht man lieber den persönlichen Kontakt zu den vorherigen Arbeitgebern und tauscht sich direkt aus.

Im englischen Sprachraum gibt es keinen grundsätzlichen Anspruch auf eine Arbeitnehmerbeurteilung. Daher werden hier Referenzschreiben immer freiwillig ausgestellt, können aber eben auch verweigert werden.

Aussteller eines Recommendation Letter haben weitestgehend Freiheit bei der Gestaltung. So sind sie durch die Persönlichkeit des Ausstellers sowie dessen Herkunft stark geprägt. In der Regel ist ein Recommendation Letter folgendermaßen aufgebaut:

✔ Der Form nach handelt es sich um einen Brief, der mit einer Grußformel beginnt und mit einer Grußformel endet.

✔ In der Regel wird als Anrede »To whom it may concern« oder auch »Dear Mr./Ms.« verwendet.

✔ Der Text wird häufig eingeleitet mit der Formulierung »Please accept my recommendation of« oder »I am pleased to provide this letter of recommendation for« gefolgt von Namen, Position und Zeitraum der Tätigkeit des Empfängers der Empfehlung

✔ Im Weiteren findet man die Aufstellung der Tätigkeiten sowie besondere Erfolge und in der Regel sehr lobende Aussagen zu Ausführung der Arbeit. Hier gibt es keine verschlüsselten Formulierungen. Im Klartext: So wie es dort steht, ist es auch gemeint.

✔ Im Anschluss erfolgt der Dank für die Zusammenarbeit und – ganz wichtig – eine eindeutige Empfehlung, die zusätzlich durch die Angabe der Bereitschaft zur persönlichen Kontaktaufnahme verstärkt wird. Darüber hinaus findet man auch Aussagen, ob man den scheidenden Mitarbeiter jederzeit wieder einstellen würde.

✔ Wichtig ist, wie auch beim deutschen Arbeitszeugnis, abschließend die Unterschrift des Ausstellers sowie die Angabe der Position des Ausstellers. Der Aussteller eines Referenzschreibens kann frei gewählt werden. Allerdings werden Referenzschreiben häufig von Führungskräften oder dem höheren Management ausgestellt. Referenzen von Kollegen sind nicht üblich und daher auch nicht besonders glaubwürdig.

Für den amerikanischen Raum muss darauf geachtet werden, dass aus Gleichstellungsgründen keine Angaben zur nationalen und ethnischen Herkunft, zu Familienstatus, Hautfarbe, Religion oder körperlichen Behinderungen erfolgen dürfen.

Muster für einen Recommendation Letter

December 7, 2018

Letter of Recommendation for Susy Sample

To Whom It May Concern

Please accept this letter of recommendation for Susy Sample. I have had the pleasure of working with Susy the last three years. In her position of administrative assistant most recently, Susy has worked for me directly as a receptionist in our reception area. She performed many administrative tasks in addition to greeting customers and other visitors. She managed our team's schedules and organized appointments and meetings as well as coordinated travel and expense reporting. Furthermore she was responsible to organize our client events.

I believe that Susy would be an excellent support to your administrative staff. I've been consistently impressed with her organizational skills, her extraordinary dedication and her very high degree of initiative and determination. Even under the strongest workload, she always kept the overview and managed excellently to set priorities correctly and very effectively. Susy has a very open minded personality, is a quick learner and a very good teamplayer.

I have always been extraordinarily satisfied with her work, and I wish to express my gratitude for her invaluable cooperation. I highly recommend Susy for the position of administrative assistant at your company. If you have any questions regarding Susy's qualifications, don't hesitate to contact me at +49 6172 11223344 or Ben.Becker@email.com.

Sincerely,

Ben Becker, Head of Administration

Da in englischen Empfehlungsschreiben mit Lob überschwänglich umgegangen und es an dieser Stelle auch erwartet wird, hier eine Liste von »Lobhudeleien«:

- ✔ I very much appreciated her creativity, positive attitude and her willingness to take on assignments with enthusiasm.
- ✔ His performance in my department has really been amazing.
- ✔ She always has displayed great work ethics and has never been late nor absent for the whole time.

✔ I was continuously impressed by his expertise and his dedication to staying on top of the latest in the field.

✔ Her personal conduct and her trust-based collaboration with me, her colleagues and staff were always very loyal and marked by cooperative and goal-oriented action.

✔ He was highly esteemed and very well known by our company's business partners as a very capable, fair and reliable negotiation and discussion partner.

✔ I acknowledge her as extremely innovative, efficient and resilient manager who ran her area of responsibility not only very successful, but also sustainably and future-oriented.

✔ I especially appreciated his analytical-strategic way of thinking, his reliable sense of what is feasible, also in connection with his determination and excellent interpersonal and communication skills on all hierarchy levels.

✔ I have known her to always be a very dedicated and dynamic leader who is consistently committed to her team and the company, always reaching and regularly exceeding her goals.

✔ He was one of the best personalities I have ever had the joy of working with.

I was consistently impressed with her customer service skills. Our customers loved her.

 Gibt es einen Unterschied zwischen einem Letter of Recommendation und einem Letter of Reference? In manchen Quellen werden die Referenzschreiben, die an einen speziellen Empfänger gerichtet werden, als Letter of Recommendation und die ohne speziellen Empfänger als Letter of Reference aufgeführt. Diese Unterscheidung hat aber keine allgemeine Geltung.

Teil II
Das Arbeitszeugnis für Arbeitnehmer

IN DIESEM TEIL ...

Teil II dieses Buches richtet sich an die Arbeitnehmer und deren Fragen zum Thema Arbeitszeugnis. Was ist zu tun, wenn man einen eigenen Zeugnisentwurf erstellen möchte? Worauf muss man bei der Beschreibung der Tätigkeiten achten und wie schreibt man ein Zeugnis mit Bestnote? In diesem Teil erfahren Sie, wie man rechtssicher formuliert und dennoch ein individuelles Zeugnis in den Händen hält, was sich nicht wie von der Stange liest. In Kapitel 7 finden Sie Musterzeugnisse zu verschiedenen Berufen von A bis Z, die Ihnen vielfältige Formulierungen und Ideen für Ihr eigenes Arbeitszeugnis bieten.

IN DIESEM KAPITEL

Alles Wichtige erwähnen, ohne den künftigen Leser zu langweilen

Das gehört in den Teil der Bewertung der Leistungen und des Verhaltens

Klar formulierte Tätigkeitsbeschreibungen sind das A und O

Kennzeichen eines Zeugnisses für Führungskräfte

Der krönende Abschluss

Kapitel 4
Das Arbeitszeugnis selbst schreiben

Heutzutage ist es gang und gäbe, dass Chefs ihren Mitarbeitern anbieten oder sie gar dazu auffordern, ihr Arbeitszeugnis selbst zu schreiben. Bevor Sie sich darüber ärgern, nutzen Sie lieber diese Chance, denn niemand weiß besser über Ihre Positionen, Stationen, Aufgaben und Projekte Bescheid als Sie. Außerdem haben Sie die höchste Motivation, dass Ihr Zeugnis Eindruck bei den zukünftigen Lesern macht. Ihrem Arbeitgeber, den Sie im Falle eines Austrittszeugnisses ja verlassen, ist es nur noch eine ungeliebte Pflichterfüllung.

Nun fragen Sie sich sicher: Darf ich denn überhaupt mein Arbeitszeugnis selbst schreiben? Sie dürfen, wenn am Ende Ihr Arbeitgeber das Dokument auf seinem üblichen Geschäftspapier ausdruckt und natürlich auch unterschreibt.

 Da man ein Zeugnis im Normalfall nicht alle Tage schreibt, können Sie sich auch an einen professionellen Zeugnisschreiber oder einen Zeugnisdienstleister wenden. Der kann die Zeugniserstellung für Sie sowohl komplett übernehmen als auch Ihrem vorbereiteten Entwurf den letzten Feinschliff verpassen. Sie stellen somit sicher, dass sich für Sie keine nachteiligen Formulierungen einschleichen und Ihr Zeugnis am Ende zum Stolperstein auf Ihrem zukünftigen Berufsweg wird. Holen Sie sich verschiedene Angebote ein und lassen Sie sich Referenzen geben.

Wenn Sie sich selbst ans Werk machen, sollten Sie darauf achten, dass der Aufbau des Arbeitszeugnisses dem üblichen Standard entspricht, der sich wie folgt zusammensetzt:

1. Überschrift (Arbeitszeugnis oder einfach Zeugnis beziehungsweise Zwischenzeugnis)
2. Einleitung, wie etwa »Herr xx war vom xx bis zum xx als xy im Bereich/in der Abteilung unseres Unternehmens tätig« oder »Frau xx trat am xx als xy in unser Unternehmen am Standort zz ein.«
3. Unternehmensskizze (Branche, Produkte, Mitarbeiterzahl, Umsatz, Hauptsitz)
4. Positions- und Tätigkeitsbeschreibung (in chronologischer Reihenfolge)
5. Beurteilung von Leistung und Verhalten
6. Beendigungsgrund oder Grund für Zwischenzeugnis
7. Schlussformel mit Zukunftswünschen
8. Ort und Datum
9. Unterschrift

Firmendaten (Briefpapier)/Firmenstempel

Grundsätzlich können Sie alle Formulierungen auch für ein Zwischenzeugnis verwenden. Achten Sie darauf, dass Sie diese dann in die Gegenwartsform umwandeln. Das ist der Hauptunterschied zwischen einem Zwischen- und einem Austrittszeugnis.

Der Tätigkeitenteil – In der Kürze liegt die Würze

Versetzen Sie sich in die Lage der zukünftigen Leser. Sie möchten kurz und prägnant verstehen, was Sie genau an Kenntnissen und Erfahrungen mitbringen. Einfach gesagt, ob Sie der passende neue Mitarbeiter sind.

Eine klare und präzise Darstellung Ihrer Positionen und entsprechenden Aufgaben ist deshalb so wichtig, weil hier der Arbeitgeber offiziell bestätigt, wofür Sie zuständig und verantwortlich waren. Dieser Teil des Zeugnisses lässt wenig Platz für Interpretationen und die sogenannten Geheimcodes. Viele Personaler und Führungskräfte legen deshalb auf die Tätigkeitsbeschreibung besonders viel Wert.

Folgendes sollten Sie bei der Erstellung der Positions- und Tätigkeitsbeschreibung beachten:

✔ Erstellen Sie die Tätigkeitsbeschreibung in chronologischer Reihenfolge (von der Einstiegsposition bis zur aktuellen beziehungsweise zuletzt ausgeführten Position). Nicht erklärte Versetzungen können Fehlinterpretationen verursachen. Bei einem Stellenwechsel sollte, falls relevant, eine hierarchische Weiterentwicklung oder die Übernahme einer anspruchsvolleren Aufgabe klar herausgestellt werden.

✔ Ergänzen Sie übertragene Kompetenzen (im Bankenumfeld beispielsweise eine Kreditkompetenz) und Vollmachten, wie zum Beispiel Handlungsvollmachten oder Prokura, auch in der korrekten zeitlichen Abfolge.

✔ Wenn Sie langjährig tätig waren und mehr als drei unterschiedliche Stationen hatten, konzentrieren Sie sich auf die letzten beiden und beschreiben Sie die älteren nur kurz.

✔ Verwenden Sie möglichst keine firmenspezifischen Ausdrücke und Abkürzungen.

✔ Bei Produkten und Projekten geben Sie nicht nur den Namen an, sondern erläutern Sie auch kurz den Inhalt.

✔ Stellen Sie die Aufgaben konkret und verständlich dar, am besten mit Spiegelstrichen oder Bullets (die Reihenfolge sollte der Wichtigkeit oder der Häufigkeit der Ausübung entsprechen).

✔ Sonderaufgaben und spezielle Projektarbeiten formulieren Sie lieber in einem Fließtext, da der eine detailliertere Beschreibung ermöglicht.

✔ Vermischen Sie nicht den Tätigkeits- mit dem Bewertungsteil und formulieren Sie die Aufgaben neutral ohne Ergänzungen wie »sehr erfolgreiche« Erledigung oder »äußerst engagierte« Durchführung. Hingegen sollten Sie Beschreibungen wie »selbstständig« oder »eigenverantwortlich« nutzen, da das zur Darstellung Ihrer Kompetenzen beiträgt.

Ein verständliches Zeugnis fängt schon mit der Positionsbezeichnung an. Auch wenn Sie beispielsweise den toll klingenden Titel »Client Advisor« tragen, wird es für die meisten Leser verständlicher, wenn Sie »Kundenberater« schreiben. Und ergänzen Sie auch immer die Abteilung beziehungsweise den Bereich, in dem Sie gearbeitet haben, um eine konkretere Darstellung Ihrer organisatorischen Zuordnung zu erzielen.

Tätigkeitsteil in einem Austrittszeugnis und einem Zwischenzeugnis

Zeugnis

Variante Einleitung bei einer Position

Herr Meier war in der Zeit vom xx.xx.xxxx bis zum xx.xx.xxxx als xy im Bereich xyz in unserem Hause tätig.

Zu seinem Aufgabengebiet gehörten im Einzelnen:

- ✔
- ✔
- ✔
- ✔

Optional: Darüber hinaus oblagen ihm die folgenden Sonder- und Projektaufgaben:

- ✔
- ✔
- ✔

Variante Einleitung bei mehreren Positionen

Herr Meier war in der Zeit vom xx.xx.xxxx bis zum xx.xx.xxxx in unserem Hause tätig.

Sein Einsatz erfolgte zunächst als xy im Bereich xyz. Dort lag sein Aufgabenschwerpunkt auf abc.

oder

Dort umfasste sein Aufgabenbereich insbesondere die folgenden Tätigkeiten:

- ✔
- ✔
- ✔
- ✔

Mit Wirkung vom xx.xx.xxxx wechselte Herr Meier als xy in den Bereich xyz. Seither zählten zu seinen Hauptaufgaben:

- ✔
- ✔
- ✔
- ✔

Zum xx.xx.xxxx übernahm Herr Meier die Position als xy im Bereich xyz. Sein Aufgabenspektrum beinhaltete im Wesentlichen:

- ✔
- ✔
- ✔
- ✔

Optional: Darüber hinaus oblagen ihm die folgenden Sonder- und Projektaufgaben:

✔
✔
✔

Zwischenzeugnis

Variante Einleitung bei einer Position

Herr Meier ist seit dem xx.xx.xxxx als xy im Bereich xyz in unserem Hause tätig.

Zu seinem Aufgabengebiet gehören im Einzelnen:

✔
✔
✔
✔

Optional: Darüber hinaus obliegen ihm die folgenden Sonder- und Projektaufgaben:

✔
✔
✔

Variante Einleitung bei mehreren Positionen

Herr Meier ist seit dem xx.xx.xxxx in unserem Hause tätig.

Sein Einsatz erfolgte zunächst als xy im Bereich xyz. Dort lag sein Aufgabenschwerpunkt auf abc.

oder

Dort umfasste sein Aufgabenbereich insbesondere die folgenden Tätigkeiten:

✔
✔
✔
✔

Mit Wirkung vom xx.xx.xxxx wechselte Herr Meier als xy in den Bereich xyz. Zu seinen Hauptaufgaben zählten:

✔
✔
✔
✔

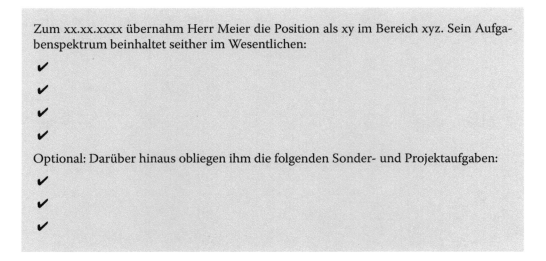

Aufgabenbeschreibungen unterschiedlicher Berufsgruppen

Im Folgenden habe ich Ihnen zu verschiedenen Berufen, die alphabetisch sortiert sind, optimale Aufgabenbeschreibungen zusammengestellt. Hier kommt es vor allem darauf an, dass sie nach Wichtigkeit und auch Häufigkeit der Ausübung sortiert sind. Selbstverständliche oder nebensächliche Aufgaben sollten grundsätzlich nicht mit aufgenommen werden.

Assistentin

- ✔ Unterstützung und Entlastung der Abteilungsleitung bei allen organisatorischen und administrativen Aufgaben
- ✔ Klärung von Personalfragen
- ✔ Erledigung der vorbereitenden Buchführung
- ✔ Reisekostenabrechnung für den Abteilungsleiter und die Teamleiter sowie Ansprechpartnerin in diesbezüglichen Fragen
- ✔ Koordination und Organisation von Terminen und Dienstreisen
- ✔ Aktive Begleitung von Entwicklungsprozessen
- ✔ Erstellung von Entscheidungsvorlagen
- ✔ Unterstützung bei der Realisierung von Projekten

Assistenzarzt Chirurgie

✔ Stationäre Versorgung der allgemein- und unfallchirurgischen Patienten

✔ Notfallversorgung in der chirurgischen Notfallambulanz

✔ Sofortige Reanimationsmaßnahmen im Rahmen des Rettungsdienstes (Notarztdienste)

✔ Arthroskopische Eingriffe und Operationen der großen Gelenke (Schulter und Hüfte) unter Anleitung

✔ Röntgendiagnostik des Stütz- und Bewegungssystems, röntgenologische Notfalldiagnostik der Schädel-, Brust- und Bauchhöhle sowie intraoperative Röntgendiagnostik

Außendienstmitarbeiterin

✔ Selbstständige Betreuung der Kundschaft im zugeordneten Betreuungsgebiet mit entsprechender Umsatzverantwortung

✔ Aktive Neukundengewinnung und Reaktivierung passiver Kundschaft

✔ Steigerung des durchschnittlichen Bestellvolumens durch qualitativ hochwertige Beratung der Kundschaft

✔ Beobachtung und Analyse des Marktes und bei Bedarf Anpassung des Gebietsvertriebsplanes

✔ Standdienste und Kundenbetreuung auf Messen und Kongressen

Automobilkaufmann

✔ Neu- und Gebrauchtwagenberatung (Erstellung von Angeboten und Kaufverträgen)

✔ Inzahlungnahme von Fahrzeugen

✔ Beratung und Verkauf von Finanzdienstleistungen (Leasing und Finanzierung)

✔ Durchführung von Probefahrten und Neuwagenauslieferungen

✔ Bestellung von Neu- und Bestandsfahrzeugen

✔ Anfertigung und Pflege der Fahrzeugakten, Bestandslisten und EDV-Erfassungen

✔ Zusammenstellung der Zulassungsunterlagen

✔ Anforderung der Fahrzeugbriefe

✔ Erstellung der Fahrzeugrechnungen und Garantieunterlagen

- ✔ Fristgerechte Zulassungsmeldungen an den Hersteller
- ✔ Überwachung des Bestands von Vorführwagen, Tageszulassungen sowie händlereigener Miet- und Werkstattersatzfahrzeuge

Controllerin

- ✔ Schnittstellenmanagement zu den internen Fachabteilungen sowie zur Muttergesellschaft für alle liquiditäts- und ergebnisrelevanten Fragestellungen der Gesellschaft
- ✔ Erstellung eines wöchentlichen Management Reportings für die Geschäftsführung mit allen liquiditäts- und avalrelevanten Informationen inklusive Kommentierung und Abweichungsanalyse
- ✔ Abstimmung der wöchentlichen Liquiditätsplanung mit dem Bereich Corporate Treasury
- ✔ Erstellung von prüfungsrelevanten Dokumenten für den Monats-, Quartals- und Jahresabschluss
- ✔ Prüfung von Kaufverträgen für Projekte hinsichtlich Haftungs- und Gewährleistungsrisiken sowie Relevanz für den Monats-, Quartals- und Jahresabschluss
- ✔ Unterstützung der Regionalleiter bei der halbjährlichen Erstellung des Businessplans
- ✔ Laufende Kontrolle von Projekten hinsichtlich Kosten-, Umsatz- und Margenerwartung
- ✔ Erstellung von betriebswirtschaftlichen Entscheidungsgrundlagen für alle Hierarchieebenen inklusive der Geschäftsführung

Creative Director

- ✔ Planung, Entwicklung und Umsetzung von Kommunikationskonzepten sowie Marketingkampagnen für die Top-Kunden unserer Agentur
- ✔ Führung, Steuerung und Qualitätskontrolle interner Gestaltungs- und Realisationsarbeiten
- ✔ Verantwortliche Führung und fachliche Kundenberatung bei größeren Designprojekten, wie Logo-Entwicklungen, Corporate-Design-Prozessen, Geschäftsberichten und Jubiläumsbüchern
- ✔ Erarbeitung und Durchführung von Kundenpräsentationen
- ✔ Briefing und Steuerung externer Kreativ-Dienstleister wie Grafiker, Fotografen und Illustratoren
- ✔ Verantwortliche Planung und Durchführung von Fotoshootings
- ✔ Konzeption und Gestaltung von Werbemaßnahmen zur Akquisition neuer Agenturkunden

Fachärztin Chirurgie

✔ Stationäre Versorgung der allgemein- und unfallchirurgischen Patienten sowie die postoperative und -traumatische Versorgung intensivpflichtiger Patienten

✔ Notfallversorgung in der chirurgischen Notfallambulanz sowie kleinere operative ambulante Eingriffe

✔ Behandlung von Knochenbrüchen und anderen Verletzungsmustern

✔ Minimal-invasive arthroskopische Eingriffe und Operationen der großen Gelenke (Schulter, Hüfte)

✔ Endoprothetik (künstlicher Gelenkersatz) von Schulter- und Hüftgelenken

✔ Röntgendiagnostik des Stütz- und Bewegungssystems, röntgenologische Notfalldiagnostik der Schädel-, Brust- und Bauchhöhle sowie intraoperative Röntgendiagnostik

✔ Differentialdiagnostik in der Allgemein- und Unfallchirurgie

✔ Behandlung von Kreislaufschock-Situationen, Intubations-, Infusions- und Bluttransfusionstherapie sowie Anlegen zentraler Venenkatheter im Rahmen der Intensivbehandlung

Filialleiter Einzelhandel

✔ Koordinierung und Steuerung aller Filialprozesse

✔ Budgetgerechte Personaleinsatzplanung (x Mitarbeiter)

✔ Überwachung, Disposition, Bestandsmanagement und Weiterentwicklung des Waren- und Servicesortiments

✔ Sicherstellung einer serviceorientierten Kundenbetreuung und -beratung

✔ Mitarbeiterschulungen zu Produkten sowie zum Beratungs- und Verkaufsprozess

✔ Ausbildung von Kaufleuten im Einzelhandel

✔ Aufbau und Pflege von Kontakten zu Unternehmen, Behörden und Vereinen für werbliche Kooperationen, Angebote beziehungsweise Sonderverkäufe

Firmenkundenberaterin Bank

✔ Führung von Kundengesprächen und Erarbeitung maßgeschneiderter Finanzierungskonzepte für unsere Firmenkunden

✔ Ergebnis- und Risikoverantwortung für das zugeordnete Kundenportfolio

✔ Ganzheitliche Betreuung und Beratung der Kunden hinsichtlich aller Lösungen im Aktiv-, Passiv- und Provisionsgeschäft für Firmenkunden

- ✔ Zielgerichtete Einbindung anderer interner Spezialisten im Bedarfsfall
- ✔ Laufende Intensivierung der Beziehungen zu unseren bestehenden Kunden

Grafiker

- ✔ Gestaltung unterschiedlicher Printmedien und Internetseiten
- ✔ Reinzeichnung und Druckdatenerstellung
- ✔ Bildbearbeitung und Retusche
- ✔ Entwicklung neuer Designs

Immobilienberaterin

- ✔ Akquisition von neuen Objekten
- ✔ Beratung und Betreuung von Miet- und Kaufinteressenten bis Vertragsabschluss
- ✔ Mitarbeit an Vermarktungsstrategien und Marketingmaßnahmen
- ✔ Marktbeobachtung und -analyse
- ✔ Organisation von Veranstaltungen

Kfz-Mechaniker

- ✔ Ausführung von Wartungs- und Inspektionsarbeiten
- ✔ Diagnose über den Zustand von Motor, Getriebe, Bremsen und Stoßdämpfer
- ✔ Systematische Eingrenzung von Fehlern sowie Störungsbeseitigung und Reparatur
- ✔ Achsvermessung
- ✔ Reifendienst sowie Klima- und Autoglasservice
- ✔ Aufbereitung von Fahrzeugen

Marketing Managerin

- ✔ Konzeption der Marketingkommunikation sowie deren Realisierung und Kontrolle
- ✔ Budgetverantwortung
- ✔ Zielgruppen- und Konkurrenzbewertung, Planung, Durchführung und Kontrolle von Kundenevents sowie Messeauftritten
- ✔ Erstellung und Umsetzung von Mediaplänen (Online und Print)

- Anfertigung und Veröffentlichung von Pressemeldungen sowie Fachartikeln und Interviews

- Erstellung von Werbemitteln und verkaufsfördernden Unterlagen für Leistungen und Produkte (Anzeigen, Imagebroschüre, Newsletter, Flyer, Mailings und Filme) in deutscher und englischer Sprache

- Optimierung des Internetauftritts für Leistungen und Produkte (Content Management, SEM, Google Analytics, Google-AdWords-Kampagnen)

- Erarbeitung von Power-Point-Präsentationen für neue Produkte und Leistungsbereiche in Zusammenarbeit mit Technikern und Produktentwicklern für den Vertrieb

Pflegedienstleiter

- Aufbau und Organisation des Pflegedienstes
- Mitarbeiterführung und -entwicklung
- EDV-gestützte Diensttouren- und Urlaubsplanung
- Überwachung der pflegerischen und medizinischen Versorgung der Patienten
- Sicherstellung des Umgangs nach den vorgegebenen Pflegestandards
- Beratung und Begleitung der pflegenden Angehörigen
- Leitung von Dienstbesprechungen
- Kontrolle der Pflegeplanung und -dokumentation
- Kommunikation mit Kranken- und Pflegekassen
- Medikamentenbestellung
- Durchführung und Teilnahme an Pflegevisiten
- Mitwirkung bei der ärztlichen Diagnostik und Therapie
- Qualitätsmanagement

Privatkundenberaterin Bank

- Aktive, ganzheitliche und individuelle Beratung der persönlich zugeordneten Kunden
- Ergebnis- und Ertragsverantwortung
- Vor- und Nachbereitung von Kundenterminen
- Überleitung von Kunden
- Mitwirkung bei Vertriebsmaßnahmen

Produktionsmitarbeiter

- ✔ Bedienung von komplexen Produktionsanlagen unter Einsatz eines Prozessleitsystems sowie von Produktionsanlagen im Feld vor Ort
- ✔ Übernahme von Rohstoffen aus Tankzügen
- ✔ Vor- und Nachbereitung von Reparaturen (Außerbetriebnahme, Spülung, Entleerung, Sicherung, Kontrolle und Wiederinbetriebnahme)
- ✔ Durchführung von qualifizierten Anlagenrundgängen gemäß Betriebsanweisung
- ✔ Eingabe von Störmeldungen in das SAP-System, Dokumentation von Anlagenzuständen sowie Erstellung von Schichtübergabeprotokollen
- ✔ Übernahme von Servicetätigkeiten

Softwareentwicklerin

- ✔ Organisationsprogrammierung und Betreuung der gesamten Anwendungssoftware sowie Sicherstellung der betrieblichen Einsatzfähigkeit zu den Verarbeitungszeiten
- ✔ Beratung der Fachbereiche sowie Analyse und Koordination von Anforderungen der Fachbereiche zur Funktionsergänzung oder Erweiterung der Software, Koordination und Leitung entsprechender Projekte
- ✔ Anbieterauswahl, Management und Abnahme von Entwicklungsaufträgen an Externe im Zusammenhang mit dem Anwendungssystem
- ✔ Betreuung und Schulung der Benutzer nach Abschluss von Programmierprojekten und Einführung von neuen oder geänderten Anwendungen
- ✔ Erstellung der Dokumentationen

Steuerfachangestellter

- ✔ Eigenständige Mandantenbetreuung inklusive der Tätigkeiten Lohn- und Finanzbuchhaltung
- ✔ Erstellung der Jahresabschlüsse sowie der entsprechenden Steuererklärung für verschiedene Unternehmen beziehungsweise Unternehmensgrößen und Rechtsformen
- ✔ Anfertigung von Steuererklärungen für Privatpersonen
- ✔ Eigenständige Begleitung und Unterstützung von Betriebsprüfungen sowie Sozialversicherungsprüfungen
- ✔ Erledigung der Korrespondenz mit Behörden/Finanzamt
- ✔ Allgemeine Bürotätigkeiten, wie zum Beispiel Postbearbeitung und Ablage

Strategische Einkäuferin

✔ Definition der Einkaufsstrategie und des Lieferantenportfolios in Abstimmung mit den operativen Einheiten, Lieferantenmarktbeobachtung, Aufbau und Pflege der Lieferantenbeziehungen

✔ Selbstständige Lieferantenauswahl, Preis- und Konditionsverhandlung inklusive des Abschlusses von Rahmenvereinbarungen

✔ Sicherstellung der Lieferantenqualität, unter anderem durch Lieferantenaudits und regelmäßige Lieferantenbewertungen

✔ Weiterentwicklung der Einkaufsprozesse im Hinblick auf Effizienz und Effektivität

Der Leistungs- und Verhaltensteil und das Benotungsprinzip

Im Leistungs- und Verhaltensteil kommt es auf jedes Wort an. Er beschreibt, ganz einfach ausgedrückt, »wie« Sie gearbeitet haben und setzt sich aus den folgenden Komponenten zusammen:

1. Wissen und Weiterbildung

2. Arbeitsbefähigung

3. Arbeitsbereitschaft

4. Arbeitsweise

5. Arbeitserfolg

6. Zusammenfassende Bewertung

7. Führungsverhalten bei Vorgesetzen

8. Sozialverhalten

Vielleicht werden Sie in Versuchung geraten, sich selbst in den höchsten Tönen zu loben. Das ist menschlich, aber kontraproduktiv. Denn erfahrene Personaler werden Ihnen sofort auf die Schliche kommen und erkennen, dass hier jemand selbst Hand ans Werk gelegt hat. Natürlich sollen Sie sich kein schlechtes Zeugnis schreiben, aber bleiben Sie auf dem Teppich. Es reicht, wenn Sie von einer »sehr guten Auffassungsgabe« schreiben und nicht von einer »exzellenten« oder von einer »hohen Einsatzbereitschaft« und nicht von einer »herausragenden«. Das macht das Zeugnis glaubwürdig und ist somit zu Ihrem Vorteil.

Worauf kommt es bei den einzelnen Komponenten an? Im Folgenden erfahren Sie mehr und erhalten wertvolle Tipps und Beispiele für ein sehr gutes Zeugnis.

Zeugnisbaustein zu Wissen und Weiterbildung

Der Bewertungsteil des Zeugnisses beginnt in der Regel mit dem vorhandenen beruflichen Wissen. Beim Thema Fachwissen kommt es im Arbeitszeugnis auf die Substanz, den Umfang, die Tiefe, die Aktualität und die Anwendung an.

- ✔ Frau Hell verfügt über ein äußerst umfangreiches, fundiertes und topaktuelles Fachwissen, das sie stets zielführend und sehr erfolgreich in der täglichen Arbeit einsetzte.

- ✔ Herr Schmal kann auf breitgefächerte und sehr tiefgreifende Fachkenntnisse zurückgreifen, die er kontinuierlich auf dem neuesten Stand hielt und stets zum Wohle des Unternehmens mit großem Erfolg anwandte.

- ✔ Sie verfügt über ein hervorragendes und auch in Randbereichen überaus tiefgehendes Fachwissen, das sie in unser Unternehmen stets in sehr gewinnbringender Weise einbrachte.

- ✔ Sie besitzt eine sehr umfassende und detaillierte Fachexpertise, die sie auch bei kritischen Aufgaben jederzeit effektiv und äußerst erfolgreich in ihre Arbeit einbrachte.

- ✔ Herr Fall verfügt über ein sehr fundiertes Fachwissen sowie ein stark ausgeprägtes Geschäftsverständnis, das zusammen mit seiner breiten und aktuellen Erfahrung über verschiedene Märkte hinweg, eine sehr eigenverantwortliche Arbeitsweise und die Beherrschung zahlreicher Tätigkeitsbereiche ermöglichte.

- ✔ Den fachlichen Anforderungen ihrer Position war sie aufgrund ihrer ausgezeichneten praktischen Fähigkeiten sowie sehr breiter, aktueller und fundierter Fachkenntnisse immer umfassend, tiefgreifend und absolut sicher gewachsen.

Weiterbildung spielt heutzutage eine große Rolle und sollte daher auch im Arbeitszeugnis erwähnt werden. Insbesondere wenn Sie noch am Anfang Ihrer beruflichen Laufbahn stehen, sollten Sie hierzu etwas in Ihren Zeugnistext aufnehmen.

 Beachten Sie, dass ständige Weiterbildungen auch als Flucht vor der Arbeit interpretiert werden können. Deshalb führen Sie hier nicht unzählige und für Ihre Position irrelevante Seminare auf, wie etwa einen Erste-Hilfe-Kurs oder eine MS Word-Schulung.

Erwähnenswert sind Weiterqualifizierungen, von denen der Arbeitgeber profitiert, wie zum Beispiel eine erfolgreich abgeschlossene Meister- oder Technikerprüfung oder auch ein erfolgreich abgeschlossenes berufsbegleitendes Studium.

- ✔ Herr Stahl hat sich kontinuierlich in vorbildlicher Weise weitergebildet und neu erworbene Kenntnisse immer umgehend und sehr gewinnbringend in die Praxis umgesetzt. Besonders hervorheben möchten wir seine mit großem Einsatz und Erfolg abgeschlossene Fortbildung zum Meister, was seine Beförderung zum Schichtleiter zur Folge hatte.

- ✔ Ihre hohe Weiterbildungsbereitschaft zeigte sich unter anderem an ihrem erfolgreich absolvierten berufsbegleitenden Bachelor-Fernstudium Digital Business Management (B.A.), das sie bestens für unsere zukünftige Digitalisierung weiterqualifiziert hat.

- ✔ In Eigeninitiative und durch den Besuch von Fortbildungen hielt er sein Fachwissen laufend auf dem neuesten Stand und baute es zu unserem Nutzen zielgerichtet weiter aus. Das dokumentiert sich unter anderem an seiner erfolgreich abgeschlossenen Zertifizierung zum IT-Sicherheitsbeauftragten.

Zeugnisbaustein zur Arbeitsbefähigung

Die Arbeitsbefähigung beschreibt Ihre geistigen und körperlichen Fähigkeiten. Dazu gehört Ihre Auffassungsgabe, Ihr Denk- und Urteilsvermögen wie auch Ihre Ausdauer und Belastbarkeit.

- ✔ Sie arbeitete sich dank ihrer sehr guten Auffassungsgabe stets in kürzester Zeit in neue Anforderungen ein.

- ✔ Seine sehr schnelle Auffassungsgabe ermöglichte ihm, auch sehr komplexe Fragestellungen immer umgehend und präzise zu analysieren.

- ✔ Dank ihres äußerst sicheren und logischen Denk- und Urteilsvermögens kam Frau Heinze zu sehr hochwertigen Ergebnissen.

- ✔ Aufgrund seines sehr analytischen Denkens und seiner überaus fundierten Urteilsfähigkeit kam er auch bei sehr schwierigen Sachverhalten zu eigenständigen, abgewogenen und stets weitsichtigen Entscheidungen.

- ✔ Auch bei stärkstem Arbeits- und Zeitdruck agierte Herr Krall jederzeit ruhig, konzentriert und ergebnisorientiert.

- ✔ Selbst unter größter Arbeitsbelastung behielt Frau Knie immer die Übersicht und verstand es ausgezeichnet, effektiv und erfolgreich Prioritäten zu setzen.

- ✔ Schwierigen Situationen und auch stärkster Arbeitsbelastung begegnete er mit seiner jederzeit sehr positiven Grundhaltung und seiner großen Ausdauer.

Zeugnisbaustein zur Arbeitsbereitschaft

Im Abschnitt über die Arbeitsbereitschaft geht es darum, wie engagiert und motiviert Sie Ihre Arbeit ausgeführt haben. Aufwertend ist hierbei auch die Identifikation mit Ihren Aufgaben und dem Unternehmen. Auch Eigeninitiative und Lernbereitschaft können hier erwähnt werden:

- ✔ Frau Noga überzeugte jederzeit durch außerordentliches Engagement und eine sehr hohe Motivation.

- ✔ Er war in sehr hohem Maße motiviert und identifizierte sich in vorbildlicher Weise mit seinen Aufgaben und unserem Haus.

- ✔ Frau Sand zeigte viel Eigeninitiative und bewies eine konstant sehr hohe Leistungsbereitschaft.

- ✔ Herr Rest interessierte sich in weit überdurchschnittlichem Maße für alle praktischen Lernmöglichkeiten und war jederzeit hoch motiviert sich weiterzuentwickeln und sehr gute Ergebnisse zu erzielen.

- ✔ Frau Schnell beeindruckte stets durch ihre vorbildliche Einsatzbereitschaft für unser Unternehmen und ihr sehr hohes Maß an Eigeninitiative sowie Zielstrebigkeit.

Zeugnisbaustein zur Arbeitsweise

Unter die Rubrik Arbeitsweise fallen Eigenschaften wie Selbstständigkeit, Sorgfalt, Zuverlässigkeit, Systematik, Genauigkeit, Effizienz und Schnelligkeit:

- ✔ Seine Arbeitsweise war von einem sehr hohen Grad an Selbstständigkeit, Sorgfalt und Effizienz geprägt.

- ✔ Frau Meier arbeitete jederzeit sehr effizient, präzise und zuverlässig.

- ✔ Er überzeugte durch seine jederzeit sehr zuverlässige, systematische und schnelle Arbeitsweise, wodurch er alle gesetzten Termine konsequent einhielt.

Hier kommt es auf die richtige Kombination an. Wenn Sie hier beispielsweise nur von einer hohen Sorgfalt und Genauigkeit schreiben, ohne auf die Effizienz oder das Arbeitstempo einzugehen, kann das als Manko des Arbeitspensums gewertet werden. Anders ausgedrückt: Sie haben sich zu lange mit Kleinigkeiten aufgehalten und Ihre Arbeit nicht geschafft.

- ✔ Frau Blatt arbeitete sehr exakt, dabei äußerst effizient und bewies ein stark ausgeprägtes Verantwortungsbewusstsein.

- ✔ Herr Rempel führte seine Aufgaben immer mit einem sehr hohen Grad an Systematik und Genauigkeit aus, was aber nicht zulasten seiner Effizienz ging.

Zeugnisbaustein zum Arbeitserfolg

Diese Komponente stellt das Ergebnis Ihrer Arbeitsweise dar. Das heißt, wie waren Ihre Arbeitsqualität, Ihr Arbeitspensum und die Zielerreichung (insbesondere wichtig für Führungskräfte und Vertriebler)?

Hier empfiehlt es sich, auch konkrete Arbeitserfolge zu nennen, um das Zeugnis individueller und aussagekräftiger zu gestalten:

- ✔ Ihre Arbeitsergebnisse waren sowohl in qualitativer als auch quantitativer Hinsicht jederzeit sehr gut.

- ✔ Auch unter schwierigen Bedingungen erreichte oder übertraf Herr Lemberg immer die selbst gesteckten wie auch gesetzten Ziele/Verkaufsziele.

- ✔ Ihr Arbeitsstil führte zu Arbeitsergebnissen von jederzeit hervorragender Qualität. Frau x absolvierte laufend ein sehr großes Arbeitspensum und hielt Termine sowie Absprachen immer konsequent ein.

- ✔ Besonders hervorheben möchten wir seinen sehr erfolgreichen Einsatz im Rahmen des Projekts zur Optimierung der Arbeitsprozesse in seinem Bereich, wofür das ganze Team eine interne Auszeichnung erhielt.

- ✔ Frau Bann hatte maßgeblichen Anteil an der sehr erfolgreichen Einführung unseres neuen Produkts Sunshine im Sommer dieses Jahres, wovon wir nachhaltig profitieren werden.

Zeugnisbaustein zur zusammenfassenden Bewertung

Hier erfolgt die sogenannte Zufriedenheitsfloskel. Denken Sie bei der Erstellung Ihres Zeugnisses daran, dass sich ein sehr gutes Zeugnis nicht allein durch die Zufriedenheitsfloskel ergibt. Sie muss stimmig zur Bewertung der einzelnen Zeugniskomponenten sein. Heutzutage findet man die verschiedensten Variationen zur wohl gängigsten folgenden ersten Formulierung.

- ✔ Frau Kükl erledigte alle ihr übertragenen Aufgaben stets zu unserer vollsten Zufriedenheit.

- ✔ Mit den Leistungen von Herrn Schröder waren wir stets in sehr hohem Maße zufrieden.

- ✔ Ihre Leistungen übertrafen unsere Erwartungen kontinuierlich bei Weitem.

- ✔ Herr Heinze entsprach unseren hohen Ansprüchen jederzeit in allerbester Weise.

- ✔ Frau Knapp war uns eine sehr wertvolle Mitarbeiterin, die alle ihre Aufgaben zu unserer größten Zufriedenheit erfüllte.

Zeugnisbaustein zum Führungsverhalten bei Vorgesetzen

Im Zeugnis einer Führungskraft ist es unabdingbar, auch die Mitarbeiterführung zu beurteilen. Dabei ist es wichtig, sowohl den Führungsstil als auch die damit erzielte Mitarbeiterleistung aufzuführen. Die Themen Aufgaben- und Verantwortungsdelegation sowie Mitarbeiterentwicklung können das Bild abrunden.

- ✔ Seinen Mitarbeitern war Herr Wiener jederzeit ein sehr anerkanntes Vorbild. Es gelang ihm laufend, die Mitarbeiter in seinem Bereich durch eine fach- und personenbezogene Führung zu optimalen Leistungen zu motivieren. Er verstand es bestens, Teamgeist zu wecken und die Aufgaben in geeigneter Weise zu delegieren. Dabei förderte Herr Wiener sehr engagiert die fachliche und persönliche Weiterentwicklung jedes Einzelnen.

✔ Frau Klemm wurde ihrer Rolle als Führungskraft stets in sehr guter Art und Weise gerecht. Sie führte und motivierte die Mitarbeiter in einem kooperativen Stil, der jederzeit Ergebnisorientierung, Effizienz und Sachlichkeit in geschickter Verbindung mit einer persönlichen und zugewandten Ansprache zeigte, was zu einem konstant sehr guten Teamergebnis führte.

✔ Als Vorgesetzter wirkte er stets als ausgezeichneter Motivator und förderte somit maßgeblich die sehr produktive und konstruktive Teamarbeit. Herr Kern koordinierte die Zusammenarbeit, indem er Aufgaben und Verantwortung immer angemessen delegierte, zeigte außerdem Entschlussfreude und bei Bedarf auch das richtige Maß an Durchsetzungsvermögen.

✔ Im Rahmen ihrer Führungsverantwortung genoss Frau Kiehr das sehr große Vertrauen und Ansehen ihrer Mitarbeiter und war jederzeit in der Lage, sie entsprechend ihren Fähigkeiten einzusetzen und zu höchstem Einsatz sowie sehr guten Leistungen zu motivieren. Dabei sorgte sie sehr aktiv für die kontinuierliche Weiterentwicklung ihrer Mitarbeiter und informierte immer zeitnah und verständlich.

✔ Herr Vogt verfügt zudem über hervorragende Führungseigenschaften. Als Projekt- und Fachgruppenleiter verstand er es, die Mitarbeiter zu begeistern und zu konstant hohem Einsatz und sehr guten Leistungen zu führen, ein konstant positives Arbeitsklima zu schaffen sowie die Zusammenarbeit auf eine natürliche Vertrauensbasis zu stellen.

Zeugnisbaustein für das Sozialverhalten

In dieser Komponente, die auch den Abschluss des Bewertungs- und Verhaltensteils bildet, werden Aussagen über das Verhalten gegenüber anderen getroffen.

Wichtig ist hier die Nennung aller Personengruppen, mit denen Sie zusammenarbeiten, sowie die Einhaltung einer bestimmten Reihenfolge. Werden beispielsweise die Kollegen zuerst genannt, kann man Ihnen Probleme mit Ihrer Führungskraft unterstellen. Falls Sie eine Führungskraft sind, gehören in die Aufzählung unbedingt die Mitarbeiter.

Wenn Sie im Rahmen Ihrer Position mit Kunden Kontakt haben, muss dies definitiv mit aufgeführt werden. Um den Verhaltensteil individueller zu gestalten, sollten Sie hier unbedingt noch ein paar Aussagen beispielsweise zu Teamfähigkeit, Hilfs- und Kooperationsbereitschaft, Loyalität, Kunden- und Serviceorientierung sowie Auftreten treffen.

✔ Sein Verhalten sowohl gegenüber Vorgesetzten und Kollegen als auch Kunden und Geschäftspartnern war immer vorbildlich. Aufgrund seines sehr freundlichen und aufgeschlossenen Wesens sowie seines überzeugenden Auftretens wurde Herr Meister allseits sehr geschätzt und anerkannt.

✔ Das Verhalten von Frau Suhr gegenüber Vorgesetzten und Kollegen war in jeder Hinsicht und immer einwandfrei. Wir schätzten sie als eine sehr loyale Mitarbeiterin mit einer ausgeprägten Teamfähigkeit, die maßgeblich die sehr konstruktive

Zusammenarbeit förderte. Im Kunden- und Lieferantenkontakt trat Frau Schubert jederzeit sehr kompetent und zuvorkommend auf.

✔ Sein Verhalten gegenüber Vorgesetzten und Kollegen war jederzeit vorbildlich. Herr Kanter war aufgrund seiner jederzeit sehr freundlichen, vertrauenswürdigen und kollegialen Art sowie seiner großen Berufserfahrung ein gesuchter und gern gefragter Mitarbeiter. Seine Kommunikationsstärke, seine große Hilfsbereitschaft und seine Integrität waren für uns stets ein Gewinn. Auch zu externen Ansprechpartnern pflegte er einen immer sehr guten Umgang.

✔ Durch ihre hohe Teamorientierung in Verbindung mit ihrer jederzeit sehr sympathischen und hilfsbereiten Art förderte Frau Knopp maßgeblich die sehr angenehme und konstruktive Arbeitsatmosphäre. Das persönliche Verhalten gegenüber Vorgesetzten und Kollegen war immer vorbildlich. Im Kontakt mit Kooperationspartnern war Frau Knopp aufgrund ihres sehr kompetenten und zuvorkommenden Auftretens eine außerordentlich geschätzte Ansprechpartnerin.

Besonderheiten im Zeugnis für Führungskräfte

Grundsätzlich hat ein Arbeitszeugnis für eine Führungskraft denselben Aufbau wie das eines Angestellten und muss auch die entsprechenden Komponenten enthalten. Wenn Sie es dann aber nicht um die weiteren wichtigen Aussagen ergänzen, haben Sie zukünftig ein Problem. Denn was bei dieser Zielgruppe im Arbeitszeugnis fehlt, wiegt meist schwerwiegender als das, was darin aufgeführt wird.

Das gehört unbedingt in ein Führungskräftezeugnis:

✔ Berichtslinie (berichten Sie beispielsweise direkt an den Vorstand)

✔ Führungsspanne (Wie viele Mitarbeiter sind der Führungskraft direkt beziehungsweise indirekt unterstellt?)

✔ Vollmachten wie Handlungsvollmacht oder Prokura

✔ Titel wie Abteilungsdirektor, Vice President oder Managing Director

✔ Budgetverantwortung

✔ Führungskompetenz (im Einzelnen: Führungsstil, Mitarbeitermotivation, Mitarbeiterleistung, Aufgaben- beziehungsweise Verantwortungsdelegation sowie Mitarbeiterentwicklung)

✔ Zielerreichung und besondere Erfolge (beispielsweise Umsatzsteigerung, Neukundengewinnung, Kostenersparnisse, Produktionsoptimierung, Zertifizierungen, Publikationen, Auszeichnungen)

✔ strategische und unternehmerische Fähigkeiten

✔ Entscheidungs- und Durchsetzungsvermögen

✔ Das Verhalten gegenüber den Mitarbeitern im Verhaltensteil

Die Erwartungshaltung an ein Führungskräftezeugnis ist immer höher, insbesondere was die Individualität angeht. Also vermeiden Sie möglichst die Verwendung von allseits bekannten Zeugnisbausteinen oder gar Zeugnisgeneratoren. Wenn Sie sich damit sicherer fühlen, können Sie diese Tools für ein erstes Gerüst verwenden, sollten sie dann aber möglichst individuell im Hinblick auf die vorgenannten Punkte ergänzen und den Schwerpunkt eher hierauf legen. Denken Sie aber bitte dennoch daran, möglichst zwei Seiten nicht zu überschreiten, damit Sie den zukünftigen Leser nicht langweilen oder mit Informationen überladen.

Beispielformulierungen für Zeugnisse von Führungskräften

Im Folgenden habe ich Ihnen schöne Beispielformulierungen aus Führungskräfte-Austrittszeugnissen zusammengestellt, um Ihnen Anregungen zu geben:

✔ Frau Schiele ist eine hochqualifizierte Fach- und Führungskraft, die über sehr gute, umfassende und fundierte Fach- und Prozesskenntnisse verfügt. Dies zeigte sich sowohl im operativen Handeln als auch in der strategischen Arbeit.

✔ Darüber hinaus war sein Vorgehen von großem Verantwortungs- und Kostenbewusstsein sowie hohem Qualitätsanspruch geprägt. Besonders hervorheben möchten wir seinen sehr engagierten und erfolgreichen Einsatz im Rahmen des Aufbaus und der folgenden Umstrukturierung der Fotoproduktion innerhalb von nur vier Monaten, die nachweislich zur erheblichen Steigerung der Produktivität und Qualität führte sowie einer signifikanten Kosteneinsparung.

✔ Sie verstand es, in ihrem Verantwortungsgebiet neue Wege zu gehen und Innovationen für uns sehr gewinnbringend umzusetzen.

✔ Das zeigte sich unter anderem an der erfolgreichen Neuorganisation der deutschen Lohnabrechnungsprozesse mit dem Ergebnis verbesserter, sicherer und stabiler zentralisierter Prozesse. Die Ergebnisse daraus wurden anschließend europaweit in unserem Konzern implementiert.

✔ Auch seiner Führungsrolle wurde Herr Schall immer in sehr positiver Weise gerecht. Er wirkte sehr integrierend und förderte maßgeblich die effiziente und harmonische Teamarbeit. Herr Schall koordinierte die Zusammenarbeit, indem er Aufgaben, Kompetenzen und Verantwortung immer angemessen delegierte, und zeigte außerdem Entschlussfreude und bei Bedarf auch das richtige Maß an Durchsetzungsvermögen. Hervorzuheben ist auch, dass er zahlreiche Mitarbeiter aus der eigenen Organisation heraus erfolgreich in Führungspositionen weiterentwickelt hat.

- ✔ Entscheidungen bereitete sie sehr fundiert vor und traf sie immer mit der nötigen Weitsicht sowie im Sinne unserer Unternehmensstrategie. Dies brachte Frau Gräf stets sehr hohe Anerkennung und Wertschätzung der Geschäftsführung, die sich immer absolut auf ihr Urteil verlassen konnte.

- ✔ Herr Winter zeichnete sich durch seine weitreichenden und tiefgreifenden Fachkenntnisse aus, die er stets zielführend und sehr erfolgreich in seiner Arbeit einsetzte. Durch die wertvolle Kombination von sowohl umfangreichem betriebswirtschaftlichen als auch medizinischen Fachwissen in Verbindung mit seinen sehr guten strategischen und konzeptionellen Fähigkeiten, persönlicher Durchsetzungsfähigkeit und organisatorischem Geschick war Herr Winter den hohen Anforderungen seiner Position bestens gewachsen.

- ✔ Frau Knorr war eine unternehmerisch handelnde und strategisch fokussierte Führungspersönlichkeit mit einem sehr kooperativen und kommunikativen Führungsstil. Mit diesen ausgeprägten Kernkompetenzen war sie auf besondere Weise in der Lage, ihre Mitarbeiter auf Ziele einzustellen. Dies führte dazu, dass es Frau Knorr immer gelang, engagierte, hoch motivierte und homogene Teams zu formen und mit ihnen die Zielvorgaben qualitativ und quantitativ mit weit überdurchschnittlichen Leistungen stets zu erreichen oder zu übertreffen.

- ✔ Sein Projektmanagement war gekennzeichnet von sehr sorgfältiger Planung, sinnvollen Prozessschritten und ergebnisorientierter Umsetzung, sodass er den vorher abgesteckten finanziellen und zeitlichen Rahmen stets einhalten konnte.

Der krönende Abschluss

Die richtige Abschlussformulierung für Ihr selbst erstelltes Zeugnis sollte den sehr guten Eindruck in jedem Fall abrunden beziehungsweise bestätigen. Denn auch hier gibt es einige Fallstricke, die es zu beachten gilt. Es ist ausschlaggebend, dass alle Komponenten der abschließenden Formulierung enthalten sind, nämlich:

- ✔ Ausstellungsgrund: Von wem ist die Kündigung oder die Beendigung des Anstellungsverhältnisses ausgegangen? Bei einem Zwischenzeugnis ist die Nennung des Anlasses wichtig, wie etwa ein Vorgesetztenwechsel, eine bevorstehende Umstrukturierung oder eine beginnende Elternzeit.

- ✔ Bedanken: Der Arbeitgeber spricht an dieser Stelle seinen Dank für die Leistung und die Zusammenarbeit aus.

- ✔ Bedauern (nur bei Austrittszeugnissen): Einen wertvollen Mitarbeiter wird der Arbeitgeber nicht gerne verlieren und das sollte er auch im Zeugnis zum Ausdruck bringen.

- ✔ Zukunftswünsche: Dem scheidenden Mitarbeiter wünscht man schlussendlich noch eine gute und erfolgreiche Zukunft.

Für alle vier Komponenten gilt, dass bereits kleine Abstufungen oder gar Weglassungen große Auswirkungen haben. Hier einige Beispiele für sehr gute Abschlussformulierungen

Austrittszeugnis wegen Eigenkündigung:

- ✔ Das Arbeitsverhältnis mit Frau Spiel endet auf ihren Wunsch mit Ablauf des heutigen Tages. Wir bedauern ihr Ausscheiden außerordentlich, danken ihr für ihre stets ausgezeichneten Leistungen sowie die immer sehr angenehme und erfolgreiche Zusammenarbeit. Für ihre berufliche und private Zukunft wünschen wir ihr alles Gute und weiterhin viel Erfolg.

- ✔ Herr Buhr scheidet zum heutigen Tage auf eigenen Wunsch aus unserem Unternehmen aus. Wir bedauern sein Ausscheiden sehr, da wir mit ihm einen wertvollen Mitarbeiter verlieren. Wir danken ihm für die stets sehr erfolgreiche und positive Zusammenarbeit. Sowohl beruflich als auch privat wünschen wir weiterhin viel Erfolg und alles Gute.

- ✔ Frau Kampe verlässt uns zum 31.12.2018 auf eigenen Wunsch, um sich einer neuen beruflichen Herausforderung zu stellen. Wir bedauern dies sehr, da wir mit ihr eine sehr gute Fach- und Führungskraft verlieren. Wir danken Frau Kampe für ihre jederzeit sehr erfolgreiche und konstruktive Mitarbeit. Für ihren weiteren Berufs- und Lebensweg wünschen wir ihr alles Gute und weiterhin viel Erfolg

Austrittszeugnis wegen Aufhebungsvertrag:

- ✔ Das Arbeitsverhältnis mit Frau Schnoor endet aus betriebsbedingten Gründen im besten gegenseitigen Einvernehmen mit Ablauf des heutigen Tages. Wir bedauern diese Entwicklung sehr, da wir mit ihr eine ausgezeichnete Mitarbeiterin verlieren. Für die stets sehr gute und erfolgreiche Zusammenarbeit danken wir Frau Schnoor und wünschen ihr für ihre berufliche und private Zukunft alles Gute und weiterhin viel Erfolg.

- ✔ Da wir unseren Standort nach Warschau/Polen verlagern, endet das Arbeitsverhältnis mit Herrn Punter im besten gegenseitigen Einvernehmen zum xx.xx.xxxx. Wir bedauern sein Ausscheiden außerordentlich, danken ihm für seine stets ausgezeichneten Leistungen sowie die immer sehr angenehme und erfolgreiche Zusammenarbeit. Für seine berufliche und private Zukunft wünschen wir ihm alles Gute und weiterhin viel Erfolg.

- ✔ Aus betrieblichen Gründen endet das Anstellungsverhältnis mit Herrn Frey im besten beiderseitigen Einvernehmen mit dem heutigen Tag, was wir außerordentlich bedauern. Wir danken ihm für die stets sehr angenehme wie auch überaus erfolgreiche Zusammenarbeit und wünschen für seinen zukünftigen Berufs- und Lebensweg alles Gute und weiterhin viel Erfolg.

Austrittszeugnis wegen Ablauf einer Befristung:

- ✔ Das Arbeitsverhältnis mit Frau Sachte endet mit Ablauf der vereinbarten Zeit zum 31.12.2018. Wir bedauern sehr, dass wir ihr keine andere vergleichbare Position zur Weiterbeschäftigung in unserem Hause anbieten können. Wir danken Frau Sachte für die stets äußerst angenehme und engagierte Mitarbeit und wünschen ihr für ihre weitere berufliche und private Zukunft alles Gute und weiterhin viel Erfolg.

- ✔ Herr Siebert verlässt uns mit Ablauf des heutigen Tages, da sein befristeter Vertrag mit uns abläuft. Zu unserem großen Bedauern können wir ihm aus betrieblichen Gründen zurzeit keine Dauerbeschäftigung bieten. Wir danken Herrn Siebert für seine ausnahmslos sehr guten Leistungen und wünschen ihm für seinen zukünftigen Berufs- und Lebensweg alles Gute und weiterhin viel Erfolg.

- ✔ Das zweckbefristete Arbeitsverhältnis endet zum 30.09.2019, da sich der Anlass der Überbrückung erledigt hat. Wir bedauern das Ausscheiden von Frau Pircher, da sie jederzeit sehr gute Leistungen erbracht hat, für die wir uns an dieser Stelle bedanken möchten. Für ihre berufliche und private Zukunft wünschen wir ihr alles Gute und weiterhin viel Erfolg.

Achten Sie auf den passenden Unterzeichner Ihres Zeugnisses. Wer auch immer Ihr Zeugnis unterschreibt, es sollte sich um einen ranghöheren Mitarbeiter handeln. Wenn Sie Abteilungsleiter sind, sollte Ihr Bereichsleiter unterschreiben. Wenn Sie direkt an den Vorstand berichten, steht das zuständige Vorstandsmitglied unter dem Zeugnis. Üblicherweise unterschreibt immer die nächsthöhere Führungskraft aus dem Fachbereich und zusätzlich unterschreibt jemand aus dem Personalbereich. Bei Führungskräften wird die Unterschrift der Personalleitung erwartet. Bei kleineren Unternehmen reicht die Unterschrift des Geschäftsführers aus, da es häufig keine eigene Personalabteilung gibt.

IN DIESEM KAPITEL

Wie man Wahres wohlwollend formuliert

Nicht alles was sich gut anhört, ist auch gut gemeint

Was gar nicht geht bei einer Zeugniserstellung

Was es mit dem Bedauern und den guten Zukunftswünschen auf sich hat

Kapitel 5

Zeugnissprache, Zeugniscodes und Geheimcodes

Was viele Zeugnisempfänger heute verunsichert und gar vor das Arbeitsgericht ziehen lässt, beruht auf einer Entscheidung des Bundesgerichtshofs aus dem Jahr 1963:

Oberster Grundsatz ist, dass der Inhalt des Zeugnisses wahr sein muss; das heißt aber nicht, dass bei einem Zeugnis über Leistung und Führung die Verpflichtung zu schonungsloser offener Beurteilung von ungünstigen Vorkommnissen besteht. Das Zeugnis soll von verständigem Wohlwollen für den Arbeitnehmer getragen sein und ihm sein weiteres Fortkommen nicht erschweren. (BGH 26.11.1963 - VI ZR 221/62)

Die Krux mit »wahr« und »wohlwollend«

Ein Arbeitszeugnis muss also wohlwollend formuliert sein. Ganz einfach heißt das: Der Aussteller darf nichts in das Zeugnis schreiben, was den Empfänger in ein schlechtes Licht rückt und somit zu einem Stolperstein auf dem weiteren beruflichen Werdegang werden könnte. Schließlich landet dieses Zeugnis im Rahmen eines zukünftigen Bewerbungsprozesses auf vielen verschiedenen Schreibtischen von Personalentscheidern, die es mit Argusaugen prüfen werden. Auf der anderen Seite muss ein Arbeitszeugnis wahrheitsgemäß ausgestellt sein. Wahrheitsgemäß und wohlwollend muss es also sein. Der Aussteller muss den Empfänger wahrheitsgemäß bewerten, darf dabei aber keine Kritik äußern oder negative Eigenschaften und Verhaltensweisen aufzählen. Nun hat sich im Laufe der Zeit aus dieser Krux heraus die Zeugnissprache mit den viel zitierten Zeugniscodes entwickelt, die übrigens gerne mit den Geheimcodes verwechselt werden.

Ein bisschen verhält es sich mit den Zeugniscodes so wie in der Kommunikation zwischen Mann und Frau. Ein Beispiel: Die Frau kommt vom Friseur und hat sich einen neuen Haarschnitt verpassen lassen. Sie fragt ihren Mann: »Na, Schatz, wie gefällt dir meine neue Frisur?« Er denkt sich: »Sie sieht zehn Jahre älter damit aus«, sagt aber zu ihr: »Wow Schatz, damit siehst du so klassisch aus!«

Geheimcodes sind verboten

Im Gegensatz zu Zeugniscodes handelt es sich bei Geheimcodes um versteckte negative Aussagen über den Arbeitnehmer. Diese Codierungen sind nur zu entschlüsseln, wenn man ihre wahre Bedeutung kennt. Wie hört sich das beispielsweise für Sie an? »Er hat mit seiner geselligen Art zur Verbesserung des Betriebsklimas beigetragen.« Egal, was Sie sich jetzt denken, es hört sich jedenfalls nicht so an, wie es gemeint ist, nämlich dass dieser Mitarbeiter Alkoholprobleme hat.

Zeugnisaussteller sollten keine Geheimcodes einsetzen, wenn sie der Vertuschung negativer Bewertungen dienen sollen, denn laut § 109 Abs. 2 der Gewerbeordnung ist das untersagt. »Das Zeugnis muss klar und verständlich formuliert sein. Es darf keine Merkmale oder Formulierungen enthalten, die den Zweck haben, eine andere als aus der äußeren Form oder aus dem Wortlaut ersichtliche Aussage über den Arbeitnehmer zu treffen.«

Wenn also Themen wie zum Beispiel Alkoholprobleme, Krankheiten, die sexuelle Ausrichtung oder auch Zugehörigkeiten zu Parteien im Zeugnistext mit besonderen Formulierungen versteckt werden, ist das verboten und der Zeugnisaussteller muss diese entfernen.

So funktionieren die Zeugniscodes

Eigentlich ist es ganz einfach: Hinter typischen Zeugniscodes der Zeugnissprache verbergen sich die in Deutschland klassischen Schulnoten von 1 bis 6. Häufig sind es nur kleine Unterschiede zwischen den Formulierungen, die aber eine ganze Note ausmachen können.

Das prominenteste Beispiel für Zeugniscodes ist die sogenannte Zufriedenheitsfloskel:

- ✔ Alle ihr übertragenen Aufgaben erledigte Frau Sonntag stets zu unserer vollsten Zufriedenheit. (Note 1)
- ✔ Alle ihm übertragenen Aufgaben erledigte Herr Mittnacht stets zu unserer vollen Zufriedenheit. (Note 2)
- ✔ Alle ihr übertragenen Aufgaben erledigte Frau Schirmer zu unserer vollen Zufriedenheit. (Note 3)
- ✔ Alle ihm übertragenen Aufgaben erledigte Herr Weiler zu unserer Zufriedenheit. (Note 4)
- ✔ Alle ihr übertragenen Aufgaben erledigte Frau Kissner insgesamt zu unserer Zufriedenheit. (Note 5)
- ✔ Er hat sich bemüht, die ihm übertragenen Aufgaben zu erledigen. (Note 6)

Eine Note 5, die in unserer Schulzeit unsere Versetzung gefährdet hat und eigentlich bedeutete, dass unsere Leistungen mangelhaft waren, hört sich doch mit den Zeugniscodes gar nicht so schlimm an. Hier wird mit der sogenannten Positiv-Skala-Technik gearbeitet, nach der selbst schlechte Beurteilungen noch positiv formuliert werden.

Bei der »vollsten« Zufriedenheit scheiden sich die Geister. Viele Zeugnisaussteller stellen sich auf den Standpunkt, dass dies grammatikalisch falsch ist. Folgendes Urteil hat das Bundesarbeitsgericht hierzu gefällt:

> *Lauten die Einzelbeurteilungen des Zeugnisses ausnahmslos auf »sehr gut« und wird die Tätigkeit des Arbeitnehmers darüber hinaus als »sehr erfolgreich« hervorgehoben, steht eine zusammenfassende Wertung mit »immer zu unserer vollen Zufriedenheit« dazu in Widerspruch.*

Begründung des Gerichts:

> *Zwar ist die Gesamtbewertung, wonach der Kläger »immer zur ›vollen‹ Zufriedenheit« der Beklagten gearbeitet hat, schon eine gute Bewertung (vgl. Schleßmann, Das Arbeitszeugnis, 12. Aufl., S. 87). Dagegen entspricht eine sehr gute Leistung, die nach den Einzelbewertungen vorliegt, erst der zusammenfassenden Beurteilung, wonach der Arbeitnehmer zur »vollsten« Zufriedenheit« gearbeitet hat (vgl. Schleßmann, aaO.). […] Allerdings gehört das Wort »voll« zu den Adjektiven, die nicht vergleichsfähig sind, wie etwa auch »rund«, »ganz«, »halb« usw. (vgl. dazu Duden, Grammatik der deutschen Gegenwartssprache, 4. Aufl., S. 312 f. Rdn. 529). In der Zeugnissprache wird aber das Wort »vollste Zufriedenheit« demgegenüber in Kauf genommen. Urteil des BAG vom 23.09.1992, 5 AZR 573/91. [4]*

Die Sache mit »stets beliebt« und dem »gesunden Selbstvertrauen«

Nicht alles, was in einem Arbeitszeugnis positiv klingt, ist auch positiv gemeint. War der Mitarbeiter »bei den Kollegen stets beliebt«, klingt das erst einmal so, als wäre er ein teamfähiger und netter Mensch. In einem Arbeitszeugnis heißt es aber, dass er sich nur mit den Kollegen gut verstanden hat und nicht so gut mit seinem Vorgesetzten. Ein »gesundes Selbstvertrauen« ist für einen Schauspieler sicher eine positive Eigenschaft, aber im Arbeitszeugnis eines kaufmännischen Angestellten sollte diese Formulierung lieber nicht auftauchen. Denn das lässt darauf schließen, dass der Mitarbeiter sich regelmäßig im Ton vergriffen hat. Wenn es »keinen Anlass zu Beanstandungen gab«, gab es in Wahrheit viel zu kritisieren.

Verschiedene Techniken der Verschlüsselung von Zeugnissen

Zeugnisaussteller haben verschiedene Möglichkeiten zu Verschlüsselung von Arbeitszeugnissen. Genau die sind es auch, die es den Zeugnisempfängern so schwer machen, den wahren Inhalt ihres Zeugnisses herauszulesen.

- ✔ **Positiv-Skala-Technik:** Hierbei erfolgt die Benotung im Arbeitszeugnis durch Abstufung der positiven Bewertung. Das bedeutet für die Beurteilung sehr guter Leistungen, dass sie besonders positiv formuliert sein müssen, wie etwa »stets zu unserer vollsten Zufriedenheit« oder »jederzeit mit außerordentlichem Engagement«.

- ✔ **Passivierungstechnik:** Wenn Formulierungen gewählt werden, die den Zeugnisempfänger als initiativlos beziehungsweise unselbstständig erscheinen lassen. Eine häufig verwendete Aussage ist »wurde beschäftigt«.

- ✔ **Leerstellentechnik:** Eine Aussage, die erwartet wird, wird weggelassen. Wenn beispielsweise das Verhalten gegenüber den Mitarbeitern bei einer Führungskraft im Arbeitszeugnis nicht erwähnt wird, ist von Schwierigkeiten auszugehen.

- ✔ **Negationstechnik:** Anwendung von Verneinungen, wie etwa »Er war nie unpünktlich« oder »Ihr Verhalten war ohne jeden Tadel«.

- ✔ **Ausweichtechnik:** Banalitäten oder Selbstverständlichkeiten werden aufgeführt, wie der ehrliche Umgang mit Bargeld bei einem Kassierer.

- ✔ **Widerspruchstechnik:** Wenn sich verschiedene Zeugnisaussagen widersprechen. Wenn etwa dem Zeugnisempfänger insgesamt sehr gute Leistungen bestätigt werden, aber im Abschluss des Zeugnisses kein Bedauern über das Ausscheiden erscheint.

Es kommt immer wieder vor, dass keine bösen Absichten hinter Zeugnisformulierungen stecken, sondern einfach mangelndes Fachwissen in der Zeugniserstellung, Flüchtigkeitsfehler oder übertriebener Ehrgeiz es besonders gut machen zu wollen.

Bei folgenden Begriffen und Formulierungen in Ihrem Arbeitszeugnis sollten Sie vorsichtig sein und Ihren Arbeitgeber um Änderung bitten:

- ✔ Begriffe, die mehrdeutig sind, wie zum Beispiel »Herr Mustermann ist ein kritischer Mitarbeiter« oder »Frau Mustermann hatte oft originelle Ideen«.

- ✔ Distanzierende Formulierungen, wie etwa »Wir setzen sie als … ein«.

- ✔ Einschränkende Adverbien oder auffällige (doppelte) Verneinungen, wie beispielsweise »nicht ohne Engagement« oder »es kam nicht zu Verzögerungen«.

- ✔ Missverständliche Charaktereigenschaften, wie »Er überzeugt durch sein natürliches Wesen« oder »Sie ist eine anspruchsvolle Mitarbeiterin«.

- ✔ Hervorhebungen von Bemühen. Der Klassiker: »Sie war stets bemüht« … hat aber das Ziel nicht erreicht.

- ✔ Unpassende Beurteilungen wie die Bescheinigung der engagierten Einarbeitung nach langjähriger Betriebszugehörigkeit oder nur solider Englischkenntnisse nach mehrjährigem Auslandseinsatz in den USA.

- ✔ Nebensächliche und selbstverständliche Eigenschaften: Einer Führungskraft wird beispielsweise Pünktlichkeit bestätigt oder einer Sekretärin die sichere Rechtschreibung.

KAPITEL 5 Zeugnissprache, Zeugniscodes und Geheimcodes

Einen »Übersetzer« für Zeugnisformulierungen mit einigen Beispielen finden Sie in Tabelle 5.1.

Formulierung im Zeugnis	Bedeutet in Wahrheit
Sie verfügt über ein solides Fachwissen.	Das Fachwissen war unterdurchschnittlich.
Wir haben ihn als fleißigen Mitarbeiter kennengelernt.	Er war ziemlich faul.
Mit ihrer Auffassungsgabe arbeitete sie sich zügig in neue Aufgaben ein.	War langsam im Denken.
Er war immer pünktlich.	… hat also auch immer pünktlich Feierabend gemacht und war oft zu spät.
Sie war stets bemüht, eigene Ideen zur Optimierung in die Arbeit einzubringen.	Alles wusste sie besser und die Ideen waren unbrauchbar.
Er ging mit großem Elan an seine Aufgaben.	… war zwar fleißig, aber erfolglos.
Sie war sehr interessiert an ihrer Arbeit.	… hat aber nichts gebracht.
Mit seiner geselligen Art trug er maßgeblich zur Verbesserung des Betriebsklimas bei.	Er hatte Alkoholprobleme und trank während der Arbeitszeit.
Bei unseren Kunden erfreute sie sich großer Beliebtheit.	Deshalb waren ihre Verhandlungsergebnisse auch immer zum Nachteil des Unternehmens.
Für die Belange der Belegschaft bewies er stets Einfühlungsvermögen.	Er suchte sexuelle Kontakte.
Auch starkem Arbeitsanfall und hohem Termindruck war sie gewachsen.	War weder belastbar noch stressresistent.
Er arbeitete jederzeit sehr genau und pflichtbewusst.	Arbeit nach Vorschrift, keine Initiative.
Sie war um eine zuverlässige Arbeitsweise bemüht.	Sie war sehr unzuverlässig.
Seine Arbeitsergebnisse entsprachen unseren Erwartungen	… mehr aber auch nicht …
Sie zeigt eine erfrischende Art im Umgang mit Vorgesetzten und Kollegen.	Sie war ganz schön frech.
Er zeigte jederzeit Engagement für Arbeitnehmerinteressen außerhalb der Firma.	… nahm an Streiks teil
Sie verstand es sehr gut, Aufgaben zu delegieren.	Sie hat den Kollegen die Arbeit aufgeladen.
Sein kooperativer Führungsstil wurde von den Mitarbeitern geschätzt.	Er hatte kein Durchsetzungsvermögen als Führungskraft.
Sie führte sehr konsequent und ergebnisorientiert.	Autoritäre Art der Führung, Druckausübung

Tabelle 5.1: Übersetzer von Zeugnisformulierungen

Wenn Sie solche fragwürdigen Sätze in Ihrem Arbeitszeugnis finden, wehren Sie sich dagegen, denn in diversen Gerichtsurteilen wurden derartige Formulierungen für unzulässig befunden. Suchen Sie zunächst den direkten Kontakt mit dem Zeugnisaussteller und bitten um Streichung beziehungsweise Korrektur. Wenn das nicht hilft, schalten Sie einen Anwalt für Arbeitsrecht ein. Im Jahr werden etwa 30.000 Prozesse wegen Arbeitszeugnissen vor dem Arbeitsgericht geführt.

Hier ein Beispiel für ein Arbeitszeugnis der »untersten Schublade«:

Herr Schneider, geb. am 13.09.1965, war bei uns vom 01.01.2016 bis zum 30.06.2017 als Elektriker tätig. Folgende Aufgaben gehörten zu seinem Tätigkeitsbereich:

✔ Wartung und Reparatur sämtlicher Anlagen der Immobilie

✔ Pflege des Objekts hinsichtlich Sauberkeit und Renovierung (innen und außen)

✔ Beauftragung von Subunternehmen

Er hat sich stets bemüht, die ihm übertragenen Aufgaben zufriedenstellend zu erledigen. Herr Schneider war stets pünktlich. Durch sein geselliges Wesen hat er zur Verbesserung des allgemeinen Betriebsklimas beigetragen. Dabei zeigte er großes Einfühlungsvermögen für die Probleme seiner Kolleginnen. Außerdem machte er immer wieder Verbesserungsvorschläge.

Das Arbeitsverhältnis endet zum 30.06.2017. Wir wünschen ihm für die Zukunft alles Gute.

Jetzt mal im Klartext: Herr Schneider hat sich nur bemüht, seine Aufgaben auszuführen, hat aber die gewünschte Leistung nie erreicht. Er kam häufig zu spät oder hat auch einfach mal früher Feierabend gemacht. Außerdem hat Herr Schneider gerne mal was getrunken und hat sich dann wohl auch an seine Kolleginnen rangemacht. Zudem war er ein Nörgler, der alles besser wusste. Dies zusammen hat dann auch zu der arbeitgeberseitigen Kündigung geführt und die Firma ist froh, dass sie ihn los ist.

Ein paar »No-Gos« in Arbeitszeugnissen

Ich habe im Laufe meiner Tätigkeit sicher Tausende von Arbeitszeugnissen gelesen und bin immer wieder aufs Neue überrascht, wie viele schlecht geschriebene Zeugnisse es gibt. Hier finden Sie die Top-No-Gos in der Zeugniserstellung.

✔ **Rechtschreibfehler im Arbeitszeugnis:** Was soll man von einem Zeugnis halten, das grobe Rechtschreibfehler enthält? Da fragt man sich, welcher achtlose Mensch das Dokument erstellt hat. Wie wenig wert war es der Empfänger, ihm ein zumindest fehlerfreies Zeugnis auszustellen? Aber man fragt sich auch, warum sich der Zeugnisempfänger nicht darum gekümmert hat, diese Fehler ausbessern zu lassen und ein solches Dokument seinen Bewerbungsunterlagen beilegt? Ein gewissenhaft ausgestelltes Zeugnis darf keine Rechtschreibfehler enthalten, da das auf einen unprofessionellen Aussteller sowie auf einen leichtfertigen Empfänger schließen lässt.

✔ **Unangemessen lange oder kurze Zeugnisse:** Auch über den Umfang von Arbeitszeugnissen gibt es verschiedene Auffassungen. Da gibt es Zeugnisse, die eine halbe

Seite lang sind, obwohl der Mitarbeiter 15 Jahre und mehr im Unternehmen war, oder vierseitige Zeugnisse für Nachwuchskräfte, die ein Jahr ein Traineeprogramm absolviert haben. Der Umfang des Zeugnisses sollte abhängig von der Dauer der Beschäftigung, der Anzahl der Stationen und Positionen sowie deren Hierarchiestufe sein. Das optimale Arbeitszeugnis ist mindestens eine Seite und maximal zwei Seiten lang.

✔ **Übertrieben gut formulierte Zeugnisse:** Oft lesen sich Zeugnisse, als wären sie für Mr. Perfect oder Wonder Woman ausgestellt. Es wimmelt von Adjektiven wie exzellent, hervorragend, bemerkenswert, außerordentlich und beispielhaft. Da kommt schnell der Eindruck auf, dass der Empfänger das Zeugnis selbst verfasst hat und der Aussteller dem einfach zugestimmt hat, um das Ganze schnell vom Tisch zu haben (der geht ja sowieso …). Zu viel Lob in einem Arbeitszeugnis wirkt einfach unglaubwürdig. Auch in der Schule war man meistens nicht überall »sehr gut«. Also Deutsch lief bei mir meistens super, aber wenn ich da an Mathe denke … lassen wir das lieber. Der bewertende Teil des Zeugnisses sollte ausgewogen und glaubhaft zusammengestellt sein und nicht durchgängig den Eindruck eines »Klassenprimus« vermitteln. Schon früher waren Streber nicht sonderlich beliebt …

✔ **Zeugnisse mit formalen Fehlern:** Oftmals stimmt der chronologische beziehungsweise formal korrekte Aufbau in Zeugnissen nicht. Nach der Einleitung müssen die Positionen und der Werdegang mit den entsprechenden Haupt- und Sonderaufgaben in zeitlich korrekter Folge dargestellt werden (vom Einstieg bis zur zuletzt ausgeübten Position). Dann folgen die Aussagen zu Fachwissen und Arbeitsbefähigung, Arbeitsbereitschaft, Arbeitsweise und Arbeitserfolg, dann die Leistungszusammenfassung (beispielsweise »… erledigte alle Aufgaben stets zu unserer vollen Zufriedenheit«). Abschließend steht die Bewertung des Verhaltens. Zeugnisse sollten wohlgeordnet und formal korrekt geschrieben sein.

✔ **Vermischung von Tätigkeiten- und Bewertungsteil:** Die Vermischung von Tätigkeiten- und Bewertungsteil ist ein weitverbreiteter Formfehler. Die Hauptaufgaben werden in der Regel mit Spiegelstrichen/Bullets neutral untereinander aufgeführt. Häufig sind aber zusätzliche Angaben wie »sehr erfolgreiche und engagierte Erledigung von …« und das Ganze auch noch als Fließtext. Hier wird also zwischen der Beschreibung der Aufgaben und der Beurteilung hin und her gesprungen.

✔ **Standardzeugnisse mit Generator verfasst:** Manchmal erkennt man schon nach ein paar Zeilen, dass ein gängiger Zeugnisgenerator benutzt wurde. Es gibt keine individuellen Ergänzungen und die Zeugnisse einer Firma lesen sich eines wie das andere, egal welche Position der Empfänger hatte. Mit Wertschätzung hat das jedenfalls nicht viel zu tun. Auch haben diese Zeugnisse kaum Aussagekraft. Arbeitszeugnisse sollten individuell geschrieben sein und wichtige und herausragende Arbeitserfolge sowie die Wichtigkeit der Position des Empfängers widerspiegeln.

✔ **Schlampig und unseriös ausgestellte Zeugnisse:** Zeugnisse mit Eselsohren und Kaffeeflecken, schief ausgedruckt, auf Blankopapier ausgedruckt anstelle von Firmenpapier, in Schriftgröße 7, in Schriftgröße 16, mit Emojis und Schriftart Comic Sans MS, ohne Unterschriften und so weiter. Alles schon mal dagewesen. Der erste und optische Eindruck bei Zeugnissen muss stimmen, damit man es auch noch gerne lesen möchte.

Warum die Abschlussformel so wichtig ist

Sie haben erfahren, wie genau man ein Arbeitszeugnis durchleuchten muss und sich hinter tollen Formulierungen tatsächlich Gemeinheiten verstecken können. Auch der abschließende Teil eines Zeugnisses kann den einen oder anderen Fallstrick enthalten und am Ende ein sehr gutes Zeugnis noch verderben. Es soll sogar Personaler geben, die den Abschluss des Zeugnisses zuerst lesen.

Die Abschlussformel im Detail

Die Abschlussformel setzt sich aus drei Teilen zusammen:

1. Ausstellungsgrund
2. Bedanken und Bedauern (bei Austrittszeugnissen)
3. Zukunftswünsche

Wenn etwa bei den Zukunftswünschen das »weiterhin« bei »wir wünschen ihr weiterhin viel Erfolg« fehlt, ist das schon ein Hinweis darauf, dass hier etwas nicht in Ordnung war oder ganz platt übersetzt: Sie hatte bisher keinen Erfolg und wird auch in Zukunft keinen haben!

In Tabelle 5.2 finden Sie jeweils zum Zwischen- und Austrittszeugnis eine Übersicht zu geläufigen Formulierungen und deren genauen Bedeutung (Note 1 bis 4). Ausstellungsgründe für ein Zwischenzeugnis können unterschiedlich sein: auf eigenen Wunsch, Vorgesetztenwechsel, Übernahme einer neuen Position, bevorstehende Umstrukturierung, Betriebsübergang und so weiter. Der Ausstellungsgrund sollte immer angegeben und möglichst konkret sein. Ausschlaggebend für die Bewertung ist die Abschlussformel wie in Tabelle 5.2.

Formulierung	Note
Dieses Zwischenzeugnis wurde auf Wunsch von Frau Ziel erstellt, da sie zum xx.xx.xxxx in Elternzeit gehen wird. Wir sind diesem Wunsch sehr gerne nachgekommen und bedanken uns bei dieser Gelegenheit für ihre bisherigen stets ausgezeichneten Leistungen und freuen uns auf die weiterhin sehr erfolgreiche und angenehme Zusammenarbeit.	sehr gut, Schulnote 1
Dieses Zwischenzeugnis haben wir für Herrn Tahlmann erstellt, da sein Vorgesetzter zum xx.xx.xxxx eine neue Aufgabe übernehmen wird. Wir bedanken uns bei dieser Gelegenheit für seine bisherigen stets guten Leistungen und freuen uns auf die weiterhin erfolgreiche und angenehme Zusammenarbeit.	gut, Schulnote 2
Dieses Zwischenzeugnis haben wir für Frau Fuhrt aufgrund einer bevorstehenden Umstrukturierung im Bereich Marketing erstellt. Wir bedanken uns bei dieser Gelegenheit für ihre bisherigen Leistungen und freuen uns auf die weiterhin angenehme Zusammenarbeit.	befriedigend, Schulnote 3
Dieses Zwischenzeugnis haben wir auf Wunsch von Herrn Hummer erstellt.	ausreichend, Schulnote 4

Tabelle 5.2: Bewertung in der Abschlussformel

Auch die Ausstellungsgründe für ein Austrittszeugnis können unterschiedlich sein, wie zum Beispiel eigene Kündigung, ein Aufhebungsvertrag aus betriebsbedingten Gründen oder auch eine Kündigung seitens des Arbeitgebers. Hier ist allerdings der gesamte Passus genauer anzuschauen, da auch die Formulierung des Austrittsgrunds Hinweise zur Bewertung gibt. In den Tabellen 5.3 und 5.4 finden Sie Beispiele hierzu.

Formulierung bei Eigenkündigung	Note
Das Arbeitsverhältnis mit Frau Schmuck endet auf ihren Wunsch zum xx.xx.xxxx. Wir bedauern ihr Ausscheiden sehr und danken ihr für die stets ausgezeichnete Zusammenarbeit. Für ihre berufliche und private Zukunft wünschen wir Frau Schmuck alles Gute und weiterhin viel Erfolg.	sehr gut, Schulnote 1
Das Arbeitsverhältnis mit Herrn Terzmann endet auf seinen Wunsch zum xx.xx.xxxx. Wir bedauern sein Ausscheiden und danken ihm für die stets gute Zusammenarbeit. Für seine berufliche und private Zukunft wünschen wir Herrn Terzmann alles Gute und weiterhin viel Erfolg.	gut, Schulnote 2
Das Arbeitsverhältnis mit Frau Funke endet auf ihren Wunsch zum xx.xx.xxxx. Wir danken ihr für ihre Mitarbeit und wünschen Frau Funke für ihre Zukunft alles Gute und viel Erfolg.	befriedigend, Schulnote 3
Das Arbeitsverhältnis mit Herrn Manche endet auf seinen Wunsch zum xx.xx.xxxx.	ausreichend, Schulnote 4

Tabelle 5.3: Bewertung bei Eigenkündigung

Bei einer Aufhebungsvereinbarung, die aufgrund von Umstrukturierungen oder Stellenabbau getroffen wurde, sollte im Austrittszeugnis unbedingt der Hinweis auf betriebsbedingte Gründe erfolgen, damit dem Zeugnisempfänger kein Nachteil entsteht. Wenn der Hinweis fehlt, geht ein erfahrener Zeugnisleser davon aus, dass es persönliche Probleme gab und dem Mitarbeiter die Kündigung nahegelegt wurde. Tabelle 5.4 zeigt die verschiedenen Formulierungsmöglichkeiten im Falle eines Aufhebungsvertrags.

Formulierung bei Aufhebung	Note
Das Arbeitsverhältnis mit Frau Salm endet (betriebsbedingt) im besten gegenseitigen Einvernehmen zum xx.xx.xxxx. Wir bedauern ihr Ausscheiden sehr und danken ihr für die stets ausgezeichnete Zusammenarbeit. Für ihre berufliche und private Zukunft wünschen wir Frau Salm alles Gute und weiterhin viel Erfolg.	sehr gut, Schulnote 1
Das Arbeitsverhältnis mit Herrn Zuhr endet (betriebsbedingt) im guten gegenseitigen Einvernehmen zum xx.xx.xxxx. Wir bedauern sein Ausscheiden und danken ihm für die stets gute Zusammenarbeit. Für seine berufliche und private Zukunft wünschen wir Herrn Zuhr alles Gute und weiterhin viel Erfolg.	gut, Schulnote 2
Das Arbeitsverhältnis mit Frau Körnig endet (betriebsbedingt) im gegenseitigen Einvernehmen zum xx.xx.xxxx. Wir danken ihr für ihre engagierte Mitarbeit und wünschen Frau Körnig für ihre Zukunft alles Gute und viel Erfolg.	befriedigend, Schulnote 3
Das Arbeitsverhältnis mit Herrn Tippel endet (betriebsbedingt) **im** gegenseitigen Einvernehmen zum xx.xx.xxxx.	ausreichend, Schulnote 4

Tabelle 5.4: Bewertung bei Aufhebung

Wird der Austrittsgrund nicht angegeben, lässt das auf eine arbeitgeberseitige Kündigung aus personen- oder verhaltensbedingten Gründen schließen. Formulierungsbeispiel: Das Arbeitsverhältnis mit Frau Tann endet zum 31.12.2017. In solchen Fällen fehlen in der Regel auch das Bedauern, der Dank und die guten Zukunftswünsche.

Nun können Sie Ihr erworbenes Wissen testen. Hierzu ein kleines Quiz. Legen Sie zunächst Ihre Hand auf die rechte Seite der Tabelle, um die Lösung zu verdecken und rutschen dann Spalte für Spalte nach unten. Wenn Sie alles richtig gelöst haben, sind Sie schon ein kleiner »Zeugnisprofi«. Herzlichen Glückwunsch!

Formulierung	Lösung
Im Kreis der Kollegen galt sie als umgängliche Mitarbeiterin.	Mit den Vorgesetzten gab es Schwierigkeiten.
Er brachte stets Verständnis für seine Aufgaben auf.	Fachlich hatte dieser Mitarbeiter Probleme.
Sie war stets hoch motiviert und zeigte großes Engagement.	Sie war immer sehr eifrig und fleißig und für die Firma ein Gewinn.
Den Belastungen seiner Arbeit zeigte er sich gewachsen.	Termindruck und Mehrarbeit haben diesen Mitarbeiter belastet.
Mit ihren Leistungen waren wir stets außerordentlich zufrieden.	Sie war zusammengefasst eine sehr gute Mitarbeiterin.
Er hat alle Aufgaben anforderungsgemäß erledigt.	Zu mehr Einsatz war er wohl nicht in der Lage.
Sie verstand es bestens, Arbeit zu delegieren und gab stets klare Anweisungen.	Eine Vorgesetzte, die selber nicht viel gearbeitet hat.
Sein Verhalten gegenüber Vorgesetzten und Kollegen war immer vorbildlich.	Er war ein sehr angenehmer und kooperativer Mitarbeiter.
Ihre Arbeitsqualität und ihr Arbeitspensum waren, auch unter schwierigen Bedingungen und unter Zeitdruck, konstant weit überdurchschnittlich.	Sie war eine sehr produktive Mitarbeiterin, die durchgängig sehr hochwertige Arbeit ablieferte.
Er hat fachlich unseren Erwartungen entsprochen.	Ein Mitarbeiter, den man nur mit den einfachsten Arbeiten betrauen konnte.
Sie leitete ihren Bereich jederzeit mit einer sehr hohen Leistungsbereitschaft und entwickelte ihn durch vielfältige Initiativen gewinnbringend weiter.	Sie war eine sehr motivierte und erfolgreiche Führungskraft.
Er zeichnete sich durch eine beständig sehr hohe Arbeitsmoral aus, wir konnten uns immer auf ihn verlassen.	Er war ein sehr einsatzfreudiger und zuverlässiger Mitarbeiter.
Sie wusste sich gut zu verkaufen.	Sie war eine Wichtigtuerin, die nur »heiße Luft« lieferte.
Mit seinen Vorgesetzten ist er gut zurechtgekommen.	Er hat sich seinem Vorgesetzten quasi unterworfen, was ihn nicht gerade zu einem beliebten Kollegen gemacht hat.

Tabelle 5.5: Quiz zum Zeugniscode

Stadtbibliothek Misburg
Waldstraße 9
30629 Hannover
Tel.-Nr.: +49 (0) 511 168 32257
E-Mail: stadtbibliothek-misburg@hannover-

Öffnungszeiten: www.hannover.de/stabi-zei

Terminal: Ausleihe 2
Benutzer: Dr. Holger Falck

Ausleihe am: 23-09-2021 um: 13:06:21

. Herbert, Jennifer / Arbeitszeugnisse für D
Medien-Nr.: 115$003622513P
Fristdatum: 21/10/2021

Vielen Dank für Ihren Besuch.

> **IN DIESEM KAPITEL**
>
> Ein »gutes« oder ein »sehr gutes« Zeugnis formulieren
>
> Ein Zeugnis individuell und passend zur Position gestalten
>
> Im Zeugnis besondere Aufgaben und/oder besondere Arbeitserfolge erwähnen

Kapitel 6
Textbausteine und Formulierungshilfen

Nun wollen Sie die Ärmel hochkrempeln und loslegen mit dem Schreiben Ihres Zeugnisses. Wie war das noch? Also, das Zeugnis soll wahrheitsgemäß und wohlwollend formuliert sein, möglichst individuell, aber dennoch rechtssicher, es soll nicht zu umfangreich sein, aber aussagekräftig. Gar nicht so einfach! Im Folgenden gebe ich Ihnen deshalb praxisorientierte Tipps und Kniffe zur Erstellung Ihres optimalen Zeugnisses.

Nehmen Sie sich Zeit für Ihr Zeugnis und lassen Sie es zur Vermeidung von Rechtschreibfehlern nach Fertigstellung von mindestens einer Person einmal Korrektur lesen. Idealerweise lassen Sie es von einem erfahrenen Personaler oder einem Zeugnisdienstleister final prüfen, um ganz auf Nummer sicher zu gehen. Denken Sie immer daran, dass dieses Dokument wesentlicher Bestandteil Ihres zukünftigen Bewerbungsprozesses sein wird und Ihnen möglicherweise den Weg zu Ihrem Traumjob ebnet.

Textbausteine Note 1 und 2

Da ich davon ausgehe, dass Sie zumindest ein »gutes« oder eben ein »sehr gutes« Zeugnis für sich erstellen möchten, habe ich mich bei der Zusammenstellung der Bausteine auf diese beiden Bewertungsstufen beschränkt. Sie finden Bausteine für ein Austrittszeugnis sowie für ein Zwischenzeugnis.

Textbausteine für ein Austrittszeugnis

Meine Zeugnisbausteine können Sie eins zu eins so verwenden, aber natürlich auch an Ihre Position und Qualifikationen anpassen. Dazu habe ich Ihnen in den Klammertexten kleine Anmerkungen geschrieben. Zudem finden Sie optionale Formulierungen, die Sie dem Standardtext noch zufügen können.

Textbausteine Fachwissen

- ✔ **Note 1:** Frau Zufall verfügt über ein sehr gutes, umfassendes und tiefgreifendes Fachwissen, das sie auch bei schwierigen Aufgaben zielführend und stets überaus erfolgreich einsetzte. Optional: Darüber hinaus profitierten wir in sehr hohem Maße von ihrer wertvollen Markt-/ und/oder Branchenexpertise (oder sonstige besondere Kenntnisse, wie etwa IT-Kenntnisse, Produkt-Know-how).

- ✔ **Note 2:** Herr Dank verfügt über ein gutes, umfassendes und tiefgreifendes Fachwissen, das er auch bei schwierigen Aufgaben zielführend und stets erfolgreich einsetzte. Optional: Darüber hinaus profitierten wir in hohem Maße von seiner wertvollen Markt-/ und/oder Branchenexpertise (oder sonstige besondere Kenntnisse, wie etwa IT-Kenntnisse, Produkt-Know-how).

Textbausteine Weiterbildung

- ✔ **Note 1:** Sie erweiterte und aktualisierte ihre fachlichen Kenntnisse beständig zu unserem großen Nutzen und hat neu erworbenes Wissen immer sofort sowie sehr wirksam in der Praxis angewendet. Optional: So absolvierte Frau Tafel beispielsweise erfolgreich die Zertifizierung zur xy oder die Fortbildung zum (etwa Diplom-Kaufmann, Bankfachwirt).

- ✔ **Note 2:** Er erweiterte und aktualisierte seine fachlichen Kenntnisse beständig zu unserem Nutzen und hat neu erworbenes Wissen immer sofort sowie wirksam in der Praxis angewendet. Optional: So absolvierte Herr Denker beispielsweise erfolgreich die Zertifizierung zum xy oder die Fortbildung zum (etwa Diplom-Kaufmann, Bankfachwirt).

Textbausteine Arbeitsbefähigung (Auffassungsgabe)

- ✔ **Note 1:** Ihre sehr gute Auffassungsgabe ermöglichte ihr, auch sehr komplexe Fragestellungen umgehend und präzise zu erfassen.

- ✔ **Note 2:** Seine schnelle Auffassungsgabe ermöglichte ihm, auch komplexe Fragestellungen umgehend und präzise zu erfassen.

Textbausteine Arbeitsbefähigung (Denk- und Urteilsvermögen)

- ✔ **Note 1:** Dank ihres äußerst sicheren und logischen Denk- und Urteilsvermögens kam Frau Trapp immer zu sehr hochwertigen und zugleich praktikablen Lösungen, die sie beharrlich umsetzte.

- ✔ **Note 2:** Dank seines sicheren und logischen Denk- und Urteilsvermögens kam Herr Keller immer zu hochwertigen und zugleich praktikablen Lösungen, die er beharrlich umsetzte.

Textbausteine Arbeitsbefähigung (Belastbarkeit)

✔ **Note 1:** Selbst unter höchster Arbeitsbelastung behielt Frau Sommer jederzeit die Übersicht und verstand es, effizient und sehr erfolgreich Prioritäten zu setzen.

✔ **Note 2:** Selbst unter hoher Arbeitsbelastung behielt Herr Steinbach jederzeit die Übersicht und verstand es, effizient und erfolgreich Prioritäten zu setzen.

Textbausteine Leistungsbereitschaft

✔ **Note 1:** Sie überzeugte stets durch ihre außerordentliche Einsatzbereitschaft und ihr sehr hohes Maß an Eigeninitiative sowie Zielstrebigkeit. Optional: In vorbildlicher Weise war sie bereit, zusätzliche Aufgaben zu übernehmen, auch über den eigentlichen Verantwortungsbereich und die übliche Arbeitszeit hinaus.

✔ **Note 2:** Er überzeugte stets durch seine große Einsatzbereitschaft und sein hohes Maß an Eigeninitiative sowie Zielstrebigkeit. Optional: Gerne war er auch bereit, zusätzliche Aufgaben zu übernehmen, auch über den eigentlichen Verantwortungsbereich und die übliche Arbeitszeit hinaus.

Textbausteine Arbeitsweise

✔ **Note 1:** Frau Pfund brachte kontinuierlich neue Ideen in ihr Arbeitsgebiet mit ein und arbeitete jederzeit sehr effizient, zuverlässig und genau.

✔ **Note 2:** Herr Tanz brachte neue Ideen in sein Arbeitsgebiet mit ein und arbeitete jederzeit effizient, zuverlässig und genau.

Textbausteine Arbeitserfolg

✔ **Note 1:** Die Arbeitsergebnisse von Frau Viel übertrafen quantitativ und qualitativ konstant weit unsere Erwartungen. Optional: Besonders hervorheben möchten wir ihren sehr erfolgreichen/sehr engagierten Einsatz im Rahmen von xy (beispielsweise spezielle Projekte, Sonderaufgaben wie Messeeinsätze oder Präsentationen).

✔ **Note 2:** Die Arbeitsergebnisse von Herrn Obermann übertrafen quantitativ und qualitativ konstant unsere Erwartungen. Optional: Besonders hervorheben möchten wir seinen erfolgreichen/engagierten Einsatz im Rahmen von xy (beispielsweise spezielle Projekte, Sonderaufgaben wie Messeeinsätze oder Präsentationen).

Textbausteine Zusammenfassende Leistungsbeurteilung

✔ **Note 1:** Alle ihr übertragenen Aufgaben erfüllte/erledigte sie stets zu unserer vollsten Zufriedenheit.

✔ **Note 2:** Alle ihm übertragenen Aufgaben erfüllte/erledigte er stets zu unserer vollen Zufriedenheit.

Textbausteine Führungskompetenz (nur bei Führungspositionen)

✔ **Note 1:** Auch ihrer Führungsrolle wurde sie jederzeit in sehr hohem Maße gerecht. Durch eine konsequent fach- und personenbezogene Führung motivierte Frau

Meier ihr Team stets zu hohem Einsatz und sehr guten Leistungen. Dabei förderte sie durchweg und sehr engagiert die fachliche und persönliche Weiterentwicklung ihrer Mitarbeiter und delegierte Aufgaben sowie Verantwortung immer in angemessener Weise.

✔ **Note 2:** Auch seiner Führungsrolle wurde er jederzeit in hohem Maße gerecht. Durch eine konsequent fach- und personenbezogene Führung motivierte Herr Kahlmann sein Team stets zu hohem Einsatz und guten Leistungen. Dabei förderte er engagiert die fachliche und persönliche Weiterentwicklung seiner Mitarbeiter und delegierte Aufgaben sowie Verantwortung immer in angemessener Weise.

Textbausteine persönliches Verhalten

✔ **Note 1:** Das Verhalten von Frau Salm sowohl gegenüber Vorgesetzten und Kollegen als auch Kunden und Geschäftspartnern war stets vorbildlich. Durch ihre sehr kooperative, freundliche und offene Art prägte sie maßgeblich die angenehme Arbeitsatmosphäre. Frau Salm war aufgrund ihrer fachlichen Qualitäten und überzeugenden Persönlichkeit eine allseits äußerst geschätzte Ansprechpartnerin. Optional (bei Verhandlungstätigkeiten): Ansprech- und Verhandlungspartnerin

✔ **Note 2:** Das Verhalten von Herrn Pfeiffer sowohl gegenüber Vorgesetzten und Kollegen als auch Kunden und Geschäftspartnern war stets einwandfrei. Durch seine kooperative, freundliche und offene Art prägte er maßgeblich die angenehme Arbeitsatmosphäre. Herr Pfeiffer war aufgrund seiner fachlichen Qualitäten und überzeugenden Persönlichkeit ein allseits geschätzter Ansprechpartner. Optional (bei Verhandlungstätigkeiten): Ansprech- und Verhandlungspartner

Textbausteine für ein Zwischenzeugnis

Achten Sie beim Zwischenzeugnis darauf, dass schon in der Überschrift erkennbar ist, dass es sich um ein solches handelt. Außerdem sollte es durchgängig in der Gegenwartsform geschrieben werden, da Sie Ihre Tätigkeit ja noch ausüben beziehungsweise Mitarbeiter des Unternehmens sind. Wichtig zu wissen ist auch, dass Ihr Zwischenzeugnis eine sogenannte Bindungswirkung für ein späteres Austrittszeugnis hat. Nur bei erheblicher Veränderung Ihrer Leistung darf das Arbeitszeugnis beim Ausscheiden von dem bereits erteilten Zwischenzeugnis abweichen. Auch bei den folgenden Bausteinen habe ich Anmerkungen in Klammern und optionale Formulierungen zur Individualisierung Ihres Entwurfes mit aufgenommen.

Textbausteine Fachwissen

✔ **Note 1:** Frau Siebert verfügt über ein sehr gutes, umfassendes und tiefgreifendes Fachwissen, das sie auch bei schwierigen Aufgaben zielführend und stets überaus erfolgreich einsetzt. Optional: Darüber hinaus profitieren wir in sehr hohem Maße von ihrer wertvollen Markt-/ und/oder Branchenexpertise (oder sonstige besondere Kenntnisse, wie zum Beispiel IT-Kenntnisse, Produkt-Know-how).

✔ **Note 2:** Herr Rauch verfügt über ein gutes, umfassendes und tiefgreifendes Fachwissen, das er auch bei schwierigen Aufgaben zielführend und stets erfolgreich einsetzt. Optional: Darüber hinaus profitieren wir in hohem Maße von seiner wertvollen Markt-/ und/oder Branchenexpertise (oder sonstige besondere Kenntnisse, wie IT-Kenntnisse, Produkt-Know-how).

Textbausteine Weiterbildung

✔ **Note 1:** Sie erweitert und aktualisiert ihre fachlichen Kenntnisse beständig zu unserem großen Nutzen und wendet neu erworbenes Wissen immer sofort sowie sehr wirksam in der Praxis an. Optional: So absolvierte Frau Herbst beispielsweise erfolgreich die Zertifizierung zur xy oder die Fortbildung zum (etwa Diplom-Kaufmann, Bankfachwirt).

✔ **Note 2:** Er erweitert und aktualisiert seine fachlichen Kenntnisse beständig zu unserem Nutzen und wendet neu erworbenes Wissen immer sofort sowie wirksam in der Praxis an. Optional: So absolvierte Herr Keiß beispielsweise erfolgreich die Zertifizierung zum xy oder die Fortbildung zum (etwa Diplom-Kaufmann, Bankfachwirt).

Textbausteine Arbeitsbefähigung (Auffassungsgabe)

✔ **Note 1:** Ihre sehr gute Auffassungsgabe ermöglicht ihr, auch sehr komplexe Fragestellungen umgehend und präzise zu erfassen.

✔ **Note 2:** Seine schnelle Auffassungsgabe ermöglicht ihm, auch komplexe Fragestellungen umgehend und präzise zu erfassen.

Textbausteine Arbeitsbefähigung (Denk- und Urteilsvermögen)

✔ **Note 1:** Dank ihres äußerst sicheren und logischen Denk- und Urteilsvermögens kommt Frau Werler immer zu sehr hochwertigen und zugleich praktikablen Lösungen, die sie beharrlich umsetzt.

✔ **Note 2:** Dank seines sicheren und logischen Denk- und Urteilsvermögens kommt Herr Kaltmann immer zu hochwertigen und zugleich praktikablen Lösungen, die er beharrlich umsetzt.

Textbausteine Arbeitsbefähigung (Belastbarkeit)

✔ **Note 1:** Selbst unter höchster Arbeitsbelastung behält Frau Seiber jederzeit die Übersicht und versteht es, effizient und sehr erfolgreich Prioritäten zu setzen.

✔ **Note 2:** Selbst unter hoher Arbeitsbelastung behält Herr Fromm jederzeit die Übersicht und versteht es, effizient und erfolgreich Prioritäten zu setzen.

Textbausteine Leistungsbereitschaft

✔ **Note 1:** Sie überzeugt stets durch ihre außerordentliche Einsatzbereitschaft und ihr sehr hohes Maß an Eigeninitiative sowie Zielstrebigkeit. Optional: In vorbildlicher Weise ist sie bereit, zusätzliche Aufgaben zu übernehmen, auch über den eigentlichen Verantwortungsbereich und die übliche Arbeitszeit hinaus.

- ✔ **Note 2:** Er überzeugt stets durch seine große Einsatzbereitschaft und sein hohes Maß an Eigeninitiative sowie Zielstrebigkeit. Optional: Gerne ist er auch bereit, zusätzliche Aufgaben zu übernehmen, auch über den eigentlichen Verantwortungsbereich und die übliche Arbeitszeit hinaus.

Textbausteine Arbeitsweise

- ✔ **Note 1:** Frau Nahm bringt kontinuierlich neue Ideen in ihr Arbeitsgebiet mit ein und arbeitet jederzeit sehr effizient, zuverlässig und genau.
- ✔ **Note 2:** Herr Saiter bringt neue Ideen in sein Arbeitsgebiet mit ein und arbeitet jederzeit effizient, zuverlässig und genau.

Textbausteine Arbeitserfolg

- ✔ **Note 1:** Die Arbeitsergebnisse von Frau Ton übertreffen quantitativ und qualitativ konstant weit unsere Erwartungen. Optional: Besonders hervorheben möchten wir ihren sehr erfolgreichen/sehr engagierten Einsatz im Rahmen von xy (beispielsweise spezielle Projekte, Sonderaufgaben wie Messeeinsätze oder Präsentationen).
- ✔ **Note 2:** Die Arbeitsergebnisse von Herrn Bildstedt übertreffen quantitativ und qualitativ konstant unsere Erwartungen. Besonders hervorheben möchten wir seinen erfolgreichen/engagierten Einsatz im Rahmen von xy (beispielsweise spezielle Projekte, Sonderaufgaben wie Messeeinsätze oder Präsentationen).

Textbausteine Zusammenfassende Leistungsbeurteilung

- ✔ **Note 1:** Alle ihr übertragenen Aufgaben erfüllt/erledigt sie stets zu unserer vollsten Zufriedenheit.
- ✔ **Note 2:** Alle ihm übertragenen Aufgaben erfüllt/erledigt er stets zu unserer vollen Zufriedenheit.

Textbausteine Führungskompetenz (nur bei Führungspositionen)

- ✔ **Note 1:** Auch ihrer Führungsrolle wird sie jederzeit in sehr hohem Maße gerecht. Durch eine konsequent fach- und personenbezogene Führung motiviert Frau Geber ihr Team stets zu hohem Einsatz und sehr guten Leistungen. Dabei fördert sie durchweg und sehr engagiert die fachliche und persönliche Weiterentwicklung ihrer Mitarbeiter und delegiert Aufgaben sowie Verantwortung immer in angemessener Weise.
- ✔ **Note 2:** Auch seiner Führungsrolle wird er jederzeit in hohem Maße gerecht. Durch eine konsequent fach- und personenbezogene Führung motiviert Herr Tupfer sein Team stets zu hohem Einsatz und guten Leistungen. Dabei fördert er engagiert die fachliche und persönliche Weiterentwicklung seiner Mitarbeiter und delegiert Aufgaben sowie Verantwortung immer in angemessener Weise.

Textbausteine persönliches Verhalten

✔ **Note 1:** Das Verhalten von Frau Bäumler sowohl gegenüber Vorgesetzten und Kollegen als auch Kunden und Geschäftspartnern ist stets vorbildlich. Durch ihre sehr kooperative, freundliche und offene Art prägt sie maßgeblich die angenehme Arbeitsatmosphäre. Frau Bäumler ist aufgrund ihrer fachlichen Qualitäten und überzeugenden Persönlichkeit eine allseits äußerst geschätzte Ansprechpartnerin. Optional (bei Verhandlungstätigkeiten): Ansprech- und Verhandlungspartnerin

✔ **Note 2:** Das Verhalten von Herrn Rausch sowohl gegenüber Vorgesetzten und Kollegen als auch Kunden und Geschäftspartnern ist stets einwandfrei. Durch seine kooperative, freundliche und offene Art prägt er maßgeblich die angenehme Arbeitsatmosphäre. Herr Rausch ist aufgrund seiner fachlichen Qualitäten und überzeugenden Persönlichkeit ein allseits geschätzter Ansprechpartner. Optional (bei Verhandlungstätigkeiten): Ansprech- und Verhandlungspartner

Wenn Sie den Text zusammengestellt haben, prüfen Sie ihn auf Wortwiederholungen. Wechseln Sie »stets«, »immer« und »jederzeit« ab sowie die Verwendung von »Frau/Herr« und »sie/er«.

Formulierungshilfen

Bausteine wie auch Zeugnistools sind zwar eine gute Unterstützung zur Zeugniserstellung, haben jedoch immer den Nachteil, dass sie unpersönlich sind. Stellen Sie sich vor, Sie sind Grafiker in einer Werbeagentur. In derselben Agentur gibt es einen Sachbearbeiter im Controlling. Ihre Personalabteilung erstellt mit einem sogenannten Zeugnisgenerator für Sie beide ein Zeugnis mit den identischen Textbausteinen. Was passiert? Die für die jeweilige Position wichtigen Fähigkeiten fallen den Standardformulierungen zum Opfer. Beispielsweise ist bei einem Grafiker die Kreativität und Stilsicherheit maßgeblich. Bei einem Sachbearbeiter im Controlling sollten dafür das Zahlenverständnis und die Genauigkeit im Zeugnis erwähnt werden. Je individueller ein Zeugnis gestaltet ist, desto eher macht es den Eindruck, dass der Empfänger eine hohe Wertschätzung beim Zeugnisaussteller genoss.

Nutzen Sie Textbausteine, um ein erstes Gerüst mit den entsprechend hinterlegten Noten zu gestalten und schmücken sie es dann individuell aus. Überlegen Sie sich dabei genau, was für Ihre Position signifikant wichtige Eigenschaften und Fähigkeiten sind. Vielleicht möchten Sie sich auch zukünftig in eine spezielle Richtung bewerben. Dann sollten Sie hierfür die wichtigen Kompetenzen im Zeugnistext herausarbeiten und hervorheben.

In Tabelle 6.1 finden Sie für eine Auswahl verschiedener Berufe und Positionen Formulierungshilfen für die individuelle Gestaltung Ihres Zeugnisses. Hier habe ich mich auf die Formulierungen eines Austrittszeugnisses beschränkt, die sie aber in der Gegenwartsform (Präsens) auch selbstverständlich für ein Zwischenzeugnis verwenden können.

Berufe/Positionen	Vorteilhafte Formulierungen
Kundenberaterin und -betreuerin Verkäufer Außendienstmitarbeiterin Account Manager	Sie kannte die Anforderungen ihrer Kunden genau, ging umfassend und professionell auf deren Bedürfnisse ein und förderte somit kontinuierlich eine sehr vertrauensvolle und gewinnbringende Kundenbeziehung.
	Sein ausgeprägtes Verkaufstalent führte zu einer konstant überdurchschnittlichen Umsatzentwicklung.
	Er pflegte eine individuelle, vertrauensbildende und ergebnisorientierte Beratung und förderte dadurch die sehr gute und konstruktive Kundenbeziehung.
	Im Kontakt mit unseren Kunden und Geschäftspartnern war Frau Pinter aufgrund ihrer sehr kompetenten Beratung und zuvorkommenden Betreuung eine sehr geschätzte Ansprechpartnerin.
Sekretärin Assistent	Ihr sehr geschickter Umgang mit den MS-Office-Anwendungen sowie den unternehmensspezifischen Programmen rundeten ihr Profil ab.
	Den besonders hohen Anforderungen an die Diskretion im Rahmen seiner Position wurde er jederzeit uneingeschränkt gerecht.
	Besonders hervorzuheben ist ihre Begabung bei Textarbeiten immer treffend und gut zu formulieren.
Sachbearbeiterin / Sachbearbeiter	Mit allen Prozessen, Systemen und Schnittstellen war Frau Stellmann dank ihrer langjährigen Erfahrung in unserem Hause bestens vertraut.
	Herr Neider zeichnete sich durch ein sehr ausgeprägtes Organisationsgeschick und kaufmännisches Verständnis aus.
	Besonders in kritischen Situationen, wie beispielsweise in Reklamationsfällen, handelte sie jederzeit sehr besonnen sowie lösungs- und serviceorientiert.
	Herr Mittler brachte kontinuierlich eigene, sehr konstruktive Ideen in die Arbeit mit ein, wie etwa zur Prozessoptimierung und Qualitätssteigerung.
Projektmitarbeiter Projektleiterin/ -managerin	Durch die wertvolle Kombination von hoher technischer Qualifikation, kaufmännischer Verlässlichkeit, sehr guten Kommunikationseigenschaften und persönlicher Durchsetzungsfähigkeit war Frau Taktmann für komplexe Projektleitungsaufgaben bestens geeignet.
	In seiner Rolle als Projektleiter bewies Herr Herrlich bei der Realisierung von erarbeiteten Lösungen großes Organisationstalent und kommunikative Stärke, sodass Innovationen im Management und bei den Mitarbeitern stets sehr hohe Zustimmung fanden.
	Mit sehr viel Eigeninitiative plante Frau Lahm alle Prozesse im Rahmen der Projekte und legte sinnvolle Meilensteine fest, um sie im Anschluss erfolgreich und termingerecht umzusetzen.

Tabelle 6.1: Formulierungshilfen zur individuellen Gestaltung des Zeugnistextes

Berufe/Positionen	Vorteilhafte Formulierungen
Grafiker Designerin Sonstige kreative Positionen	Wir schätzten Herrn Beckmann als sehr kreativen Gestalter, der über sehr gute, tiefgreifende und aktuelle Fachkenntnisse in seinem Arbeitsgebiet verfügt. Er brachte darüber hinaus eine große Begabung für Illustrationen, Anfertigen von Skizzen und Zeichnungen mit. Die Verbindung von sehr guter Auffassungsgabe und breit ausgebildeter Methodik ließen sie auch schwierige Herausforderungen schnell einer klugen und zugleich stilsicheren Lösung zuführen. Hervorzuheben ist seine hoch entwickelte Fähigkeit, sehr komplexe Kommunikationsaufgaben systematisch und zielgerichtet unter ständiger Beachtung der kundenspezifischen Aspekte vorzubereiten und konzeptionell umzusetzen. Frau Sollter stellte in allen Disziplinen der Markenkommunikation wie auch im Bereich des Markendesigns konzeptionelle Stärke, Stilsicherheit und hohes kreatives Potenzial kontinuierlich mit großem Erfolg unter Beweis.
Produktionsmitarbeiter Maschinenführerin Sonstige technische Positionen	Aufgrund seiner schnellen Auffassungsgabe sowie seines ausgeprägten technischen Verständnisses arbeitete er sich in neue Aufgaben und Technologien immer sehr sicher und zügig ein. Frau Fändrich verfügt über sehr gute, umfassende und detaillierte Anlagen-, Prozess- und Arbeitssicherheitskenntnisse, die sie jederzeit effektiv und äußerst erfolgreich in der täglichen Praxis einsetzte. Mit allen technischen Gegebenheiten, Prozessen und Systemen war er dank seiner langjährigen Erfahrung in unserem Hause bestens vertraut. Ihre Arbeitsweise war in sehr hohem Maße von Verantwortungs-, Sicherheits- und Umweltbewusstsein sowie Präzision geprägt.
Ärzte Pflegeberufe Sonstige Mitarbeiter des Gesundheitswesens	Herr Dr. Schneider ist ein ausgezeichneter Operateur. Er ist sehr versiert auf dem Gebiet xy. Sein Wissen und seine Erfahrung wurden sehr gerne von den Kollegen in der Klinik wie auch von niedergelassenen Kollegen in Anspruch genommen. Aufgrund ihrer schnellen Auffassungsgabe sowie ihrer überdurchschnittlichen Fähigkeit theoretisches Wissen in die klinische Praxis zu transferieren, arbeitete sie sich immer in kürzester Zeit in die unterschiedlichen fachlichen beziehungsweise wissenschaftlichen Anforderungen ein. Herr Willmann beeindruckte außerdem durch seine sehr hohe Belastbarkeit und Ruhe in kritischen Situationen, die sich auf alle Beteiligten sehr positiv auswirkten. Unseren Patienten begegnete sie mit ausgeprägtem Taktgefühl und Einfühlungsvermögen und stellte sich stets sehr flexibel und individuell auf sie ein. Herr Duhr war bei den Patienten und deren Angehörigen aufgrund seiner jederzeit verbindlichen, hilfsbereiten und kompetenten Art sowie seines wertschätzenden Umgangs sehr anerkannt.

Tabelle 6.1: Formulierungshilfen zur individuellen Gestaltung des Zeugnistextes

Das gewisse Extra

Die Ansprüche an Arbeitnehmer werden immer höher und vielfältiger. Das schlägt sich natürlich auch auf die Erwartungshaltung an ein Arbeitszeugnis nieder. Eine einfache und klare Tätigkeitsbeschreibung ist ein wichtiger Bestandteil. Diesen gilt es aber heutzutage durch die Nennung spezieller Aufgaben und Erfolge noch aufzuwerten. Je verantwortungsvoller die Position, desto wichtiger ist dieser Teil des Zeugnisses. Er sollte dann auch so konkret wie möglich formuliert sein und möglichst auch deren Auswirkung beschreiben.

Einem Zeugnis das gewisse Extra verpassen

Zusätzliche Projekt- und Sonderaufgaben werten Ihre Fachkompetenz, Ihr Engagement und Ihre Bereitschaft zur Übernahme weiterer Verantwortung auf. Das gilt nicht nur für Führungskräfte, auch ein Sachbearbeiter kann in ein Projekt berufen werden, um dieses mit fachlichem Know-how zu unterstützen, wie etwa bei der Einführung einer neuen Software. So könnte eine Formulierung aussehen: »Frau Kolbe wirkte maßgeblich bei der Umstellung unseres Fakturierungssystems mit, indem sie aufgrund ihrer langjährigen Expertise intensiv in die Testphasen eingebunden wurde.«

Innovationsfähige und ideenreiche Mitarbeiter sind beim heutigen Wettbewerbsdruck für Unternehmen sehr wertvoll. Wenn Sie im Zuge Ihrer Beschäftigung innovative und kreative Beiträge geleistet haben, sollten Sie das in Ihr Zeugnis aufnehmen. Beispielsweise so: »Herr Klüver verstand es, in seinem Verantwortungsgebiet Impulse zu setzen und neue sowie gewinnbringende Wege zu gehen. Das zeigte sich beispielsweise an der erfolgreichen Neuorganisation der europäischen Lohnabrechnungsprozesse mit dem Ergebnis verbesserter, sicherer und stabilerer zentralisierter Abläufe.«

Die Erwähnung besonderer Erfolge fördert die Individualität Ihres Zeugnisses. Wenn sie bei einer Führungskraft fehlen, führt das sogar zur Abwertung des gesamten Zeugnisses. Einen besonderen Erfolg kann man etwa so formulieren: »Zu ihren herausragenden Erfolgen zählten die Gewinnung neuer wichtiger Geschäftspartner sowie die Produktentwicklung und Einführung des Produktes xy und die damit einhergehende signifikante Umsatzsteigerung für unser Unternehmen.«

Von kostenbewusstem Handeln und von Einsparungen profitiert ein Unternehmen nachhaltig. Haben Sie während Ihres Einsatzes Beiträge hierzu geleistet, gehört das unbedingt in Ihr Zeugnis. Beispielsweise so formuliert: »Besonders hervorheben möchten wir seinen sehr engagierten und erfolgreichen Einsatz im Rahmen des Aufbaus und der folgenden Umstrukturierung der Fotoproduktion innerhalb von nur zwei Monaten, die nachweislich zur erheblichen Steigerung der Produktivität und Qualität führte sowie einer signifikanten Kosteneinsparung.«

Die Globalisierung nimmt stetig zu in unserer Arbeitswelt. Deshalb gehören für viele Arbeitgeber Sprachkenntnisse, insbesondere Englisch, und interkulturelle Kompetenz heutzutage zu den Schlüsselqualifikationen. Formulieren können Sie das so: »Ihre fließenden Englischkenntnisse in Kombination mit ihrer ausgeprägten interkulturellen Kompetenz ließen sie auch auf internationalem Parkett sehr sicher und überzeugend auftreten.«

> **IN DIESEM KAPITEL**
>
> Beispiele für sehr gute Arbeitszeugnisse
>
> Hervorhebung spezieller Fähigkeiten
>
> Unterschiede im Zeugnis bei verschiedenen Positionen

Kapitel 7
Arbeitszeugnisse von A bis Z

Im tiefen Dschungel aus Angeboten an Mustern für Arbeitszeugnisse und Vorlagen im Internet und in der angebotenen Literatur kann man sich als Arbeitnehmer und Nichtfachmann leicht verirren. In Kapitel 4 erfahren Sie einiges über die Herausforderung, sich ein eigenes Arbeitszeugnis zu schreiben. Um es Ihnen noch einfacher zu machen, habe ich in diesem Kapitel sehr gute Arbeitszeugnisse für verschiedene Berufe beziehungsweise Positionen zusammengestellt.

Musterzeugnisse für Arbeitnehmer alphabetisch sortiert

Sie benötigen ein Arbeitszeugnis nach Ihrem Praktikum oder Ihrer Ausbildung, für Ihre Tätigkeit als Ingenieur, als Verkäuferin oder Gärtner? Ihr Chef hat Ihnen gesagt, dass Sie Ihr Arbeitszeugnis selbst schreiben sollen und Sie wollen dabei alles richtig machen? Dann werden Sie in diesem Kapitel fündig werden. Wenn Sie die Hinweise und Tipps aus Kapitel 4 zu Tätigkeitsbeschreibungen sowie aus Kapitel 6 zur Individualisierung von Zeugnistexten hinzuziehen, steht einem perfekten eigenen Entwurf für Ihr Arbeitszeugnis nichts mehr im Weg.

Die folgenden Musterzeugnisse sind Austrittszeugnisse. Sie können aber auch alle als Zwischenzeugnis umgewandelt werden. Achten Sie dann darauf, die Überschrift entsprechend anzupassen, die Gegenwartsform und die passende Abschlussformulierung zu verwenden. Wichtige Informationen hierzu finden Sie auch in Kapitel 5 und Kapitel 6.

Die folgenden Muster für Arbeitszeugnisse helfen Schwachstellen zu vermeiden und Besonderheiten für die jeweilige Berufsgruppe zu berücksichtigen. Auch wenn Ihr Beruf oder Ihre spezielle Position nicht aufgeführt sein sollte, ist sicher etwas dabei, was dem sehr nahekommt und Ihnen als ein roter Faden dienen kann. Die Unternehmensbeschreibung gehört nicht zwingend in ein Arbeitszeugnis, kann aber der besseren Einordnung der Position und den entsprechenden Erfahrungen des Zeugnisempfängers dienen.

Auszubildender

Nach § 16 Berufsbildungsgesetz hat jeder Auszubildende einen Anspruch auf ein Ausbildungszeugnis. Das gilt auch, wenn die Ausbildung abgebrochen wurde. Gerade für Auszubildende ist ein Arbeitszeugnis besonders wichtig, da sie als Berufsanfänger in der Regel keinen anderen Nachweise über praktische Fähigkeiten vorweisen können. Ein sehr gutes Ausbildungszeugnis kann daher das Sprungbrett für einen erfolgreichen Karriereweg sein.

Muster für ein sehr gutes Ausbildungszeugnis

Herr Jonas Müller, geboren am 13.05.1998, absolvierte in der Zeit vom 01.09.2015 bis zum 28.01.2018 seine Ausbildung zum Einzelhandelskaufmann in unserem Unternehmen.

Im Rahmen seiner Ausbildung wurde er gemäß dem Berufsbild und dem entsprechenden Ausbildungsplan schwerpunktmäßig mit den folgenden Aufgaben betraut:

- ✔ Verkauf und Beratung
- ✔ Kassierertätigkeiten
- ✔ Warenpräsentation
- ✔ Lager- und Inventurarbeiten

Herr Müller arbeitete sich aufgrund seiner sehr schnellen Auffassungsgabe, seiner Begeisterung für Mode und aktuelle Trends sowie seines äußerst großen Engagements sehr rasch an neuen Lernorten ein. Dabei zeigte er stets eine ausgezeichnete Leistungsbereitschaft und -fähigkeit. Herr Müller interessierte sich in weit überdurchschnittlichem Maße für alle praktischen Lernmöglichkeiten und war jederzeit höchst motiviert, sich weiter zu entwickeln und sehr gute Ergebnisse zu erzielen. Schwierigen Situationen und auch stärkster Arbeitsbelastung begegnete er mit seiner immer sehr positiven Grundhaltung und seiner großen Ausdauer. Herr Müller verstand es, die individuellen Kundenerwartungen sofort zu erkennen, sich ihrer überaus flexibel und serviceorientiert anzunehmen sowie einen idealen Kundenservice sicherzustellen. Er eignete sich in den verschiedenen Einsatzbereichen in kürzester Zeit hervorragende praktische Kenntnisse an. Herr Müller zeichnete sich durch größtes Pflichtbewusstsein aus, ging an die ihm übertragenen Aufgaben stets sehr zielstrebig heran und erledigte sie immer selbstständig wie auch äußerst zuverlässig und gewissenhaft. Seine Arbeitsergebnisse waren qualitativ und quantitativ jederzeit sehr gut, sodass wir mit seinen Leistungen stets außerordentlich zufrieden waren.

Aufgrund seiner sehr freundlichen, aufgeschlossenen und hilfsbereiten Art war Herr Müller bei Ausbildern, Mitarbeitern seiner Filiale und Mitauszubildenden äußerst anerkannt und geschätzt. Er verfügt über eine stark ausgeprägte Teamfähigkeit, war jederzeit zur Kooperation bereit und konnte sich daher sehr schnell in neue Teams integrieren. Im Kundenkontakt trat er immer kompetent und sehr zuvorkommend auf. Sein Verhalten war ausnahmslos vorbildlich.

Herr Müller hat am 28.01.2018 seine Ausbildung vor der Industrie- und Handelskammer Frankfurt/Main erfolgreich bestanden. Für seine stets sehr guten Leistungen sowie die immer überaus angenehme Zusammenarbeit während seiner Ausbildungszeit danken wir ihm und freuen uns, dass wir ihn im direkten Anschluss in ein unbefristetes Anstellungsverhältnis übernehmen können. Für seine neue Aufgabe und seine Zukunft wünschen wir Herrn Müller alles Gute und weiterhin viel Erfolg.

Frankfurt am Main, 28. Januar 2018

Frank Meyer, Ausbildungsleitung   Petra Schmidt, Filialleiterin

Bürokauffrau

Bei einer Bürokauffrau sollten die sehr guten fachlichen Kenntnisse im Arbeitszeugnis möglichst durch den souveränen Umgang mit den IT-Tools sowie ausgeprägte kommunikative und organisatorische Fähigkeiten ergänzt werden. Auch die Teamorientierung spielt in diesem Beruf eine wichtige Rolle, da häufig ein Team administrativ unterstützt wird.

Muster für ein sehr gutes Arbeitszeugnis für eine Bürokauffrau

Frau Sabine Becker, geboren am 12.03.1986, war in der Zeit vom 01.01.2006 bis zum 31.12.2018 als Bürokauffrau in unserem Unternehmen tätig.

Der Einsatz von Frau Becker erfolgte seit ihrem Eintritt in der Abteilung Lizenzen & Administration und zu ihren Hauptaufgaben gehörten:

- ✔ Führung und Organisation des Abteilungssekretariats
- ✔ Erledigung der Korrespondenz in deutscher und englischer Sprache
- ✔ Terminplanung, -überwachung und -koordination
- ✔ Kostenkontrolle und -überprüfung der Kostenstellen mit SAP/R3
- ✔ Vor- und Nachbereitung von regelmäßigen Sitzungen
- ✔ Organisation von Veranstaltungen und Dienstreisen
- ✔ Erstellung und Prüfung von Reisekostenabrechnungen
- ✔ Erstellung von Präsentationsunterlagen

Frau Becker beherrschte ihr Arbeitsgebiet stets vollkommen und selbstständig und war den fachlichen Anforderungen in jeder Hinsicht sehr gut gewachsen. Mit allen internen Prozessen, Richtlinien und Schnittstellen war sie aufgrund ihrer langjährigen Erfahrung in unserem Hause bestens vertraut. Ihr sehr geschickter Umgang mit den MS Office-Anwendungen sowie den unternehmensspezifischen EDV-Systemen rundeten ihr Profil ab. Ebenso gehörten ihre ausgezeichneten organisatorischen Fähigkeiten zu ihren Stärken. Besonders hervorzuheben ist auch ihre sehr gute Beherrschung der englischen und der französischen Sprache, die Frau Becker im internationalen Kontakt jederzeit äußerst sicher und kompetent kommunizieren ließen. Außerdem hielt sich Frau Becker beruflich immer auf dem neuesten Stand und bildete sich zu unserem Nutzen beständig mit großem Erfolg weiter.

Ihre sehr schnelle Auffassungsgabe ermöglichte es ihr, sich stets umgehend in neue Aufgaben und Themen einzuarbeiten und auch sehr komplexe Sachverhalte rasch zu erfassen und effizient zu bearbeiten. Auch brachte Frau Becker regelmäßig neue Ideen und wertvolle Optimierungsvorschläge in die Praxis mit ein. Sie identifizierte sich sehr mit ihrer Tätigkeit und mit dem Unternehmen und zeigte eine stets außerordentliche Leistungsbereitschaft und viel Eigeninitiative. Frau Becker übernahm immer wieder zusätzliche Aufgaben und bot gerne ihre Unterstützung bei personellen Engpässen an. Auch unter stärkster Arbeitsbelastung und in Stresssituationen behielt sie Ruhe sowie Übersicht und agierte konzentriert und jederzeit ausgesprochen flexibel.

Frau Becker arbeitete stets zielorientiert, klar strukturiert und routiniert. An ihre Aufgaben ging sie planvoll heran und erledigte sie fortwährend mit größter Sorgfalt und Genauigkeit. Termine und Absprachen wurden immer konsequent eingehalten sowie wichtige Informationen weitergegeben. Frau Becker bewältigte konstant ein enormes Arbeitsaufkommen und erzielte jederzeit Arbeitsergebnisse von sehr guter Qualität. Alle ihr übertragenen Aufgaben erfüllte Frau Becker stets zu unserer vollsten Zufriedenheit.

Ihr Verhalten gegenüber Vorgesetzten und Kollegen war jederzeit vorbildlich. Durch ihre stets hilfsbereite und offene Art trug sie maßgeblich zu einer sehr angenehmen und erfolgreichen Teamarbeit bei. Sowohl im Innen- als auch Außenkontakt galt Frau Becker als immer überaus serviceorientierte, verbindliche und freundliche Ansprechpartnerin. Sie repräsentierte unser Unternehmen stets sehr loyal und professionell.

Das Arbeitsverhältnis mit Frau Becker endet auf ihren Wunsch zum 31.12.2018. Wir bedauern ihr Ausscheiden außerordentlich und danken ihr für die langjährige ausgezeichnete Zusammenarbeit. Für ihre Zukunft wünschen wir ihr beruflich wie auch privat alles Gute und weiterhin viel Erfolg.

München, 31. Dezember 2018

Constanze Kaiser, Abteilungsleiterin   Ralf Meyer, Personalleiter

Chemielaborant

Ein erfolgreicher Chemielaborant zeichnet sich neben seinem entsprechenden Fachwissen auch durch seine Methodenkenntnisse sowie ein präzises, sorgfältiges und sicherheitsbewusstes Arbeiten aus. Das sollte sich auch in seinem Arbeitszeugnis wiederfinden.

Muster für ein sehr gutes Arbeitszeugnis für einen Chemielaboranten

Herr Karl-Heinz Kraft, geboren am 22.01.1959, trat am 01.10.1980 in unser Unternehmen ein. Seit seinem Eintritt war Herr Kraft als Chemielaborant im Bereich Forschung & Entwicklung tätig. Sein Aufgabengebiet umfasste im Wesentlichen:

- ✔ Durchführung von physikalischen und chemischen Analysen
- ✔ Dokumentation von Analysenergebnissen in Versuchsberichten
- ✔ Eigenständige Methodenentwicklung und Etablierung neuer Prüfverfahren
- ✔ Erstellung von Arbeits- und Prüfanweisungen
- ✔ Mitwirkung bei der Entwicklung neuer Produkte
- ✔ Unterstützung bei der Überführung von Produkten in den Produktionsmaßstab

Herr Kraft verfügt über sehr umfassende und fundierte Fach- und Methodenkenntnisse sowie weitreichende berufliche Expertise in seinem Aufgabengebiet wie auch in Randbereichen, die er immer zielführend und sehr erfolgreich in der Praxis einsetzte. Zudem konnte er auf sehr gute apparative Kenntnisse in der Labortechnik zurückgreifen. Durch den Besuch von Fortbildungen und in Eigeninitiative erweiterte und aktualisierte Herr Kraft sein Wissen kontinuierlich und in vorbildlicher Weise.

Seine hervorragende Auffassungsgabe befähigte ihn, neue Anforderungen jederzeit sehr schnell zu erfassen. Dank seines ausgeprägten logisch-analytischen Denk- und Urteilsvermögens kam Herr Kraft immer zu sehr hochwertigen Lösungen.

Wir schätzten ihn als stets äußerst engagierten, motivierten und zielstrebigen Mitarbeiter, der selbst erheblicher Arbeitsbelastung und hohem Termindruck jederzeit ausgezeichnet gewachsen war. Seine Arbeitsweise war in höchstem Maße von Selbstständigkeit, Systematik und Effizienz geprägt. Herr Kraft handelte zudem immer verantwortungs- und sicherheitsbewusst sowie mit größter Sorgfalt und Zuverlässigkeit. Die Ergebnisse seiner Arbeit waren durchweg von sehr guter Qualität. Besonders hervorheben möchten wir seine selbstständige Methodenentwicklung und -optimierung, die zu der Auszeichnung mit unserem Star Award und der Beteiligung an diversen Erfindungsmeldungen führte. Alle ihm übertragenen Aufgaben erfüllte Herr Kraft stets zu unserer vollsten Zufriedenheit.

Das Verhalten von Herrn Kraft sowohl gegenüber Vorgesetzten und Kollegen als auch Kooperationspartnern war in jeder Hinsicht und immer einwandfrei. Sein sehr freundliches und ausgeglichenes Wesen sowie seine große fachliche Erfahrung führten zu einer stets überaus konstruktiven und erfolgreichen Zusammenarbeit.

Das Arbeitsverhältnis mit Herrn Kraft endet im besten beiderseitigen Einvernehmen im Rahmen einer Frühpensionierungsregelung zum 31.03.2019. Wir bedauern sein Ausscheiden sehr und danken ihm für seine langjährige, wertvolle Mitarbeit. Für seine Zukunft wünschen wir Herrn Kraft alles Gute, persönliches Wohlergehen und weiterhin viel Erfolg.

Mannheim, 31. März 2019

Sven Fischer, Leiter Forschung & Entwicklung   Luise Hain, HR Director

Designerin

Wer als Designerin arbeiten möchte, muss vor allem Methodenkompetenz, Kreativität und Belastbarkeit mitbringen. Auch der Spaß am Umgang mit Kunden sowie zielorientiertes und konzeptionelles Arbeiten sind in diesem Beruf Selbstverständlichkeiten. Daher freuen sich Personalentscheider, wenn diese Eigenschaften auch im Arbeitszeugnis erwähnt werden.

Muster für ein sehr gutes Arbeitszeugnis für eine Designerin

Frau Jasmin Jung, geboren am 25.04.1972, trat am 01.06.2009 in unsere Agentur ein.

Ihr Einsatz erfolgte zunächst als Grafikdesignerin. Zum 01.01.2011 beförderten wir Frau Jung zum Creative Director. Seitdem umfasst ihr Aufgabengebiet im Einzelnen:

- Planung, Entwicklung und Kreation von Kommunikationskonzepten sowie Marketingkampagnen für die Top-Kunden unserer Agentur
- Führung, Steuerung und Qualitätskontrolle interner Gestaltungs- und Realisationsarbeiten
- Verantwortliche Führung und fachliche Kundenberatung bei größeren Designprojekten, wie beispielsweise Logo-Entwicklungen, Corporate-Design-Prozesse, Geschäftsberichte und Jubiläumsbücher
- Erarbeitung und Durchführung von Kundenpräsentationen
- Briefing und Steuerung externer Kreativ-Dienstleister wie Grafiker, Fotografen und Illustratoren
- Verantwortliche Planung und Durchführung von Fotoshootings
- Konzeption und Gestaltung von Werbemaßnahmen zur Akquisition neuer Agenturkunden

Wir schätzten Frau Jung als sehr kreative Gestalterin, die über hervorragende, umfangreiche und tiefgreifende Fachkenntnisse sowie große Berufserfahrung in ihrem Aufgabengebiet wie auch in der Branche verfügt. Durch kontinuierliches Auseinandersetzen mit neuen Themen und Anforderungen in der täglichen Arbeit sowie durch die Teilnahme an Fortbildungsmaßnahmen hielt sie dieses Wissen konsequent auf dem aktuellsten Stand und baute es sehr sinnvoll weiter aus.

Den im Agenturgeschehen üblichen Termindruck bewältigte Frau Jung immer äußerst souverän und zeigte eine permanent sehr hohe Belastbarkeit. Persönliche Belange stellte sie jederzeit zurück und identifizierte sich voll mit ihrer Position und der Agentur. Neben einem hohen Maß an Eigeninitiative engagierte sich Frau Jung mit außerordentlicher Einsatzfreude und Ausdauer in ihren Arbeiten.

Die Verbindung von ausgezeichneter Auffassungsgabe und breit ausgebildeter Methodik ließen sie auch sehr schwierige Herausforderungen immer schnell einer klugen und zugleich stilsicheren Lösung zuführen. Hervorzuheben ist ihre hoch entwickelte

Fähigkeit, die sehr komplexen Kommunikationsaufgaben systematisch und zielgerichtet unter ständiger Beachtung der kundenspezifischen Aspekte vorzubereiten und konzeptionell abzusichern. Ihr Arbeitsstil war gekennzeichnet durch größtes Verantwortungsbewusstsein, stark ausgeprägte Kreativität sowie ihren hohen Qualitätsanspruch. Äußerst zielorientiert, zuverlässig und effizient begleitete Frau Jung alle Prozesse und beeindruckte auch bei der Bewältigung eines erheblichen Arbeitspensums durch permanent qualitativ sehr hochwertige Arbeitsergebnisse. Ihre Leistungen fanden stets unsere größte Anerkennung.

Ihr Verhalten sowohl gegenüber Vorgesetzten und Kollegen als auch Kunden und Geschäftspartnern war immer vorbildlich. Frau Jung trug als sehr teamorientierte und hilfsbereite Mitarbeiterin in jeder Hinsicht zu einem angenehmen Arbeitsklima bei. Im Kundenkontakt überzeugte Frau Jung jederzeit durch ihre hohe Professionalität, ihr überzeugendes und sicheres Auftreten sowie ihre sehr freundliche und zuvorkommende Art. Sie war im Innen- wie auch Außenverhältnis eine stets sehr gern gefragte und geschätzte Kooperationspartnerin.

Das Arbeitsverhältnis mit Frau Jung endet auf ihren Wunsch zum 31.07.2019, da sie sich einer neuen beruflichen Herausforderung stellen möchte. Wir bedauern ihre Entscheidung außerordentlich und bedanken uns bei Frau Jung für ihre immer hervorragenden Leistungen sowie die stets vertrauensvolle und sehr gute Zusammenarbeit. Für ihre berufliche und private Zukunft wünschen wir ihr alles Gute und weiterhin viel Erfolg.

Köln, 31. Juli 2019

Malte Michels, Geschäftsführer

Erzieher

Erzieher sollten nicht nur fachlich kompetent sein, sondern auch über eine sehr hohe Sozialkompetenz verfügen. Neben dem Spaß an der Arbeit mit Kindern ist Stressresistenz eine Grundvoraussetzung für diesen Job. Aufgeschlossenheit und Verantwortungsbewusstsein sind ebenso wichtige Stärken zur Ausübung dieses Berufs, die sich auch in einem Arbeitszeugnis für einen Erzieher besonders gut machen.

Muster für ein sehr gutes Arbeitszeugnis für einen Erzieher

Herr Fabian Schuster, geboren am 15.11.1984, war in der Zeit vom 01.09.2016 bis zum 31.08.2018 im Rahmen eines befristeten Anstellungsvertrags im katholischen Kindergarten St. Martin tätig. Sein Einsatz erfolgte zunächst als Integrationshilfe und ab dem 01.01.2017 als Erzieher.

Unser Kindergarten ist eine Einrichtung der katholischen Kirchengemeinde St. Martin. Während des Tätigkeitszeitraums von Herrn Schuster wurden drei altersgemischte

Gruppen mit insgesamt 48 Kindern im Alter von zwei bis sechs Jahren gefördert und betreut. Zum Aufgabenbereich von Herrn Schuster gehörten im Einzelnen:

- ✔ Vorbereitung und Umsetzung der pädagogischen Angebote in seiner Kindergartengruppe
- ✔ Gemeinsame Planung und Organisation des Tagesablaufs
- ✔ Durchführung von pädagogischen, hauswirtschaftlichen und pflegerischen Maßnahmen
- ✔ Mitarbeit bei der Erstellung der Projektplanung
- ✔ Teilnahme an der Elternarbeit in Form von Elterngesprächen und Elternabenden sowie Anfertigung von Elternbriefen und -informationen
- ✔ Mitwirkung bei der Planung und Durchführung von Festen
- ✔ Reflexion der pädagogischen Tätigkeit gemeinsam mit den anderen pädagogischen Fachkräften
- ✔ Auswahl und Bereitstellung sowie Instandhaltung von Spiel- und Lernmaterial

Herr Schuster verfügt über sehr gute, umfassende und fundierte Fachkenntnisse, die er stets verantwortungsbewusst und sehr erfolgreich in seiner Arbeit einsetzte. An den ihm gebotenen Fortbildungsmaßnahmen nahm er kontinuierlich teil und wandte neu erworbenes Wissen jederzeit umgehend und mit großem Erfolg an.

Dank seiner sehr guten Auffassungsgabe und hohen Lernbereitschaft arbeitete er sich immer äußerst rasch und souverän in neue Anforderungen ein. Herr Schuster zeigte im Rahmen der Arbeit mit den Kindern stets ein sehr hohes Maß an Engagement, Motivation und Aufgeschlossenheit. Auch schwierigen Situationen war er aufgrund seiner sehr hohen Belastbarkeit immer bestens gewachsen und behielt konsequent den Überblick. Wertschätzend und empathisch nahm er Kontakt zu den einzelnen Kindern in seiner Gruppe auf, pflegte diesen Kontakt fortwährend und ging aufmerksam und zugewandt auf die individuellen Bedürfnisse der Kinder ein. So wurde Herr Schuster innerhalb kürzester Zeit zum beliebten Spiel- und Aktionspartner. Er griff Impulse der Kinder auf und konnte sehr gut auf sie zugehen und sie entsprechend motivieren. Herr Schuster gestaltete gemeinsam mit den Kindern eine anregende Umgebung mit äußerst vielfältigen Anreizen. Pädagogisch gezielte Projekte waren immer sehr gut durchdacht, sorgfältig geplant und detailliert vorbereitet. Alle ihm übertragenen Aufgaben erfüllte Herr Schuster stets zu unserer vollsten Zufriedenheit.

Das Verhalten von Herrn Schuster sowohl gegenüber Vorgesetzten und Kollegen als auch Kindern und Eltern war in jeder Hinsicht und immer einwandfrei. Die Zusammenarbeit mit ihm war im höchsten Maße geprägt von Teamgeist, Hilfsbereitschaft und Offenheit. Den Eltern begegnete er stets aufgeschlossen und sehr freundlich, was ihn zu einem wichtigen und kompetenten Ansprechpartner für diese machte.

Das Arbeitsverhältnis mit Herrn Schuster endet mit Ablauf des befristeten Vertrags am heutigen Tage. Wir bedauern sein Ausscheiden sehr und dass wir ihm derzeit keine Festanstellung anbieten können. Wir bedanken uns für die stets sehr gute und

> erfolgreiche Zusammenarbeit und wünschen Herrn Schuster für seinen weiteren Berufs- und Lebensweg alles Gute und weiterhin viel Erfolg.
>
> Düsseldorf, 31. August 2018
>
> Elke Emmerich, Kindergartenleitung

Finanzbuchhalterin

Positionen in der Buchhaltung üben häufig Menschen mit einer hohen Zahlenaffinität sowie gewissenhaften und strukturierten Arbeitsweise aus. Gefragt in einem Arbeitszeugnis für diese Berufsgruppe sind zudem eine hohe Zuverlässigkeit, Termintreue und Vertrauenswürdigkeit.

Muster für ein sehr gutes Arbeitszeugnis für eine Finanzbuchhalterin

> Frau Katharina Kurt, geboren am 07.04.1978, war in der Zeit vom 01.09.2013 bis zum 31.10.2018 in unserem Unternehmen tätig. Ihr Einsatz erfolgte als Finanzbuchhalterin in der Verwaltung. Zu ihren Aufgaben zählten im Einzelnen:
>
> - ✔ Überwachung der Hauptbuchhaltung
> - ✔ Erstellung der Monats- und Jahresabschlüsse, einschließlich Reporting
> - ✔ Anfertigung der monatlichen Umsatzsteuer-Voranmeldungen und der zusammenfassenden Meldungen
> - ✔ Betreuung der Betriebsprüfungen und Mitwirkung bei der Erstellung von Transferpreisdokumentationen
> - ✔ Durchführung der wöchentlichen Finanzstatusermittlung
>
> Darüber hinaus war Frau Kurt Ansprechpartnerin für die Wirtschaftsprüfer, Steuerberater und das Finanzamt.
>
> Frau Kurt verfügt über ein sehr fundiertes, umfangreiches und stets anwendungsbereites Fachwissen sowie reichhaltige Expertise in der Finanzbuchhaltung. Der jederzeit sehr souveräne Umgang mit den MS Office-Anwendungen sowie fachspezifischen Systemen rundeten das Profil von Frau Kurt ab.
>
> Des Weiteren besitzt Frau Kurt eine sehr schnelle Auffassungsgabe, ein ausgeprägtes Zahlenverständnis sowie eine immer systematische Betrachtungsweise, wodurch sie jederzeit sehr präzise und hochwertige Lösungen erzielte. Wir schätzten Frau Kurt als eine Mitarbeiterin, die sich stets in bester Weise mit ihren Aufgaben identifizierte und eine sehr hohe Leistungsmotivation und viel Eigeninitiative zeigte. Sie war außerdem äußerst ausdauernd und belastbar und behielt auch unter Termindruck und hohem Arbeitsanfall kontinuierlich eine sehr gute Übersicht und Flexibilität.

An ihre Aufgaben ging Frau Kurt immer planvoll sowie selbstständig heran und bearbeitete sie äußerst sorgfältig und zuverlässig. Alle Termine hielt sie stets ausnahmslos ein. Frau Kurt kam permanent zu qualitativ sehr guten Arbeitsergebnissen und bewältigte dabei laufend ein beachtliches Arbeitspensum. Alle ihr übertragenen Aufgaben erledigte sie stets zu unserer vollsten Zufriedenheit.

Ihr Verhalten gegenüber Vorgesetzten und Kollegen war jederzeit vorbildlich. Durch ihre ausgezeichneten Team- und Kommunikationsfähigkeiten leistete Frau Kurt einen maßgeblichen Beitrag zu einer sehr angenehmen Arbeitsatmosphäre. Ihre hohe Professionalität und absolute Vertrauenswürdigkeit sowie ihre sehr hilfsbereite und freundliche Art machten sie sowohl im Innen- als auch im Außenverhältnis zu einer gern gefragten und geschätzten Ansprechpartnerin.

Das Arbeitsverhältnis mit Frau Kurt endet auf ihren Wunsch zum 31. Oktober 2018. Wir danken ihr für ihre stets sehr guten Leistungen, die immer erfolgreiche wie auch angenehme Zusammenarbeit und bedauern, sie zu verlieren. Für ihre Zukunft wünschen wir Frau Kurt alles Gute und weiterhin viel Erfolg.

Hamburg, 31. Oktober 2018

Franz Fischer, Leiter Verwaltung   Sabine Schmidt, Personalleiterin

Gärtner

Für einen Gärtner sind handwerkliches Geschick, aber auch Kreativität und körperliche Ausdauer wichtige Eigenschaften. Umso besser, wenn man hierzu auch etwas im Arbeitszeugnis nachlesen kann.

Muster für ein sehr gutes Arbeitszeugnis für einen Gärtner

Herr Fabian Heinen, geboren am 15.11.1984, war in der Zeit vom 01.09.2016 bis zum 31.12.2018 im Rahmen eines befristeten Anstellungsvertrags als Gärtner in unserem Betrieb tätig. Sein Aufgabenbereich umfasste die folgenden Tätigkeiten:

- ✔ Gestalten von Landschaften durch fachgerechte Anpflanzung von Bäumen, Sträuchern, Blumen und Rasen
- ✔ Anlegen von Teichen und Biotopen
- ✔ Beschneiden von Hecken und Mähen von Rasenflächen
- ✔ Pflastern von Wegen und Plätzen
- ✔ Pflege von Gräbern

Herr Heinen wurde den fachlichen Anforderungen aller Tätigkeiten immer umfassend und in bester Weise gerecht. Er zeichnete sich zudem in sehr hohem Maße durch Kreativität, Ausdauer und Flexibilität aus.

Er identifizierte sich sehr mit seinem Beruf, war jederzeit außerordentlich fleißig und mit großem Eifer bei der Arbeit. Herr Heinen bewies eine stets sehr akkurate, konzentrierte und sorgfältige Arbeitsweise, sodass viele unserer Kunden explizit ihn für ihre Grundstücke oder Anlagen bei uns anforderten.

Herr Heinen war uns jederzeit ein sehr wertvoller Mitarbeiter, mit dessen Leistungen wir immer außerordentlich zufrieden waren.

Sein Verhalten sowohl gegenüber Vorgesetzten und Kollegen als auch unseren Kunden war in jeder Hinsicht und stets einwandfrei.

Das Arbeitsverhältnis mit Herrn Heinen endet mit Ablauf der vereinbarten Zeit auf seinen Wunsch, da er eine Weiterbildung anstrebt. Wir bedauern sein Ausscheiden sehr und würden ihn jederzeit wieder bei uns anstellen. Wir danken Herrn Heinen für seine sehr gute Mitarbeit und wünschen ihm beruflich wie auch privat alles Gute und weiterhin viel Erfolg.

Bad Nauheim, 31. Dezember 2018

Luise Landmann, Betriebsleiterin

Hauswirtschafterin

Das perfekte Arbeitszeugnis für eine Hauswirtschafterin sollte viel Positives zu Ordentlichkeit, Verlässlichkeit, Vertrauenswürdigkeit und Fleiß enthalten. Wer möchte nicht so eine tolle Unterstützung im Haushalt haben?

Muster für ein sehr gutes Arbeitszeugnis für eine Hauswirtschafterin

Frau Manuela Mertens, geboren am 08.05.1978, war in der Zeit vom 01.02.2014 bis zum 31.01.2019 in unserem Haushalt als Hauswirtschafterin tätig.

Wir betrauten sie mit der eigenverantwortlichen Erledigung folgender im Haushalt anfallender Aufgaben:

- ✔ Reinigung des Hauses, insbesondere Bodenreinigung, Aufräumen, Staubwischen und Möbelpflege
- ✔ Wäschepflege (Waschen und Bügeln) sowie Verbringen von Wäsche zur Reinigung
- ✔ Einkauf von Lebensmitteln und Haushaltsartikeln
- ✔ Vorbereitung und teilweise auch Kochen von Mahlzeiten
- ✔ Versorgung des Hundes mit Futter sowie Ausführen des Hundes

Zur reibungslosen Ausübung ihrer Tätigkeiten erteilten wir Frau Mertens Kontenvollmacht sowie freien Zugang zum Haus.

Frau Mertens verfügt über sehr umfangreiche und detaillierte Kenntnisse in der Haushaltsführung, die sie jederzeit überaus erfolgreich in der täglichen Arbeit einsetzte. Zudem profitierten wir von ihrem hervorragenden Organisations- und Planungsvermögen.

Aufgrund ihrer sehr schnellen Auffassungsgabe und ihrer stets außerordentlichen Einsatzbereitschaft arbeitete sich Frau Mertens in ihre Aufgaben sowie die Abläufe in unserem Haushalt in kürzester Zeit mit der erforderlichen Umsicht ein.

Frau Mertens war eine äußerst belastbare Haushaltskraft, die auch sehr hohem Arbeitsanfall und schwierigen Situationen immer bestens gewachsen war. Ihr Arbeitsstil war in höchstem Maße von Verlässlichkeit, Ordnungssinn sowie Serviceorientierung gekennzeichnet. An ihre Aufgaben ging Frau Mertens stets selbstständig heran und bearbeitete sie kontinuierlich sehr systematisch und gründlich. Den hohen Anforderungen an die Diskretion in einem Privathaushalt wurde sie immer ausnahmslos gerecht. Ihre Arbeitsergebnisse übertrafen quantitativ und qualitativ konstant unsere hohen Erwartungen. Alle ihr übertragenen Aufgaben erfüllte Frau Mertens stets zu unserer vollsten Zufriedenheit.

Das Verhalten von Frau Mertens sowohl haushaltsintern als auch im Außenkontakt war immer vorbildlich. Ihr sehr freundliches, hilfsbereites und aufgeschlossenes Wesen sowie ihre großen fachlichen Qualitäten führten zu einer stets überaus angenehmen, vertrauensvollen und erfolgreichen Zusammenarbeit.

Das Arbeitsverhältnis mit Frau Mertens endet zum 31.01.2019 auf ihren Wunsch. Wir bedauern ihr Ausscheiden sehr, da wir mit ihr eine sehr wertvolle Unterstützung verlieren. Wir danken Frau Mertens für ihre stets ausgezeichnete Arbeit und wünschen ihr für ihren zukünftigen Berufs- und Lebensweg alles Gute und weiterhin viel Erfolg.

Dortmund, 31. Januar 2019

Frau Prof. Dr. Münchmeyer

Ingenieur

Von einem Ingenieur erwartet man ein ausgeprägtes technisches Verständnis, ein hohes logisches Denkvermögen sowie eine präzise und strukturierte Arbeitsweise. Ein Arbeitszeugnis für diesen Beruf lässt sich dann noch mit einer hohen Problemumsicht und Innovationsfähigkeit vorteilhaft abrunden.

Muster für ein sehr gutes Arbeitszeugnis für einen Ingenieur

Herr Simon Sauer, geboren am 20.04.1984, trat am 01.03.2007 als Entwicklungs- und Versuchsingenieur in unser Unternehmen ein. Zu seinem Aufgaben- und Verantwortungsgebiet zählten im Wesentlichen:

- ✔ Planung, Durchführung und Auswertung von Versuchen in der Entwicklung von stufenlosen Getrieben

- ✔ Beratung der Fachabteilungen in enger Zusammenarbeit mit der Qualitätssicherung in aktuellen Entwicklungsprojekten und bei Serieneinführungen
- ✔ Betreuung der Produktentwicklung, einschließlich der technischen Beratung von Kunden, in Entwicklungsprojekten im In- und Ausland
- ✔ Ausarbeitung und Verifizierung von Versuchsstrategien zur wirtschaftlichen Validierung der Produkteigenschaften
- ✔ Überprüfung und Auswertung von Reklamationen mit anschließender Ableitung von Vermeidungsmaßnahmen

Herr Sauer verfügt über einen äußerst fundierten und hervorragenden technologischen Sachverstand, den er selbst zur Lösung sehr schwieriger Aufgaben stets sicher und ergebnisorientiert einsetzte. Sein Know-how hielt er durch Selbststudium sowie den Besuch von Schulungen immer auf dem aktuellen Stand und baute es sinnvoll weiter aus. Seine fließenden Englischkenntnisse ließen ihn auch im internationalen Arbeitsumfeld jederzeit überzeugend und professionell kommunizieren und auftreten.

Dank seiner sehr schnellen Auffassungsgabe überblickte Herr Sauer auch sehr komplexe und anspruchsvolle Fragestellungen und Zusammenhänge immer sofort und treffsicher. Durch sein konzeptionelles und logisches Denken fand er für alle auftretenden Probleme sehr gute und praktikable Lösungen.

Herr Sauer entwickelte kontinuierlich viel Eigeninitiative und engagierte sich mit größter Einsatzfreude, außerordentlicher Dynamik und Ausdauer in seinen Arbeiten und Projekten. Der permanent hohen Arbeitsbelastung war er sehr gut gewachsen und reagierte auf sich ändernde Situationen stets mit großer Flexibilität wie auch Besonnenheit.

Durch sein zielgerichtetes und systematisches Vorgehen gelang es ihm beständig, die Projekte und Versuche mit großer Problemumsicht, hohem Innovationsgrad sowie zeitplan- und budgetorientiert voranzutreiben. Herr Sauer leistete somit einen maßgeblichen Beitrag zu zahlreichen erfolgreichen Produktentwicklungen. Seine Arbeitsweise war überdies fortwährend in höchstem Maße von Zuverlässigkeit, Selbstständigkeit und Sorgfalt geprägt. Seine Arbeitsergebnisse waren, auch bei sehr diffizilen Anforderungen und Termindruck, konstant von sehr hoher Qualität. Außerdem absolvierte er permanent ein beachtliches Arbeitspensum. Alle ihm übertragenen Aufgaben erfüllte Herr Sauer stets zu unserer vollsten Zufriedenheit.

Sein Verhalten sowohl gegenüber Vorgesetzten und Kollegen als auch Kunden war immer vorbildlich. Herr Sauer hat eine hohe soziale Kompetenz und arbeitete dadurch stets sehr teamorientiert. Bereichsübergreifend sowie auch im Kundenkontakt agierte er laufend überaus professionell, zuvorkommend und verbindlich.

Herr Sauer verlässt unser Unternehmen auf eigenen Wunsch zum 30. Juni 2019. Wir bedauern sein Ausscheiden sehr und bedanken uns bei ihm für seine so wertvolle Mitarbeit. Für seinen zukünftigen Berufs- und Lebensweg wünschen wir Herrn Sauer alles Gute und weiterhin viel Erfolg.

Hannover, 30. Juni 2019

Helmut Reichert, Leiter Entwicklung   Franz Mittler, Personalleiter

Juristin

Das Arbeitszeugnis einer Juristin sollte umfassend auf ihre juristischen und kommunikativen Fähigkeiten eingehen. Dazu zählen auch das ausgeprägte Verhandlungs- und Argumentationsgeschick sowie hohe analytische und strategische Kompetenzen, um das Zeugnis glänzen zu lassen.

Muster für ein sehr gutes Arbeitszeugnis für eine Juristin

Frau Gabriele Koch, geboren am 27.04.1979, war in der Zeit vom 01.06.2014 bis zum 31.10.2018 als Juristin in der Rechtsabteilung unseres Unternehmens tätig. In ihrer Position berichtete sie direkt an die Geschäftsführung.

Das Aufgabengebiet von Frau Koch umfasste im Wesentlichen:

- Prüfung von Rechtsfragen sowie Erarbeitung und Bewertung von Lösungsmöglichkeiten
- Kontinuierliche Beobachtung und Analyse aktueller Gesetzgebungsverfahren und Gesetzesänderungen sowie der aktuellen Rechtsprechung, Zusammenfassung und Bewertung der sich daraus ergebenden Konsequenzen und Risiken
- Erarbeitung von Vorschlägen zur rechtlichen wie politischen Strategie
- Präsentation der erstellten rechtlichen Gutachten und Vermerke
- Prüfung der Erfolgsaussichten eines gerichtlichen Vorgehens und gegebenenfalls Anstoßen konkreter rechtlicher Maßnahmen
- Betreuung von Rechtsstreitigkeiten und gerichtlichen Verfahren

Frau Koch verfügt über einen umfassenden und äußerst fundierten juristischen Sachverstand in ihrem Verantwortungsbereich. Ihr sehr gutes fachliches Wissen setzte sie stets zielgerichtet und äußerst erfolgreich in der Praxis ein und baute es durch die kontinuierliche Auseinandersetzung mit neuen Themen und Anforderungen in der täglichen Arbeit sowie Fortbildungsmaßnahmen beständig weiter aus. Zudem profitierten wir von ihrem sehr guten Verhandlungsgeschick, ihrem konstruktiven Durchsetzungsvermögen sowie ihrer Kommunikationsstärke.

Ihre hervorragende Auffassungsgabe sowie ihr sehr sicheres und analytisches Denk- und Urteilsvermögen ermöglichten es Frau Koch, umfangreiche komplexe juristische Sachverhalte immer umgehend und präzise zu analysieren sowie sehr hochwertige und zugleich praxisgerechte Lösungen zu erarbeiten. Anstehende Entscheidungen traf sie stets sehr schnell im Sinne der Unternehmensstrategien sowie mit dem erforderlichen Weitblick und Verantwortungsbewusstsein. Hohem Arbeitsanfall und Termindruck war Frau Koch jederzeit äußerst ausdauernd und souverän gewachsen. Frau Koch überzeugte stets durch ihre außerordentliche Einsatzbereitschaft, hohe Zielstrebigkeit sowie ihr konsequent lösungsorientiertes Handeln. Ihre Arbeitsweise war in höchstem Maße von Selbstständigkeit, Sorgfalt, Effizienz und Zuverlässigkeit geprägt. Frau Koch plante und organisierte die Arbeit sehr systematisch und auch bei stärkster Arbeitsbelastung waren ihre Arbeitsergebnisse konstant ausgezeichnet. Alle ihr übertragenen Aufgaben erfüllte sie stets zu unserer vollsten Zufriedenheit.

Das Verhalten von Frau Koch gegenüber der Geschäftsführung, den Kollegen und Mitarbeitern sowie im Außenverhältnis war immer vorbildlich. Ihre stets freundliche, loyale und verbindliche Art sowie ihre hohe Fach- und Beratungskompetenz führten zu einer jederzeit sehr konstruktiven und erfolgreichen Zusammenarbeit. Frau Koch genoss allseits größte Anerkennung und Wertschätzung.

Das Arbeitsverhältnis mit Frau Koch endet auf ihren Wunsch zum 31. Oktober 2018. Wir bedauern ihr Ausscheiden sehr und danken ihr für ihre so wertvolle Mitarbeit. Für ihre berufliche und private Zukunft wünschen wir Frau Koch alles Gute und weiterhin viel Erfolg.

Ulm, 31. Oktober 2018

Gerda Müller, Geschäftsführerin   Harald Berthold, Leiter der Rechtsabteilung

Krankenpfleger

Der Beruf des Krankpflegers stellt hohe Anforderungen an die Belastbarkeit, Besonnenheit und Empathie. Der Umgang mit schwierigen und belastenden Situationen zählt zur täglichen Arbeit. Deshalb sollte auch das Arbeitszeugnis auf diese Qualifikationen besonders eingehen, um einen positiven Eindruck zu hinterlassen.

Muster für ein sehr gutes Arbeitszeugnis für einen Krankenpfleger

Herr Felix Leitner, geboren am 23.02.1989, war in der Zeit vom 15.01.2013 bis zum 31.12.2018 als Krankenpfleger in unserem Häuslichen Pflegedienst angestellt.

Wir sind ein ambulanter Pflegedienst und versorgen hilfsbedürftige und kranke Menschen in ihrem häuslichen Umfeld im Einzugsgebiet Bad Homburg. Zu unserem Leistungsangebot gehören neben der Grund- und Behandlungspflege auch die Einrichtung einer Tagespflege mit 25 Plätzen.

Der Einsatz von Herrn Leitner erfolgte in der ambulanten Pflege. Zu seinen Aufgaben gehörten insbesondere die Durchführung der Grund- und Behandlungspflege nach ärztlicher Verordnung und im Rahmen der Pflegeversicherung sowie der Kontakt und die laufende Zusammenarbeit mit Ärzten, Therapeuten, Apotheken und den Angehörigen.

Herr Leitner verfügt über ein sehr gutes, umfassendes und tiefgreifendes Fachwissen in allen Bereichen der Patientenversorgung, das er immer absolut sicher und erfolgreich in seiner Arbeit einsetzte. Hervorzuheben sind die Fachgebiete Wundversorgung, Stomaversorgung, palliative Versorgung und Schmerztherapie. An den ihm gebotenen Fortbildungen nahm er kontinuierlich mit großem Erfolg teil. Insbesondere von seiner Weiterqualifizierung im schmerztherapeutischen Bereich zum Algesiologischen Fachassistenten konnten Patienten und Mitarbeiter gleichermaßen profitieren.

Dank seiner sehr schnellen Auffassungsgabe und hohen Flexibilität arbeitete Herr Leitner sich stets in kürzester Zeit in neue Anforderungen ein. Krisensituationen erkannte er stets sehr schnell und reagierte sofort adäquat. Auch sehr hoher Belastung war Herr Leitner jederzeit bestens gewachsen. Er erkannte immer umgehend den Bedarf an Hilfsmitteln und leitete die notwendigen Schritte ein.

Wir schätzten Herrn Leitner als einen sehr engagierten Mitarbeiter, der sich fortwährend für die Belange seiner Patienten einsetzte und eigene konstruktive Ideen in seine Arbeit einbrachte. Unter anderem entwickelte er einen Schmerzerfassungsbogen für die Einrichtung und bildete unser Personal darin fort. Seine Arbeitsweise war von einem sehr hohen Grad an Gewissenhaftigkeit, Empathie und Sorgfalt geprägt. Seine Arbeitsergebnisse erfüllten immer höchste Ansprüche, sodass wir mit seinen Leistungen stets außerordentlich zufrieden waren.

Sein Verhalten gegenüber Vorgesetzten und Kollegen war jederzeit vorbildlich. Bei den Patienten und deren Angehörigen war Herr Leitner aufgrund seiner sehr verbindlichen, hilfsbereiten und kompetenten Art sowie seines immer wertschätzenden Umgangs sehr anerkannt.

Das Arbeitsverhältnis mit Herrn Leitner endet auf seinen Wunsch mit Ablauf des heutigen Tages. Wir bedauern sein Ausscheiden sehr und bedanken uns für die stets hervorragende Zusammenarbeit. Für seine berufliche wie private Zukunft wünschen wir Herrn Leitner alles Gute und weiterhin viel Erfolg.

Bad Homburg, 31. Dezember 2018

Astrid Stephan, Pflegedienstleiterin

Lehrerin

Das Arbeitszeugnis für eine Lehrerin sollte sich durch einen hohen Anteil an Aussagen zu ihren fachlichen und methodischen Fähigkeiten auszeichnen. Sehr wichtig in diesem Beruf ist natürlich auch eine hohe soziale Kompetenz, Achtsamkeit, aber auch Durchsetzungskraft und organisatorisches Geschick, die ein sehr gutes Zeugnis hier vervollständigen.

Muster für ein sehr gutes Arbeitszeugnis für eine Lehrerin

Frau Carina Becker, geboren am 15.05.1982, war in der Zeit vom 01.03.2015 bis zum 30.11.2018 an unserer Gesamtschule als Fachlehrerin für Deutsch und Englisch tätig. Im Rahmen der Vermittlung fachpraktischer und fachtheoretischer Inhalte in den Fächern Deutsch und Englisch in den Jahrgangsstufen 5 bis 7 umfasste ihr Aufgabenbereich im Einzelnen:

✔ Planung und Vorbereitung des Unterrichts auf Grundlage der Lehrpläne und der geltenden Richtlinien für die Unterrichtsfächer sowie unter Berücksichtigung des bisherigen Unterrichtsfortschritts in den einzelnen Klassen

- ✔ Anleitung der Schüler zum selbstständigen Lernen und Lösen von Aufgaben
- ✔ Organisation und Unterstützung von Gruppenarbeiten
- ✔ Erteilung von Hausaufgaben sowie deren Überprüfung
- ✔ Durchführung, Korrektur und Besprechung von Klassenarbeiten
- ✔ Beratung der Schüler und Eltern im Rahmen von individuellen Gesprächen bezüglich Fördermöglichkeiten und Aufzeigen von Hilfsmaßnahmen bei Lernschwierigkeiten
- ✔ Administrative Aufgaben, wie etwa Beschaffung von Lehrmaterial, Erstellung von Einladungen zu Elternabenden und so weiter
- ✔ Planung, Vorbereitung und Durchführung von Fach- und Klassenkonferenzen sowie Notenvergabe
- ✔ Vorbereitung und Durchführung von Klassenausflügen beziehungsweise Klassenfahrten

Frau Becker beherrschte die hohen Anforderungen ihres Aufgabenbereichs, die die pädagogische Arbeit mit Kindern und Jugendlichen mit sich bringt, stets weit überdurchschnittlich und äußerst sicher. Sie verfügt über sehr gute, breite und ausgesprochen fundierte Fachkenntnisse und ausgezeichnete didaktische Fähigkeiten, die sie jederzeit sehr erfolgreich in ihrer täglichen Arbeit einsetzte und konsequent auf dem neuesten Stand hielt. Ihre sehr gute Auffassungsgabe ermöglichte es Frau Becker, sich überaus rasch in neue Aufgaben und Themen einzuarbeiten und auch für schwierige Herausforderungen sehr gute und praktikable Lösungen zu finden, die sie stets sehr ergebnisorientiert und mit großem Erfolg in ihrer Unterrichtsarbeit umsetzte.

Durch ihre hohe Flexibilität und ihre ausgeprägte Menschenkenntnis fiel es ihr immer leicht, sich auf unerwartete Ereignisse und verschiedene Charaktere unmittelbar einzustellen. Frau Becker identifizierte sich in hohem Maße mit ihrer Tätigkeit, war sehr motiviert die Schüler bei ihren individuellen Interessen und Bedürfnissen zu unterstützen und zeigte eine jederzeit vorbildliche Leistungsbereitschaft, positive Arbeitseinstellung und viel Eigeninitiative. Auch unter starker Arbeitsbelastung und in Stresssituationen behielt sie Ruhe, Übersicht sowie Durchsetzungsvermögen und agierte besonnen sowie immer freundlich und zugewandt.

Frau Becker arbeitete stets äußerst zielführend wie auch sehr selbstständig und zuverlässig. An ihre Aufgaben ging sie nach eigener klarer Planung heran und erledigte sie mit größtem Verantwortungsbewusstsein. Das führte zu einer konstant ausgezeichneten Arbeitsqualität. Alle ihr übertragenen Aufgaben erfüllte Frau Becker stets zu unserer vollsten Zufriedenheit.

Ihr Verhalten sowohl gegenüber Vorgesetzten und Kollegen als auch den Schülern und Eltern war immer vorbildlich. Mit ihrer hohen Fach- und Sozialkompetenz sowie ihrer jederzeit hilfsbereiten, empathischen und freundlichen Art genoss Frau Becker allseits sehr hohe Anerkennung und Wertschätzung.

Das Arbeitsverhältnis mit Frau Becker endet auf ihren Wunsch zum 30.11.2018, da sie aus persönlichen Gründen nach München umzieht. Wir verlieren mit ihr eine äußerst engagierte und erfolgreiche Lehrkraft und bedauern es sehr, dass sie unsere Schule verlässt. Für die stets sehr gute Zusammenarbeit bedanken wir uns und wünschen Frau Becker für ihren weiteren Berufs- und Lebensweg alles Gute und weiterhin viel Erfolg.

Offenbach am Main, 30. November 2018

Günther Keller, Schulleiter

Mechaniker

Wer einen neuen Mechaniker sucht, wird das Arbeitszeugnis insbesondere nach sehr guten Bewertungen der technischen und handwerklichen Fähigkeiten, der ordentlichen und genauen Vorgehensweise sowie Zuverlässigkeit und Ausdauer überprüfen. Klar im Vorteil ist der Bewerber, der ein entsprechendes Zeugnis in der Tasche hat.

Muster für ein sehr gutes Arbeitszeugnis für einen Mechaniker

Herr Dieter Hoffmann, geboren am 12.08.1981, war in der Zeit vom 15.06.2007 bis zum 31.12.2018 als Kfz-Mechaniker in unserer Werkstatt tätig.

Wir sind ein kleines familiengeführtes Unternehmen für Gebrauchtfahrzeuge und bieten eine umfangreiche Auswahl an Fahrzeugen, persönliche Beratung, ein beispielhaftes Qualitätsprogramm mit Garantie, Dekra-Siegel und umfassenden Dienstleistungen rund ums Auto.

Zu den Aufgaben von Herrn Hoffmann zählten schwerpunktmäßig:

- ✔ Ausführung von Wartungs- und Inspektionsarbeiten
- ✔ Diagnose über den Zustand von Motor, Getriebe, Bremsen und Stoßdämpfer
- ✔ Systematische Eingrenzung von Fehlern sowie Störungsbeseitigung und Reparatur
- ✔ Achsvermessung und Reifendienst
- ✔ Aufbereitung von Fahrzeugen
- ✔ Klima- und Autoglasservice

Herr Hoffmann verfügt über sehr gute und detaillierte technische Kenntnisse in seinem Arbeitsgebiet. Mit den nötigen Maschinen und Werkzeugen war er bestens vertraut und setzte diese stets fachmännisch und routiniert sowie sicherheitsbewusst ein. Den Belastungen und Anstrengungen seiner Arbeit war er immer äußerst souverän und ausdauernd gewachsen.

Durch seine ausgezeichnete Auffassungsgabe arbeitete er sich in neue Aufgabenstellungen und technische Anforderungen jederzeit sehr schnell und erfolgreich ein. Herr Hoffmann zeigte fortwährend viel Eigeninitiative, eine außerordentliche Einsatzbereitschaft sowie vorbildliches Pflichtbewusstsein.

Er arbeitete stets in sehr hohem Maße gründlich, sorgfältig und selbstständig. Auch sein großes handwerkliches Geschick und sein ausgeprägter Ordnungssinn kamen ihm in der täglichen Arbeit sehr zugute. Ferner schätzten wir Herrn Hoffmann als immer sehr verlässlichen Mitarbeiter, der alle Terminvorgaben und Absprachen konsequent einhielt. Seine Arbeitsergebnisse waren sowohl in quantitativer als auch qualitativer Hinsicht jederzeit sehr gut. Mit seinen Leistungen waren wir stets außerordentlich zufrieden.

Sein Verhalten gegenüber Vorgesetzten und Kollegen war immer vorbildlich. Herr Hoffmann war wegen seines hilfsbereiten und freundlichen Wesens ein geschätzter Kollege und Mitarbeiter und förderte somit maßgeblich die sehr angenehme und produktive Zusammenarbeit. Im Kontakt mit Kunden bewies er jederzeit ein sehr kompetentes und höfliches Auftreten.

Das Arbeitsverhältnis mit Herrn Hoffmann endet auf seinen Wunsch zum 31.12.2018, da er sich einer neuen beruflichen Herausforderung stellen möchte. Wir bedauern seine Entscheidung, da wir mit ihm eine wertvolle Fachkraft verlieren und bedanken uns für seine stets sehr gute Mitarbeit. Für seine berufliche und private Zukunft wünschen wir Herrn Hoffmann alles Gute und weiterhin viel Erfolg.

Koblenz, 31. Dezember 2018

Stefan Fischer, Inhaber

Nachtwächterin (Sicherheitsservice)

In Stellenanzeigen für Jobs in Nachtarbeit findet man häufig als gewünschte Kompetenzen hohes Verantwortungsbewusstsein, Handlungskompetenz, große Belastbarkeit und Flexibilität sowie ein verbindliches und sicheres Auftreten. Daher machen sich ensprechende Formulierungen in einem Arbeitszeugnis für diese Berufe natürlich besonders gut.

Muster für ein sehr gutes Arbeitszeugnis für eine Nachtwächterin

Frau Nicole Brühl, geboren am 29.10.1985, trat am 01.01.2017 als Mitarbeiterin im Sicherheitsservice im Nachtdienst im Rahmen eines befristeten Arbeitsverhältnisses in unser Unternehmen ein.

Wir sind ein modernes Dienstleistungsunternehmen mit Sitz in Stuttgart und bieten unseren Kunden zeitgemäßes Property Management für Businessapartments, Studentenwohnheime und Gewerbeimmobilien.

Frau Brühl war insbesondere mit der Wahrnehmung folgender Aufgaben betraut:

- ✔ Überwachung der Sicherheitseinrichtungen (Videoüberwachung, Brandmeldeeinrichtungen)
- ✔ Durchführung von Kontrollgängen innerhalb des Betreuungsobjekts
- ✔ Entgegennahme und Weiterleitung von Schadensmeldungen

- ✔ Schlüsselverwaltung
- ✔ Entgegennahme und Herausgabe von Paketen an die Mieter

Frau Brühl war den hohen fachlichen und persönlichen Anforderungen ihres Aufgabengebiets, die eine Tätigkeit in Nachtarbeit mit sich bringt, umfassend und stets sehr gut gewachsen. In vorbildlicher Weise nutzte sie die von uns gebotenen Möglichkeiten der beruflichen Fortbildung immer mit großem Erfolg.

Mit ihrer schnellen Auffassungsgabe und hohen Flexibilität fand sie sich in neuen Aufgaben und Situationen immer umgehend zurecht. Wir schätzten Frau Brühl als jederzeit hoch motivierte und sehr engagierte Mitarbeiterin, die auch unter hoher Belastung ausnahmslos den Überblick und ihre Besonnenheit behielt. Kritische Situationen hat sie immer mit einem Höchstmaß an Sensibilität und konstruktivem Durchsetzungsvermögen gemeistert. Frau Brühl überzeugte fortwährend durch ihre positive Arbeitseinstellung, ihr stark ausgeprägtes Pflicht- und Sicherheitsbewusstsein sowie ihre sehr sorgfältige, serviceorientierte und zuverlässige Arbeitsweise. Daher übertrafen ihre Arbeitsergebnisse jederzeit bei Weitem unsere Erwartungen, sodass wir mit ihren Leistungen stets außerordentlich zufrieden waren.

Ihr Verhalten sowohl gegenüber Vorgesetzten und Kollegen als auch unseren Kunden und Geschäftspartnern war in jeder Hinsicht und immer einwandfrei. Frau Brühl genoss dank ihres sehr freundlichen und ausgeglichenen Wesens sowie ihrer hohen Professionalität allseits höchste Anerkennung und Wertschätzung.

Das Arbeitsverhältnis mit Frau Brühl endet mit Ablauf des befristeten Vertrags zum 30.06.2019. Wir bedauern ihr Ausscheiden sehr und ihr derzeit aus betrieblichen Gründen keine Festanstellung anbieten zu können. Für die sehr angenehme und erfolgreiche Zusammenarbeit bedanken wir uns und wünschen Frau Brühl auf ihrem weiteren Berufs- und Lebensweg alles Gute und weiterhin viel Erfolg.

Stuttgart, 30. Juni 2019

Elmar Peters, Geschäftsführer

Optiker

Ein Optiker beziehungsweise Augenoptiker muss neben sehr guten handwerklichen Fertigkeiten vor allem versiert im Umgang mit Kundschaft und im Verkauf sein. Daher empfehle ich für diesen Beruf ein ausgewogenes Verhältnis dieser Qualifikationen in einem Arbeitszeugnis.

Muster für ein sehr gutes Arbeitszeugnis für einen Optiker

Herr Hans Heller, geboren am 17.09.1991, war in der Zeit vom 15.03.2014 bis zum 31.07.2019 als Augenoptiker in unserer Filiale tätig. Zu seinen Hauptaufgaben zählten:

- ✔ Kundenberatung und -betreuung
- ✔ Durchführung von Sehtests

- ✔ Verkauf von Brillen, Kontaktlinsen und optischen Geräten
- ✔ Anfertigung und Reparatur von Sehhilfen und individuelle Anpassung beim Kunden
- ✔ Erledigung administrativer Aufgaben, wie zum Beispiel Ausfüllen von Bestellungen

Herr Heller überzeugte uns von Beginn an mit einem sehr guten, umfassenden und fundierten Fachwissen, das er immer sehr erfolgreich in seiner Arbeit einsetzte. Zusammen mit seinem großen handwerklichen Geschick, seinem feinen Gespür für Brillenmode und typgerechten Stil war er uns stets ein sehr wertvoller Mitarbeiter. Seine Fachkenntnisse hielt er auf dem neuesten Stand, baute sie konsequent mit großem Erfolg und zu unserem Nutzen weiter aus.

Herr Heller war jederzeit sehr motiviert und bewies eine überaus zuvorkommende und bedarfsgerechte Kundenberatung. Seine Arbeits- und Verkaufsergebnisse übertrafen, auch unter hoher Arbeitsbelastung und Termindruck, konstant weit unsere Erwartungen. Alle ihm übertragenen Aufgaben erledigte Herr Heller sehr gewissenhaft und selbstständig sowie stets zu unserer vollsten Zufriedenheit.

Sein Verhalten sowohl gegenüber Vorgesetzten und Kollegen als auch Kunden und Geschäftspartnern war immer vorbildlich. Herr Heller war ein allseits stets sehr gern gefragter und geschätzter Ansprechpartner mit einer hohen Team- und Serviceorientierung.

Herr Heller verlässt uns auf eigenen Wunsch zum 31.07.2019, was wir außerordentlich bedauern. Wir danken ihm für seine stets sehr guten Leistungen und die immer überaus angenehme Zusammenarbeit. Für seine berufliche wie auch private Zukunft wünschen wir Herrn Heller alles Gute und weiterhin viel Erfolg.

Bremen, 31. Juli 2019

Ben Bayer, Filialleiter

Praktikantin

Für diese Berufsgruppe ist ein Arbeitszeugnis besonders wichtig, da sie in der Regel nur über sehr wenig Berufserfahrung verfügt. Umso besser ist es dann, in einem Praktikantenzeugnis viel über großes Engagement und Interesse sowie eine hohe Auffassungsgabe, sehr zuverlässiges Arbeiten und den effizienten Aufbau oder Ausbau praktischer Kenntnisse zu lesen.

Muster für ein sehr gutes Arbeitszeugnis für eine Praktikantin

Frau Larissa Weiler, geboren am 31.12.1990, absolvierte in der Zeit vom 16.01.2018 bis zum 15.04.2018 ein Praktikum im Bereich Content in unserem Hause.

Während ihres Praktikums betrauten wir Frau Weiler mit folgenden Aufgaben:

- ✔ Unterstützung der Web- und Social-Media-Redakteure (in deutscher wie auch englischer Sprache)

- ✔ Verwaltung von Inhalten mit dem Content Management System
- ✔ Entwicklung von konzeptionellen Präsentationen mit MS PowerPoint (in Deutsch und Englisch)
- ✔ Bildbearbeitung mit Photoshop
- ✔ Teilnahme an Redaktionssitzungen
- ✔ Erstellung von Social-Media-Analysen
- ✔ Erledigung administrativer Arbeiten

Wir schätzten Frau Weiler als sehr engagierte, motivierte und interessierte Praktikantin. Sie arbeitete sich aufgrund ihrer hervorragenden Auffassungsgabe sowie ihrer hohen analytischen Fähigkeiten schnell in die unterschiedlichen Aufgabenstellungen ein und konnte bereits nach kürzester Zeit Aufgaben selbstständig übernehmen. Ihr umfassendes und aktuelles Fachwissen setzte sie immer sicher und sehr erfolgreich in der Praxis ein. Ihr Arbeitsstil war geprägt von einem sehr hohen Grad an Systematik, Sorgfalt und Effizienz. Die Arbeitsergebnisse von Frau Weiler waren, auch in Belastungssituationen und unter Termindruck, von konstant bester Qualität, sodass wir mit ihren Leistungen stets außerordentlich zufrieden waren.

Ihr Verhalten gegenüber Vorgesetzten und Kollegen war immer vorbildlich. Frau Weiler verfügt über eine ausgeprägte Teamorientierung, war stets sehr hilfsbereit und konnte sich daher rasch in die betreuende Abteilung integrieren. Im Kontakt mit Kunden und Geschäftspartnern trat sie jederzeit sehr gewandt und zuvorkommend auf.

Das Arbeitsverhältnis mit Frau Weiler endet mit Ablauf des befristeten Praktikantenvertrags zum heutigen Tag. Wir bedauern ihr Ausscheiden und danken ihr für die stets sehr erfolgreiche sowie überaus angenehme Zusammenarbeit. Für ihren zukünftigen beruflichen und privaten Werdegang wünschen wir Frau Weiler alles Gute und weiterhin viel Erfolg.

Köln, 15. April 2018

Peter Anders, Bereichsleiter Content   Stefanie Stuck, Personalreferentin

Qualitätsprüfer

Wer diesen Beruf ausübt, sollte mit einem Arbeitszeugnis überzeugen, in dem Aussagen über ein hohes Qualitätsbewusstsein sowie eine sehr präzise und systematische Arbeitsweise zu finden sind. Da der Mitarbeiter in diesem Fall für das Unternehmen im Ausland tätig war, sind die Formulierungen zu seinen Sprachkenntnissen und zu seiner interkulturellen Kompetenz auch noch besonders vorteilhaft.

Muster für ein sehr gutes Arbeitszeugnis für einen Qualitätsprüfer

Herr Moritz Beier war in der Zeit vom 01.10.2017 bis zum 30.09.2018 als Qualitätskontrolleur für Haushaltsgeräte an unserem Produktionsstandort in Italien in unserem Unternehmen tätig. Das Aufgabengebiet von Herrn Beier umfasste im Bereich Qualitätsmanagement im Wesentlichen:

- ✔ Qualitätssicherung vor Ort
- ✔ Statistische Auswertung von Qualitätsprüfungen
- ✔ Erstellung und Bearbeitung täglicher Reports zu produzierten und versandfertigen Stückzahlen sowie zu Ergebnissen der Stichproben
- ✔ Kommunikation zwischen Deutschland und Italien zur schnellen Reaktion auf Probleme und Änderungen der Produktionsprioritäten
- ✔ Coaching der Qualitätsmanager vor Ort bezüglich der Qualitätsanforderungen unserer Kunden
- ✔ Verantwortung für den Versand der Ware nach Deutschland beziehungsweise die Blockierung der Ware bei fehlendem Qualitätsstandard

Darüber hinaus optimierte Herr Beier interne Prozesse zur Qualitätssteigerung und trieb die Weiterentwicklung durch eigene Ideen und Verbesserungsvorschläge voran.

Herr Beier konnte auf ein sehr gutes, breit gefächertes und fundiertes Fachwissen zurückgreifen, das er stets zielgerichtet und äußerst erfolgreich in der täglichen Arbeit einsetzte. Zudem profitierten wir von seinen fließenden Italienischkenntnissen, die ihn vor Ort zu einem sehr anerkannten Ansprechpartner machten.

Aufgrund seiner hervorragenden Auffassungsgabe, seines treffsicheren Urteilsvermögens sowie seiner hohen Flexibilität arbeitete er sich in kürzester Zeit in sein Aufgabengebiet ein und fand sich auch in schwierigen Situationen immer sehr souverän zurecht. Wir schätzten Herrn Beier als jederzeit sehr engagierten und motivierten Mitarbeiter, der mit einem höchsten Grad an Qualitätsbewusstsein und einer klar strukturierten und vorausschauenden Arbeitsweise überzeugte. Auch unter erheblicher Belastung und starkem Termindruck konnten wir uns stets uneingeschränkt auf ihn verlassen. Die Ergebnisse seiner Arbeit waren konstant weit überdurchschnittlich. Herr Beier erfüllte alle ihm übertragenen Aufgaben sehr selbstständig, effizient und gewissenhaft sowie stets zu unserer vollsten Zufriedenheit.

Das Verhalten von Herrn Beier sowohl gegenüber Vorgesetzten und Kollegen als auch Kunden und Geschäftspartnern war immer vorbildlich. Seine fachlichen Qualitäten sowie seine ausgeprägte Teamfähigkeit in Verbindung mit seiner freundlichen, offenen Art führten zu einer stets sehr konstruktiven und erfolgreichen Zusammenarbeit. Darüber hinaus kam ihm seine hohe interkulturelle Kompetenz sehr zugute.

Herr Beier verlässt uns auf eigenen Wunsch zum 30.09.2018, was wir außerordentlich bedauern. Wir danken ihm für seine stets sehr guten Leistungen und die immer überaus angenehme Zusammenarbeit. Für seine berufliche wie auch private Zukunft wünschen wir Herrn Beier alles Gute und weiterhin viel Erfolg.

Berlin, 30. September 2018

Hanne Bertram, Bereichsleiterin QM   Bernd Sauer, Personalleiter

Reiseverkehrskauffrau

Nicht nur fit in Geografie sollte eine Reiseverkehrskauffrau sein, sondern auch eine große Portion Kundenorientierung und Kommunikationsgeschick mitbringen. Oft sind auch sehr gute und vielfältige Sprachkenntnisse gefragt, die ein Arbeitszeugnis für diese Position noch abrunden.

Muster für ein sehr gutes Arbeitszeugnis für eine Reiseverkehrskauffrau

Frau Lena Lauer, geboren am 04.12.1987, war vom 15.09.2015 bis zum 31.05.2019 als Reiseverkehrskauffrau in unserem Unternehmen tätig.

Die 2008 gegründete Happy Holliday GmbH & Co. KG ist auf die Veranstaltung von Themenreisen rund um Genuss, Natur, Musik, Literatur und Kulturerlebnis spezialisiert. Wir bieten Reiseprogramme in Deutschland, Frankreich, Italien und Spanien an.

Frau Lauer war in ihrer Position als Reiseverkehrskauffrau für die Veranstaltung von Themenreisen verantwortlich. Ihr Aufgabenbereich umfasste die folgenden Tätigkeiten:

- ✔ Kundenberatung per Telefon und E-Mail
- ✔ Schriftliche Bearbeitung von Kundenanfragen sowie Kalkulation und Angebotserstellung
- ✔ Buchung der vorliegenden Anmeldungen in das hausinterne Reservierungssystem
- ✔ Reservierung von Reiseleistungen wie Flüge, Fährpassagen, Busse, Bahnfahrten, Transfers, Mietwagen, Hotels und Eintrittskarten
- ✔ Erstellung von Rechnungen, Bestätigungen und Reiseversicherungen
- ✔ Abwicklung der Reservierungen und Abrechnung mit unseren Leistungsträgern
- ✔ Kommunikation mit unseren internationalen Geschäftspartnern
- ✔ Durchführung von Mailingaktionen

Aufgrund ihres umfangreichen Fachwissens, ihrer fundierten Branchenkenntnisse und hervorragenden Organisationsfähigkeiten beherrschte Frau Lauer ihren Arbeitsbereich ausgesprochen gut und steuerte ihr Tagesgeschäft wie auch Sonderaufgaben stets umfassend, äußerst sicher und selbstständig. Auch ihre sehr guten Englischkenntnisse waren bei unserer intensiven Zusammenarbeit mit internationalen Geschäftspartnern jederzeit von großem Nutzen.

Frau Lauer war eine überaus zuverlässige Mitarbeiterin mit einer immer positiven Arbeitseinstellung. Außerordentliche Leistungsbereitschaft, bei Bedarf auch jenseits der üblichen Arbeitszeiten, zeichnete sie insbesondere aus. Bei der Einarbeitung in neue Aufgaben, Themen, Destinationen und Reisespezifika zeigte sie jederzeit viel Eigeninitiative, großes Interesse und eine sehr schnelle Auffassungsgabe.

Frau Lauer bewahrte immer, selbst in Zeiten mit erheblicher Arbeitsbelastung, den Überblick, war auch in schwierigen Situationen sehr gut belastbar und handelte stets ruhig und überlegt.

Ihr Arbeitsstil war in höchstem Maße von Selbstständigkeit, Systematik, Effizienz und Sorgfalt gekennzeichnet. Frau Lauer erzielte daher in qualitativer und quantitativer Hinsicht konstant sehr gute Arbeitsergebnisse. Ihre Leistungen übertrafen in jeder Hinsicht unsere sehr hohen Erwartungen und sie erfüllte die ihr übertragenen Aufgaben stets zu unserer vollsten Zufriedenheit.

Ihr Verhalten sowohl gegenüber Vorgesetzten und Kollegen als auch Kunden und Geschäftspartnern war immer vorbildlich. Frau Lauer prägte mit ihrer ausgeprägten Teamfähigkeit und hohen Fachkompetenz maßgeblich die sehr gute und erfolgreiche Zusammenarbeit. Auf die Anliegen unserer Kunden ging sie stets sehr flexibel und engagiert ein und wusste ihre hohe Beratungskompetenz und ihr Kommunikationsgeschick jederzeit in unserem Sinne zu nutzen. Gleiches gilt für ihre große interkulturelle Kompetenz. Frau Lauer war intern wie auch extern eine stets gern gefragte und überaus geschätzte Ansprechpartnerin.

Das Arbeitsverhältnis mit Frau Lauer endet zum 31.05.2019 aufgrund unserer Geschäftsaufgabe. Wir bedauern diese Entwicklung sehr und bedanken uns für ihre stets hervorragenden Leistungen und die immer vertrauensvolle Zusammenarbeit. Für ihren zukünftigen Berufs- und Lebensweg wünschen wir Frau Lauer alles Gute und weiterhin viel Erfolg.

Darmstadt, 31. Mai 2019

Elke Selters, Inhaberin

Softwareentwickler

Wer Software entwickelt und im IT-Umfeld erfolgreich arbeiten möchte, sollte ein ausgeprägtes logisches und analytisches Denkvermögen haben, sich gerne mit Prozessen und Detailaufgaben beschäftigen und Spaß am strukturierten Arbeiten haben. Perfekt, wenn das Arbeitszeugnis für einen Mitarbeiter dieser Position hierzu sehr gute Bewertungen liefern kann.

Muster für ein sehr gutes Arbeitszeugnis für einen Softwareentwickler

Herr Andreas Lutz war in der Zeit vom 01.06.2015 bis zum 31.12.2018 in unserem Unternehmen tätig.

Der Einsatz von Herrn Lutz erfolgte zunächst als Softwareentwickler in der internen Produktentwicklung an unserem Hauptsitz in Mainz. Hierbei lag sein Aufgabenschwerpunkt auf der Weiterentwicklung eines Anwendungs-Frameworks in Java für einen unserer Kunden aus der Finanzwirtschaft.

Ab Januar 2017 war Herr Lutz bei einem unserer Kunden aus der Versicherungsbranche vor Ort in Wiesbaden als Leitender Entwickler eingesetzt. Zu seinen Aufgaben im Rahmen dieser Position gehörten im Wesentlichen:

- Entwicklung der Vertriebsanwendung für Lebensversicherungen auf Basis von Eclipse RCP
- Fachliche Koordination der Java-Entwickler
- Laufende Abstimmung mit dem Fachbereich und den Entwicklern anderer Versicherungssparten

Über sein Aufgabengebiet hinaus war Herr Lutz regelmäßig in Sonderaufgaben eingebunden. So verfasste er seit dieser Zeit zahlreiche Beiträge für das Intranet, hielt Vorträge auf Unternehmensveranstaltungen und schulte Kollegen in Java.

Herr Lutz besitzt ein hervorragendes Verständnis für die verschiedenen Softwaretechnologien sowie ein sehr aktuelles, umfangreiches und tiefgreifendes Fachwissen in seinem Arbeitsumfeld, das er stets äußerst erfolgreich in der Praxis einsetzte. Dieses Wissen baute er durch die Auseinandersetzung mit neuen Fragestellungen in der täglichen Arbeit und dem Studium von Fachliteratur kontinuierlich zielgerichtet weiter aus und hielt es auf dem neuesten Stand.

Seine sehr schnelle Auffassungsgabe, sein ausgeprägtes analytisches Denkvermögen sowie sein Gespür für praxisnahe und kundenorientierte Lösungen waren Herrn Lutz bei der Bearbeitung seiner Aufgaben immer von sehr großem Nutzen. Auch bei konstant hoher Belastung handelte er sehr besonnen und sicher und konnte sich auf neue Anforderungen jederzeit unverzüglich einstellen.

Herr Lutz war ein stets hoch motivierter Mitarbeiter, der seine Arbeit permanent zielorientiert sowie mit größtem Engagement anging. Er identifizierte sich immer in höchstem Maße mit den übernommenen Aufgaben und den Kundenbedürfnissen. Darüber hinaus überzeugte er durch seine stetige Eigeninitiative und seine große Bereitschaft, bei erhöhtem Arbeitsaufkommen oder personellen Engpässen seine Unterstützung anzubieten.

Seine Arbeiten erledigte Herr Lutz jederzeit eigenverantwortlich, klar strukturiert und sehr sorgfältig. Durch sein ergebnisorientiertes sowie effektives Vorgehen hielt er die gesetzten Termine immer absolut zuverlässig ein.

Von Herrn Lutz wurden, nicht zuletzt aufgrund seines eigenen hohen Anspruchs an die Softwarequalität, konstant sehr hochwertige Arbeitsergebnisse erbracht. Daher waren wir mit seinen Leistungen stets außerordentlich zufrieden.

Sein Verhalten gegenüber Vorgesetzten und Kollegen war immer vorbildlich. Aufgrund seiner hohen Fachkompetenz und ausgeglichenen, hilfsbereiten Art genoss Herr Lutz allseits hohe Wertschätzung und Anerkennung. Im Kundenkontakt agierte er laufend sehr professionell, mit hoher Flexibilität und Verbindlichkeit. Dabei war sein Auftreten ausgesprochen zuvorkommend und freundlich. Herr Lutz vertrat unser Unternehmen jederzeit sehr loyal und überzeugend nach außen.

Das Arbeitsverhältnis endet auf Wunsch von Herrn Lutz zum 31.12.2018. Wir bedauern seinen Entschluss, da wir mit ihm einen ausgezeichneten Mitarbeiter verlieren. Gleichzeitig bedanken wir uns für die wertvolle Zusammenarbeit und wünschen Herrn Lutz beruflich und persönlich alles Gute und weiterhin viel Erfolg.

Mainz, 31. Dezember 2018

Jan Schneider, Leiter IT   Jasmin Reiter, HR Business Partner

Technische Zeichnerin

Hohes technisches Verständnis, sicherer Umgang mit fachspezifischer Software wie CAD sowie die ausgeprägte Fähigkeit sehr konzentriert und präzise zu arbeiten, sind wichtige Kompetenzen für den Beruf der Technischen Zeichnerin. Daher gehören sie auch in ein überzeugendes Arbeitszeugnis.

Muster für ein sehr gutes Arbeitszeugnis für eine Technische Zeichnerin

Frau Anita Berger, geboren am 02.01.1996, war in der Zeit vom 15.02.2013 bis zum 30.11.2018 als Technische Zeichnerin im Bereich Elektro- und Bautechnik in unserem Hause tätig. Zum Aufgabengebiet von Frau Berger zählten insbesondere die folgenden Tätigkeiten:

- ✔ Erstellung von Entwurfs- und Ausführungsplanungen der Infrastruktur für die in Planung befindlichen Anlagen
- ✔ Anfertigung der Entwurfs- und Ausführungsplanung und des Netzanschlusses
- ✔ Erstellung von auftragsbezogenen Planungsunterlagen, Detailplänen und Übersichtsschaltplänen
- ✔ Abstimmung mit Genehmigungsbehörden
- ✔ Unterstützung bei der technischen Dokumentation

Frau Berger verfügt über sehr gute, umfangreiche und detaillierte Fachkenntnisse sowie weitreichende berufliche Expertise in ihrem Aufgabengebiet, die sie immer sehr sicher und erfolgreich in ihrer Arbeit einsetzte. Darüber hinaus überzeugte sie durch ihren sehr versierten Umgang mit dem CAD-System. Komplettiert wurde ihr Profil durch ihr großes planerisches und organisatorisches Geschick sowie ihr ausgezeichnetes technisches Verständnis.

Durch ihre äußerst schnelle Auffassungsgabe und ihr ausgeprägtes logisches Denk- und Urteilsvermögen arbeitete sie sich stets in kurzer Zeit in neue Themen ein und fand kontinuierlich sehr hochwertige Lösungen. Auch in Zeiten starken Arbeitsanfalls und Termindrucks erledigte Frau Berger ein enormes Arbeitspensum und zeigte eine sehr hohe Belastbarkeit und viel Ausdauer. Sie verstand es, effizient und richtig Prioritäten zu setzen und arbeitete stets sehr ergebnisorientiert und fristgerecht.

Frau Berger bearbeitete ihre Aufgaben jederzeit hoch motiviert, sehr engagiert und mit großer Eigeninitiative. Sowohl neuen Aufgaben als auch Systemen und Prozessen stand sie stets sehr aufgeschlossen gegenüber und zeigte viel Flexibilität. Ihre Arbeitsweise zeichnete sich durch ein höchstes Maß an Systematik, Sorgfalt und Selbstständigkeit aus. Frau Berger erzielte sowohl in quantitativer als auch qualitativer Hinsicht ausgezeichnete Arbeitsergebnisse. Alle ihr übertragenen Aufgaben erfüllte sie stets zu unserer vollsten Zufriedenheit.

Ihr Verhalten sowohl gegenüber Vorgesetzten und Kollegen als auch Geschäftspartnern war immer vorbildlich. Durch ihr sehr hilfsbereites und freundliches Wesen sowie ihre fachlichen Qualitäten förderte sie maßgeblich die äußerst gute und konstruktive Zusammenarbeit.

Frau Berger verlässt uns auf eigenen Wunsch zum 30.11.2018, was wir außerordentlich bedauern. Wir danken ihr für ihre stets sehr guten Leistungen und die immer überaus angenehme Zusammenarbeit. Für ihre berufliche wie auch private Zukunft wünschen wir Frau Berger alles Gute und weiterhin viel Erfolg.

Essen, 30. November 2018

Gerd Ullrich, Bereichsleiter   Sabine Schütt, Personalleiterin

Unternehmensberater

Einen erfolgreichen Unternehmensberater machen unter anderem sehr gute kommunikative Fähigkeiten, ein großes Präsentationsgeschick und ein ausgeprägtes Konzeptionsvermögen aus. Personalentscheider werden ein Arbeitszeugnis mit Formulierungen hierzu besonders positiv bewerten.

Muster für ein sehr gutes Arbeitszeugnis für einen Unternehmensberater

Herr Jannis Kupfer, geboren am 06.12.1988, war in der Zeit vom 01.04.2016 bis zum 31.05.2019 als Unternehmensberater im Bereich Management-Beratung unseres Hauses tätig.

Die Best Beratung GmbH mit Sitz in Berlin hat ihren Schwerpunkt in der Organisationsentwicklung und Prozessoptimierung in den Bereichen Einkauf und Accounting. Unsere Projekte umfassen die Beratung großer Mittelstandsunternehmen und international tätiger Konzerne.

Zum Aufgaben- und Verantwortungsgebiet von Herrn Kupfer gehörten im Einzelnen:

- ✔ Leitung von Projekten beim Kunden vor Ort, inklusive Projektplanung, -steuerung und -controlling
- ✔ Analyse von Organisationsstrukturen und Prozessen
- ✔ Erarbeitung individueller Optimierungsansätze
- ✔ Erstellung und Aufbereitung von Kundenpräsentationen (in englischer und deutscher Sprache)
- ✔ Unterstützung der Kunden bei der Implementierung der Ergebnisse in den entsprechenden Fachbereichen
- ✔ Mitwirkung beim Auf- und Ausbau von Kundenbeziehungen

Herr Kupfer verfügt über sehr gute, umfassende und fundierte Fach- und Branchenkenntnisse sowie eine ausgeprägte Projektmanagementkompetenz, die er immer zielführend und äußerst erfolgreich in der Praxis einsetzte. Sein Fachwissen hielt er kontinuierlich auf dem neuesten Stand und baute es zu unserem Nutzen stetig und sinnvoll weiter aus.

Herr Kupfer entwickelte fortwährend viel Eigeninitiative und engagierte sich mit außerordentlichem Engagement, hoher Dynamik und Ausdauer in seinen Arbeiten und Projekten. Er war zudem jederzeit gerne bereit und fähig, zusätzliche Aufgaben und Verantwortung zu übernehmen.

Der permanent hohen Arbeitsbelastung und den verschiedenen neuen Anforderungen war Herr Kupfer immer bestens gewachsen. Mit seiner hervorragenden Auffassungsgabe gelang es ihm, komplexe Sachverhalte schnell zu erfassen, zu analysieren und in sehr hochwertige Kundenlösungen umzusetzen. Ferner kamen Herrn Kupfer seine ausgeprägten konzeptionellen Fähigkeiten besonders zugute, was sich unter anderem an seinen sehr gut vorbereiteten und überzeugenden Präsentationen zeigte.

Er arbeitete jederzeit sehr teamorientiert, eigenverantwortlich, war ausgezeichnet organisiert wie auch äußerst zuverlässig und gründlich. Herr Kupfer pflegte eine stets individuelle, sehr kompetente und ergebnisorientierte Beratung und förderte dadurch die sehr gute und vertrauensvolle Kundenbeziehung. Seine Arbeitsergebnisse waren konstant von höchster Qualität und auch sein Arbeitspensum übertraf bei Weitem unsere Anforderungen. Alle ihm übertragenen Aufgaben erfüllte er stets zu unserer vollsten Zufriedenheit.

Sein Verhalten sowohl gegenüber Vorgesetzten und Kollegen als auch unseren Kunden war immer vorbildlich. Wir schätzten Herrn Kupfer als ein stets sehr freundliches, hilfsbereites und loyales Teammitglied, das allseits hochgeschätzt wurde. Im Kontakt mit unseren Kunden beeindruckte er als jederzeit verbindlicher, sehr kompetenter und serviceorientierter Gesprächspartner. Seine fließenden Englischkenntnisse ließen Herrn Kupfer auch im Rahmen der internationalen Kooperation immer überaus professionell auftreten und kommunizieren.

Das mit unserem Unternehmen bestehende Arbeitsverhältnis endet auf Wunsch von Herrn Kupfer zum 31.05.2019. Wir bedanken uns für seine wertvolle Mitarbeit und bedauern sein Ausscheiden sehr. Für seinen zukünftigen Berufs- und Lebensweg wünschen wir Herrn Kupfer alles Gute und weiterhin viel Erfolg.

Berlin, 31. Mai 2019

Dr. Hannes Haupt, Geschäftsführer

Verkäuferin

Das A und O im Beruf einer Verkäuferin ist wohl die Freude am Umgang mit den Kunden. Aber auch über die Begeisterung für die Produkte und ein ausgeprägtes Organisationsgeschick sollte man etwas in einem Arbeitszeugnis dieser Position lesen können.

Muster für ein sehr gutes Arbeitszeugnis für eine Verkäuferin

Frau Lara Schwarz, geboren am 05.07.1991, war in der Zeit vom 01.06.2014 bis zum 31.12.2018 als Verkäuferin im Bereich Damenoberbekleidung in unserer Filiale Bottrop tätig.

Zum Aufgabengebiet von Frau Schwarz zählten insbesondere die folgenden Tätigkeiten:

- ✔ Verkauf hochwertiger Markenmode
- ✔ Betreuung von Stammkunden und Akquise von Neukunden
- ✔ Warenpräsentation und Mitarbeit bei allen täglich anfallenden Aufgaben

Frau Schwarz zeichnete sich von Beginn an durch ihre Begeisterung für Mode, Lifestyle und aktuelle Trends sowie ihr sehr gutes, umfassendes und detailliertes Fach- und Produktwissen aus, das sie stets zielstrebig und überaus erfolgreich in ihrer Arbeit einsetzte. Ihre sehr schnelle Auffassungsgabe ermöglichte ihr, sich immer in kürzester Zeit in neue Anforderungen einzuarbeiten. Schwierigen Situationen und auch stärkster Arbeitsbelastung begegnete sie mit ihrer jederzeit sehr positiven Grundhaltung und ihrer großen Ausdauer.

Frau Schwarz pflegte einen hervorragenden Umgang mit unseren Kunden, deren Anliegen sie sich stets individuell und sehr flexibel annahm. Sie führte ihre Aufgaben immer mit einem sehr hohen Grad an Service- und Ergebnisorientierung sowie Effizienz und Sorgfalt aus. Frau Schwarz überzeugte zudem durch ihre ausgezeichnete Arbeitsorganisation. Somit trug sie maßgeblich zu der kontinuierlichen Erreichung der Vertriebsziele in ihrer Filiale bei. Mit ihren Leistungen waren wir stets außerordentlich zufrieden.

Ihr Verhalten gegenüber Vorgesetzten und Kollegen war immer vorbildlich. Durch ihre sehr kooperative, freundliche und offene Art war Frau Schwarz ein sehr geschätztes Mitglied unseres Filialteams. Im Kundenkontakt beeindruckte sie durch ihre sehr kompetente und jederzeit zuvorkommende Beratung und Betreuung.

Frau Schwarz verlässt uns auf eigenen Wunsch zum 31.12.2018, was wir außerordentlich bedauern. Wir danken ihr für ihre stets sehr guten Leistungen und die immer überaus angenehme Zusammenarbeit. Für ihre berufliche wie auch private Zukunft wünschen wir Frau Schwarz alles Gute und weiterhin viel Erfolg.

Bottrop, 31. Dezember 2018

Ulla Heyer, Filialleiterin

Werkstudent

Ähnlich wie für einen Praktikanten ist auch für einen Werkstudenten ein Arbeitszeugnis wichtig, da er in der Regel nur über wenig Berufserfahrung verfügt. Der Aufbau von Fachwissen sowie das sehr engagierte, selbstständige und zuverlässige Arbeiten sollten im Mittelpunkt eines Arbeitszeugnisses für einen Werkstudenten stehen.

Muster für ein sehr gutes Arbeitszeugnis für einen Werkstudenten

Herr Leon Gerber, geboren am 14.04.1995, war in der Zeit vom 01.09.2017 bis zum 31.08.2018 als Werkstudent im Bereich Event Management unseres Hauses tätig. Während dieser Zeit betrauten wir Herrn Gerber mit den folgenden Aufgaben:

- ✔ Organisation, Vorbereitung und Durchführung von Fachkonferenzen
- ✔ Einladung der Teilnehmer und Organisation von Konferenzbeiträgen
- ✔ Erstellung von Programm, Handouts, Postern und Marketingmaterial
- ✔ Einsatz am Konferenzort: Begrüßung und Anmeldung der Teilnehmer, Geräteaufbau, Betreuung der Vortragenden und so weiter
- ✔ Veröffentlichung von Präsentationen, Fotos und Videomaterial im Intranet im Rahmen der Nachbereitung

Wir schätzten Herrn Gerber von Anfang an als äußerst engagierten, motivierten und interessierten studentischen Mitarbeiter. Er arbeitete sich aufgrund seiner hervorragenden Auffassungsgabe sowie seiner sehr ausgeprägten analytischen Fähigkeiten in kürzester Zeit in die unterschiedlichen Aufgabenstellungen ein und konnte schnell Aufgaben selbstständig übernehmen.

Sein umfassendes und aktuelles Fachwissen setzte er immer absolut sicher und überaus erfolgreich in der Praxis ein und baute es während seiner Werkstudententätigkeit zielgerichtet noch weiter aus.

Sein Arbeitsstil war geprägt von einem sehr hohen Grad an Selbstständigkeit, Systematik, Sorgfalt und Effizienz. Die Arbeitsergebnisse von Herrn Gerber waren, auch in Belastungssituationen und unter Termindruck, von konstant bester Qualität, sodass wir mit seinen Leistungen stets außerordentlich zufrieden waren.

Sein Verhalten gegenüber Vorgesetzten und Kollegen war immer vorbildlich. Herr Gerber verfügt über eine stark ausgeprägte Teamorientierung, war stets sehr hilfsbereit und konnte sich daher rasch in das bestehende Team integrieren. Auch im Kontakt mit Kunden und Geschäftspartnern trat er jederzeit sehr gewandt und zuvorkommend auf.

Das Arbeitsverhältnis mit Herrn Gerber endet mit Ablauf des befristeten Vertrags zum heutigen Tage. Wir bedauern sein Ausscheiden und danken ihm für die sehr erfolgreiche wie auch immer angenehme Zusammenarbeit. Für seinen weiteren privaten und beruflichen Werdegang wünschen wir Herrn Gerber alles Gute und weiterhin viel Erfolg.

Berlin, 31. August 2018

Leonhard Muth, Abteilungsleiter   Isabelle Werner, HR Business Partner

Zahntechnikerin

Präzises Arbeiten unter straffen Zeitvorgaben und ein hohes handwerkliches Geschick sollte man für den Beruf einer Zahntechnikerin mitbringen. Daher sollten Formulierungen hierzu in einem Arbeitszeugnis für diese Position nicht fehlen.

Muster für ein sehr gutes Arbeitszeugnis für eine Zahntechnikerin

Frau Anna Ferdinand, geboren am 17.03.1987, war in der Zeit vom 01.09.2015 bis zum 31.10.2018 als Zahntechnikerin in unserem Labor tätig.

Zum Aufgabengebiet von Frau Ferdinand zählten insbesondere die folgenden Tätigkeiten:

- ✔ Erstellung von Prothesen und Zahnersatz
- ✔ Reparatur und Aufarbeitung von Brücken und Prothesen
- ✔ Pflege und Wartung der benötigten Werkzeuge
- ✔ Dokumentation der durchgeführten Arbeiten für die Abrechnung mit Krankenkassen und Patienten

Frau Ferdinand zeichnete sich durch ihre sehr guten handwerklichen und technischen Fähigkeiten aus, die sie immer ressourcenorientiert und überaus erfolgreich in ihrer Arbeit einsetzte. Mit ihrer ausgezeichneten Auffassungsgabe und hohen Flexibilität fand sie sich auch in neuen Situationen stets umgehend zurecht.

Den hohen Belastungen und dem ständigen Zeitdruck war Frau Ferdinand jederzeit bestens gewachsen. Sie war uns eine stets hoch motivierte, sehr fleißige und ausdauernde Mitarbeiterin, die auch durch ihre äußerst präzise und gewissenhafte Arbeitsweise überzeugte. Ihre Arbeitsergebnisse waren konstant von hervorragender Qualität und auch ihr Arbeitspensum übertraf bei Weitem unsere Anforderungen. Alle ihr übertragenen Aufgaben erfüllte Frau Ferdinand stets zu unserer vollsten Zufriedenheit.

Ihr Verhalten sowohl gegenüber Vorgesetzten und Kollegen als auch unseren Geschäftspartnern war in jeder Hinsicht und immer einwandfrei. Frau Ferdinand war aufgrund ihrer hohen Fach- und Sozialkompetenz allseits sehr geschätzt und anerkannt.

Das Arbeitsverhältnis mit Frau Ferdinand endet auf ihren Wunsch zum 31.10.2018. Wir bedauern, diese sehr gute Fachkraft zu verlieren und bedanken uns für ihre wertvolle Mitarbeit. Für ihren zukünftigen Berufs- und Lebensweg wünschen wir Frau Ferdinand alles Gute und weiterhin viel Erfolg.

Aachen, 31. Oktober 2018

Harald Schäfer, Geschäftsführer

Teil III
Arbeitszeugnisse für Arbeitgeber

IN DIESEM TEIL ...

Für viele Arbeitgeber ist es eine ungeliebte Aufgabe: das Schreiben von Arbeitszeugnissen. In diesem Teil finden Sie zahlreiche Möglichkeiten, sich dieser Aufgabe aufgeschlossener, motivierter und gelassener zu widmen. Dazu finden Sie Anregungen, den Prozess der Zeugniserstellung effizienter zu gestalten, aber auch konkrete Hilfe zur Formulierung von Austritts- und Zwischenzeugnissen für verschiedene Branchen. Damit sich nicht ein Zeugnis wie das andere liest, das Sie Ihren Mitarbeitenden mit auf den Weg geben, finden Sie in diesen Teil auch Tipps für die individuelle Anpassung.

> **IN DIESEM KAPITEL**
>
> Das Zeugnis als Visitenkarte
>
> Mitarbeiter und Vorgesetzte in die Zeugniserstellung einbinden
>
> Zeugnisdateien und -vorlagen gut strukturieren
>
> Zeugnisdienstleister und Zeugnisgenerator

Kapitel 8
Tipps für die Zeugniserstellung im Tagesgeschäft

Kennen Sie das? Der Mitarbeiter ist ausgeschieden, alle Austrittsformalitäten sind erledigt, nur eine Aufgabe haben Sie schon die ganze Zeit vor sich hergeschoben: die Erstellung des Arbeitszeugnisses. In diesem Kapitel gebe ich Ihnen ein paar Gedankenanstöße sowie wertvolle Optimierungsmöglichkeiten, die Ihnen helfen, sich dieser aus Ihrer Sicht lästigen Aufgabe motivierter, aufgeschlossener und effektiver zu stellen.

Eine Last und ein »Must«

Es ist meist eine zeitraubende Aufgabe, Arbeitszeugnisse zu verfassen. Das Telefon klingelt, das nächste Meeting steht an und der Arbeitsvertrag muss unbedingt noch geschrieben werden. Woher sollen Sie die Zeit nehmen, um die noch ausstehenden Zeugnisse zu schreiben und Ihrer gesetzlichen Verpflichtung nachzukommen? Schnell wächst die Liste der zu erstellenden Zeugnisse an und wird für Sie eine zunehmende Last.

Auch trotz der landläufigen Meinung, dass Zwischen- und Endzeugnisse nicht mehr glaubwürdig sind, verlangen die meisten Arbeitgeber von Bewerbern eine lückenlose und aussagekräftige Zeugnisvorlage. Auch heute sind überzeugende Arbeitszeugnisse immer noch ein Vorteil, wenn es darum geht, die erste Hürde im Bewerbungsprozess zu nehmen. Viele große Unternehmen laden Bewerber erst gar nicht zum Vorstellungsgespräch oder Telefoninterview ein, wenn nicht zu allen Stationen im Lebenslauf ein Zeugnis eingereicht wird.

Für Sie als Personaler oder Führungskraft ist das Arbeitszeugnis auf der einen Seite eine Last, wenn Sie es schreiben müssen, aber eben auch ein Must, wenn Sie eine Neueinstellung vornehmen möchten. Sollten Sie es aus diesem Grund nicht mit derselben Sorgfalt und Aussagekraft erstellen, mit der Sie auch erwarten, dass ein Ihnen vorgelegtes Zeugnis angefertigt wurde?

 Aufgrund der komplizierten Rechtsprechung sowie engagierter Betriebsräte und gut informierten Personals ist das Schreiben eines Arbeitszeugnisses nicht nur eine verantwortungsvolle, sondern auch zeit- und nervenraubende Aufgabe. Doch die fehlende Zeit und das mangelnde Fachwissen führen nicht selten zu Fehlern bei der Zeugniserstellung. Und das kann mitunter teure Konsequenzen nach sich ziehen.

Auch wenn es keine festgelegte Frist gibt, wie lange ein Arbeitnehmer auf die Erstellung seines Zeugnisses warten muss (im Gesetzestext ist nur von »einem angemessenen Zeitraum« die Rede), sollten Sie sich für die Erstellung nicht zu lange Zeit nehmen. Denn tritt durch Ihr schuldhaftes Zögern für den Arbeitnehmer ein Schaden auf (beispielsweise wenn nachgewiesen werden kann, dass ein in Aussicht stehendes Jobangebot nicht zustande kam, da das Zeugnis nicht rechtzeitig vorlag), können Sie schadenersatzpflichtig werden.

Das Emotionale bei Zeugnissen

Im Tagesgeschäft staut sich schnell anderweitig Arbeit an, die für die Formulierung von Zeugnissen nur wenig Zeit lässt – da greift man schon mal zum Zeugnis für den letzten ausgeschiedenen Mitarbeiter, tauscht die persönlichen Daten und das eine oder andere Wort aus und setzt seine Unterschrift darunter.

Das führt häufig zu Enttäuschung beim Zeugnisempfänger, für den das Zeugnis für die weitere berufliche Laufbahn ausschlaggebend sein kann. Denn das Arbeitszeugnis ist nicht nur eine wichtige Dokumentation von Aufgaben und gezeigten Leistungen, sondern auch eine Möglichkeit, dem Empfänger Anerkennung und Wertschätzung auszudrücken. Sie fehlt den meisten Arbeitnehmern schon in der täglichen Arbeit. Wenn dann auch noch das Zeugnis lieblos und knapp sowie mit Standardfloskeln geschrieben wurde, führt das zu großer Frustration. Zudem werden achtlos verfasste Zeugnisse auch häufig reklamiert und Sie als Aussteller müssen das Dokument erneut überarbeiten, was wiederum Ihre Zeit bindet, die Sie für sinnvollere andere Personalarbeit nutzen könnten.

Um motiviert in einen neuen beruflichen Abschnitt starten zu können, ist es für viele Arbeitnehmer wichtig, das alte Arbeitsverhältnis zufrieden abzuschließen. Außerdem möchte doch jeder von uns für gezeigten Einsatz und eine gegebenenfalls langjährige Mitarbeit gelobt werden und Dank erhalten. Mit einem ordentlich geschriebenen Zeugnis vermeiden Sie, dass ausgeschiedene Mitarbeiter sich negativ über ihren alten Arbeitgeber äußern. Insbesondere für Empfänger eines Zwischenzeugnisses ist ein gut und individuell geschriebenes Zeugnis wichtig. Diese Mitarbeiter verbleiben im Unternehmen und sollen ja auch möglichst engagiert weiterarbeiten. Ärger und Frust über ein schlechtes Zwischenzeugnis können zur Motivationsbremse werden.

Zeugnisse rufen beim Empfänger immer Emotionen hervor. Denken Sie daran: Zeugnisaussteller sind auch irgendwann Zeugnisempfänger! Auch Sie möchten ein Zeugnis erhalten, aus dem erkennbar ist, dass sich jemand die nötige Mühe damit gegeben hat. In der Hektik des Berufslebens gehen Aufmerksamkeit und Würdigung der Leistung jedes Einzelnen leider immer mehr unter. Das Zeugnis ist eine gute Gelegenheit, Lob und Dank mit auf den Weg zu geben.

Die Außenwirkung von Zeugnissen

Es gibt viele schlecht geschriebene Zeugnisse, auch von namhaften und großen Unternehmen. Sie enthalten Rechtschreibfehler, wurden formal nicht richtig ausgestellt, lesen sich holprig und wurden mit Zeugnisgeneratoren geschrieben, ohne abschließende Prüfung der Sinnhaftigkeit.

Das Arbeitszeugnis ist ein Dokument mit nicht zu vernachlässigender Außenwirkung. Es ist auch eine »Visitenkarte« für Ihr Unternehmen und Ihre Personalarbeit. Stellen Sie sich einmal vor, wie vielen anderen Firmen und deren Personalern oder auch Führungskräften das von Ihnen erstellte Zeugnis im Zuge von Bewerbungen vorgelegt wird. Mit der gewissenhaften und individuellen Formulierung von Arbeitszeugnissen können Sie Personalmarketing betreiben. Sie fördern den guten Ruf Ihres Unternehmens als Arbeitgeber, wenn Sie sich bei der Zeugniserstellung Mühe geben. Daher sollte es perfekt sein, finden Sie nicht auch?

Optimierung des Prozesses der Zeugniserstellung

Im Personalwesen moderner Unternehmen ist der Verwaltungsaufwand hoch. Die Aufgaben sind vielfältig: Dokumentenerstellung wie etwa die Ausstellung von Arbeitsverträgen, die Klärung von Gehaltsfragen und die Anfertigung von Arbeitszeugnissen gehören dazu. Wie in allen anderen Unternehmensbereichen auch, ist es sinnvoll diese Prozesse zu optimieren. Auch die zeitintensive Erstellung von Arbeitszeugnissen können Sie optimieren. Beschwerden von Mitarbeitern und Führungskräften über Zeugnisse oder lange Wartezeiten auf das Zeugnis sind für Personalabteilungen fast schon alltäglich, belasten aber die Mitarbeiter in der täglichen Arbeit zusätzlich. Und so häufen sich Zeugnisse auf und die Beschwerden werden nicht abgebaut, sondern verstärken sich sogar.

Mögliche negative Einflussfaktoren bei der Arbeitszeugniserstellung können sein:

✔ Fehlendes Fachwissen

✔ Zu wenig Personal

✔ Fehlende Zeit

✔ Personalakten sind nicht gut geführt

✔ Komplizierter Prozess

- ✔ Keine Fristen
- ✔ Große Umstrukturierungen oder Personalabbaumaßnahmen

Ein optimierter Prozess für die Erstellung von Arbeitszeugnissen kann der Schlüssel für zufriedene Mitarbeiter sein. Er sollte folgende Zielsetzungen haben:

- ✔ Abbau von aufgelaufenen Zeugnissen
- ✔ Entlastung der Personalmitarbeiter in der täglichen Arbeit
- ✔ Entlastung der Führungskräfte
- ✔ Senkung der Beschwerdequote
- ✔ Verbesserung der Qualität der Zeugnisdokumente
- ✔ Schaffung freier Ressourcen für andere wichtige Personalarbeit

Mitarbeiter und Vorgesetzte beteiligen

In vielen Personalabteilungen wird zur Zeugniserstellung immer noch in mühevoller Arbeit zunächst die Personalakte des Mitarbeiters durchforstet, um den Werdegang und die Positionen zu recherchieren. Dann wird eine Beurteilung vom Vorgesetzten eingeholt, auf die man häufig ziemlich lange warten muss. Andere greifen wiederum auf bereits geführte Mitarbeitergespräche zurück und versuchen, daraus eine Bewertung für das zu schreibende Zeugnis abzuleiten. Nach Sammlung aller nötigen Informationen wird sich dann an das Schreiben des Zeugnisses gesetzt, was durch Telefonklingeln und Termine unterbrochen wird und teilweise mehrere Tage bis zur Finalisierung beansprucht. Verständlicherweise wird also die Zeugniserstellung gern vor sich hergeschoben. Das führt dann häufig zu Beschwerden von Mitarbeitern, die zu lange auf ihr Zeugnis warten müssen. Mit ein paar kleinen Veränderungen können Sie den Prozess der Zeugniserstellung effizienter und somit die Mitarbeiter zufriedener machen:

- ✔ Beteiligen Sie die Mitarbeiter an der Anfertigung ihres Zeugnisses. Heute wenden sich viele Führungskräfte im Rahmen der Zeugniserstellung an ihre Mitarbeiter, in etwa so »Schreib mir doch mal auf, was du alles gemacht hast. Ich muss der Personalabteilung Input für dein Zeugnis geben.« Nehmen Sie das vorweg und lassen sich die Aufgaben vom Mitarbeiter liefern. Sie können das Zeugnis dann immer noch von der Führungskraft inhaltlich freigeben lassen. Gerade bei langen Zugehörigkeiten kann es hier zu einer deutlichen Zeitersparnis kommen. Denn wer weiß besser, was er in all den Jahren im Unternehmen gemacht hat, als der Mitarbeiter selbst? Bedenken Sie außerdem, dass es dann auch im Nachhinein kaum mehr zu Reklamationen durch den Mitarbeiter kommen wird.

- ✔ Setzen Sie den Führungskräften straffe Fristen zur Lieferung der nötigen Zeugnisinhalte und verschicken Sie regelmäßige Erinnerungen. Führen Sie Eskalationsstufen ein. Wenn sich die Führungskraft innerhalb der gesetzten ersten Frist nicht meldet, setzen sie die nächsthöhere Führungskraft in Kopie. Sie werden sehen, wie schnell der Rücklauf da sein wird.

✔ Legen Sie den Schwerpunkt des Zeugnisses auf die zuletzt ausgeübte Position, maximal die letzten beiden Positionen. Beschreiben Sie den Werdegang im Einzelnen und fügen Sie nur bei der aktuellen Position die Aufgaben im Detail mit hinzu. Ein Zeugnis sollte generell zwei Seiten nicht überschreiten, da es sonst keiner komplett lesen wird. In Einzelfällen, wie etwa bei sehr langen Zugehörigkeiten oder auch Führungskräften, können es auch mal drei Seiten werden.

✔ Nutzen Sie ein verständliches und schnell auszufüllendes Zeugnisformular mit kleinen Erläuterungen.

✔ Sensibilisieren Sie Ihre Führungskräfte für das Thema Arbeitszeugnisse, wie beispielsweise durch ein Zeugnisseminar.

Effektive Zeugnisformulare

Ein sehr wirksames Mittel zur Optimierung des Prozesses zur Erstellung von Arbeitszeugnissen ist ein praktikables und benutzerfreundliches Zeugnisformular. Dieses Formular sollte möglichst optimal auf die Anforderungen für Ihr Unternehmen zugeschnitten sein sowie eine echte Zeitersparnis sicherstellen. Im Folgenden finden Sie eine Aufstellung aller wichtigen Bestandteile für ein effektives Zeugnisformular:

1. Stammdaten wie Name, Vorname, Personalnummer, Eintrittsdatum, aktuelle Position und Abteilung

2. Grundlegende Informationen zur Ausstellung wie Zwischen- oder Austrittszeugnis, Ausstellungsgrund (beispielsweise Eigenkündigung bei Austritt oder Vorgesetztenwechsel bei einem Zwischenzeugnis), Name/n der Beurteiler und Unterzeichner, liegen gegebenenfalls bereits Zwischenzeugnisse vor?

3. Lassen Sie ausreichend Platz für die chronologische Darstellung des Werdegangs und der entsprechenden Positionen mit Hauptaufgaben, Sonder- und Projektaufgaben sowie Kompetenzen.

4. Bewertungsteil, unterteilt nach den Zeugniskomponenten: Wissen und Weiterbildung, Arbeitsbefähigung, Arbeitsbereitschaft, Arbeitsweise, Arbeitserfolg, zusammenfassende Bewertung, Führungsverhalten (bei Vorgesetzten) und Sozialverhalten (intern/extern) mit einer Notenskala zum Ankreuzen. Außerdem sollte es die Möglichkeit geben, die einzelnen Komponenten zu kommentieren, um das Zeugnis individueller gestalten zu können. Ein Beispiel finden Sie in Tabelle 8.1.

Auffassungsgabe	☐ 1	☐ 2	☐ 3	☐ 4	Kommentar:
Belastbarkeit	☐ 1	☐ 2	☐ 3	☐ 4	Kommentar:
Flexibilität	☐ 1	☐ 2	☐ 3	☐ 4	Kommentar:

Tabelle 8.1: Beispiel Zeugnisformular Bewertungsteil

5. Fügen Sie Ihrem Zeugnisformular eine klare und verständliche Anwendungsbeschreibung bei, sodass die Nutzer eigenständig in der Lage sind, die einzelnen Felder

auszufüllen. Wenn Sie ein neues Formular einführen, laden Sie Ihre Führungskräfte zu einer kurzen Schulung ein. Somit vermeiden Sie unnötige Rückfragen und unzureichend oder missverständlich ausgefüllte Formulare.

Bitte unbedingt beim Ausfüllen beachten:

- ✔ Die Darstellung der Aufgaben sollte konkret und klar verständlich sein.
- ✔ Die Reihenfolge sollte der Wichtigkeit/Häufigkeit der Aufgaben entsprechen.
- ✔ Möglichst keine firmenspezifischen Ausdrücke oder Abkürzungen verwenden.
- ✔ Bei Projekten/Produkten nicht nur die Bezeichnung angeben, sondern auch den Inhalt.

Die praktische Ablage – Arbeiten mit einem Zeugnislaufwerk

Eine weitere Möglichkeit der Optimierung ist eine – wie in so vielen anderen Bereichen auch – strukturierte Ablage. Um mit Dokumenten als Vorlage zu arbeiten und sie schnell zu finden, benötigt man eine einheitliche und akkurat benannte Ordnerstruktur. Wie gelingt das?

1. Legen Sie ein eigenes Zeugnislaufwerk an, das nach Monat und Zeugnisart (Austritts- oder Zwischenzeugnis) sortiert ist. Eventuell gibt es in Ihrem Hause noch andere wichtige Kriterien wie Gesellschaftsname, Geschäftseinheit, Werk oder andere.

2. Vergeben Sie einheitliche Dateinamen und fügen Sie die Position unbedingt mit ein, wie zum Beispiel AZ_Mustermann, Max Außendienstmitarbeiter. So können Sie bereits erstellte Zeugnisse für weitere auszustellende gleiche Positionen bestens als Vorlage verwenden.

3. Bauen Sie das Zeugnislaufwerk so auf, dass Sie auch den Bearbeitungsstand zuordnen können, wie etwa mit den Ordnerbezeichnungen: »In Bearbeitung«, »Zur Prüfung bei Führungskraft«, »Erledigt«. Pflegen Sie das Zeugnislaufwerk regelmäßig und gewissenhaft, sodass es immer auf dem neuesten Stand ist. Somit sparen Sie sich unter anderem das Führen einer zusätzlichen Statusliste.

4. Legen Sie auf dem Zeugnislaufwerk auch alle wichtigen Informationen und Vorlagen zur Zeugniserstellung ab, wie beispielsweise die aktuelle Unternehmensskizze oder die Formatvorlage mit korrekter Fußzeile.

Standards entwickeln und Platz für Individualität lassen

Sie möchten die Zeugnisse so effizient und schnell wie möglich schreiben, aber auch so wenig Nacharbeit wie möglich damit haben. Bei standardisierten Zeugnissen sind die Mitarbeiter öfter unzufrieden. Es kommt zu Reklamationen und zu zeitaufwendigen Überarbeitungen der Zeugnisdokumente. Dem kann man aber mit ein paar einfachen Kniffen entgegenwirken:

- ✔ Legen Sie für die gängigsten Positionen in Ihrem Hause einheitliche Tätigkeitsbeschreibungen für die Zeugniserstellung an und fragen Sie bei den Führungskräften oder den Mitarbeitern nur noch Sonder- und Projektaufgaben ab, die sie dann noch in das Zeugnis mit aufnehmen.

✔ Setzen Sie jeweils Bewertungsteile mit Note 1, Note 2 und Note 3 auf (schlechtere Zeugnisse werden heutzutage meistens gar nicht mehr ausgestellt). Häufig setzen Führungskräfte ihre Bewertungskreuze bei durchgängig einer Note. So können Sie mit Copy & Paste den gesamten Teil übernehmen. Dann ergänzen Sie nur noch spezielle Fachkenntnisse, Weiterbildungen und besondere Arbeitserfolge zur Individualisierung.

✔ Bauen Sie sich im Laufe der Zeit eine »Bibliothek« von besonders gelungenen Zeugnissen auf, auf die Sie insbesondere bei anspruchsvolleren Zeugnissen, wie etwa für Führungskräfte oder Vorstände, immer wieder zurückgreifen können.

✔ Warum nicht auch mal bei anderen »spicken«. Sicherlich haben Sie auch schon einmal ein sehr ansprechendes Zeugnis in einer Bewerbung gelesen. Ich rate Ihnen natürlich nicht, einfach abzuschreiben, sondern nur laufend neue Anregungen und Ideen für Ihre Zeugniserstellung zu sammeln und sie, auf Ihr Unternehmen zugeschnitten, in die Praxis umzusetzen.

✔ Legen Sie sich eigene Zeugnisbausteine für Zwischen- und Austrittszeugnisse sowie für männliche und weibliche Mitarbeiter als Word-Vorlage mit Notenstufen an. Daraus erstellen Sie ein erstes Zeugnisgerüst, das Sie dann an einzelnen Stellen individualisieren. Hierzu eignet sich auch ein Zeugnisgenerator, insbesondere wenn Sie keine Erfahrung mit rechtssicheren Zeugnisformulierungen haben.

Formulierungen in einem Austrittszeugnis für die Noten 1 bis 4

Bausteine »Leistungsbereitschaft«

Note 1: Frau Meier überzeugte stets durch ihre außerordentliche Einsatzbereitschaft und ihr sehr hohes Maß an Eigeninitiative sowie Zielstrebigkeit.

Note 2: Frau Müller überzeugte stets durch ihre große Einsatzbereitschaft und ihr hohes Maß an Eigeninitiative sowie Zielstrebigkeit.

Note 3: Frau Schmidt zeigte Einsatzbereitschaft und Eigeninitiative.

Note 4: Frau Klein zeigte zumeist Einsatzbereitschaft und Eigeninitiative.

Bausteine »Belastbarkeit«

Note 1: Schwierigen Situationen und auch stärkster Arbeitsbelastung begegnete sie mit ihrer immer sehr positiven Grundhaltung und ihrer großen Ausdauer.

Note 2: Schwierigen Situationen und auch starker Arbeitsbelastung begegnete sie mit ihrer immer positiven Grundhaltung und ihrer großen Ausdauer.

Note 3: Schwierigen Situationen und auch starker Arbeitsbelastung begegnete sie mit ihrer positiven Grundhaltung und ihrer Ausdauer.

Note 4: Auch stärkerer Arbeitsbelastung war sie gewachsen.

> **Formulierungen aus einem Zwischenzeugnis für die Noten 1 bis 4**
>
> **Bausteine »Arbeitsweise«**
>
> **Note 1:** Er führt seine Aufgaben jederzeit mit einem sehr hohen Grad an Service- und Ergebnisorientierung sowie Effizienz und Sorgfalt aus.
>
> **Note 2:** Er führt seine Aufgaben jederzeit mit einem hohen Grad an Service- und Ergebnisorientierung sowie Effizienz und Sorgfalt aus.
>
> **Note 3:** Er führt seine Aufgaben mit Service- und Ergebnisorientierung sowie Effizienz und Sorgfalt aus.
>
> **Note 4:** Er führt seine Aufgaben in der Regel mit Serviceorientierung und Sorgfalt aus.
>
> **Bausteine »Arbeitserfolg«**
>
> **Note 1:** Die Arbeitsergebnisse von Herrn Groß übertreffen quantitativ und qualitativ konstant weit unsere Erwartungen.
>
> **Note 2:** Die Arbeitsergebnisse von Herrn Sommer übertreffen quantitativ und qualitativ konstant unsere Erwartungen.
>
> **Note 3:** Die Arbeitsergebnisse von Herrn Winter entsprechen quantitativ und qualitativ konstant unseren Erwartungen.
>
> **Note 4:** Die Arbeitsergebnisse von Herrn Kiel entsprechen quantitativ und qualitativ unseren Erwartungen.

Damit jedes Zeugnis Ihr Haus fehlerfrei verlässt, empfiehlt sich die Einführung einer abschließenden Korrekturschleife (Vier-Augen-Prinzip). Denken Sie hierbei auch immer an die Außenwirkung des Zeugnisses und die Zufriedenheit Ihrer Mitarbeiter.

Outsourcing der Zeugniserstellung

Wie in vielen anderen Bereichen wurden in den letzten Jahren auch in den Personalabteilungen massiv Mitarbeiter eingespart. Aufgaben des Personalmanagements sind jedoch komplex und ressourcenintensiv. Das hat dazu geführt, dass sich immer mehr Unternehmen für das Outsourcing von Aufgaben entschieden haben. Hierunter fällt als besonderer »Zeitfresser« auch das Schreiben der Arbeitszeugnisse. In diesem Zusammenhang kommt immer wieder die Frage auf, wie denn ein Externer ein Zeugnis für einen Mitarbeiter schreiben kann, den er gar nicht kennt.

Arbeitszeugnisdienstleister denken sich natürlich nicht einfach etwas aus, sondern Sie verarbeiten die von der Kundschaft zur Verfügung gestellten Informationen zu einem Zeugnistext. Darüber hinaus erfolgt die Unterschrift des Zeugnisses selbstverständlich vom Kunden, dem Unternehmen, und nicht vom Dienstleister. Auch ein Personalreferent in einem großen Unternehmen mit 500 oder 1.000 Mitarbeitern kennt nicht jeden Mitarbeiter persönlich. Er erstellt das Zeugnis auf Grundlage der Personalakte und der Bewertung durch die entsprechende Führungskraft. Ein Arbeitszeugnisdienstleister übersetzt die erhaltenen Informationen, in der Regel über ein Zeugnisformular, in die Zeugnissprache und liefert den Textentwurf an den Kunden. Dabei gilt es natürlich den hohen Anforderungen des Datenschutzes in diesem Bereich gerecht zu werden, wodurch sich der optimale Dienstleister auszeichnen sollte.

Wann man auslagern sollte

Wann ist das Outsourcing der Zeugniserstellung für Sie sinnvoll? Dazu sollten Sie folgende Faktoren für sich prüfen:

- ✔ Ihre Mitarbeiter müssen überdurchschnittlich lange auf ihr Zeugnis warten.
- ✔ Sie erhalten regelmäßig Reklamationen von den Mitarbeitern zur Qualität der Zeugnisse.
- ✔ Es fehlt an dem nötigen Know-how ein korrektes, rechtssicheres und präzises Zeugnis zu schreiben.
- ✔ Es stehen einschneidende Umstrukturierungen, ein Unternehmensverkauf oder ein Betriebsübergang mit vielen Zeugnisanforderungen bevor.
- ✔ Es sind viele zu schreibende Zeugnisse aufgelaufen.
- ✔ Durch die zunehmende Globalisierung häufen sich die Nachfragen nach Arbeitszeugnissen auf Englisch.
- ✔ Ihr Prozess zur Erstellung von Arbeitszeugnissen ist nicht optimal, wie etwa lange Rücklaufzeiten der Zeugnisformulare durch die Führungskräfte, zu viel Zeitaufwand bei der Recherche des Werdegangs aus der Personalakte.
- ✔ Sie benötigen mehr Zeit für andere wichtige Aufgaben des Personalmanagements, wie beispielsweise das Recruiting oder die Personalentwicklung.

Wenn Sie sich für ein Outsourcing entscheiden, gibt es verschiedene Möglichkeiten, wie Sie sich Unterstützung holen können. In diesem Zusammenhang sollten Sie sich nachfolgende Fragen stellen:

- ✔ Möchten Sie Ihren Prozess zur Erstellung von Arbeitszeugnissen teilweise oder ganz auslagern?
- ✔ Soll die Unterstützung bei Ihnen vor Ort erfolgen oder in den Geschäftsräumen des Dienstleisters?
- ✔ Wie und in welchem Umfang soll der Informationsaustausch zwischen Ihnen und dem Dienstleister erfolgen?
- ✔ Welche systemtechnischen Voraussetzungen müssen getroffen werden?

✔ Welchen Anforderungen an den Datenschutz für Ihr Unternehmen muss der Dienstleister gerecht werden?

✔ Wie viele und welche Mitarbeiter innerhalb des Personalteams sollen dem Dienstleister als Ansprechpartner zur Verfügung stehen?

Der Erfolg des Outsourcings hängt von der Auswahl des richtigen Dienstleisters ab, der bezüglich Erfahrung, Kompetenz, Größe, Arbeitsstil und auch in Budgetfragen zu Ihrem Unternehmen passen sollte.

Ein guter und seriöser Dienstleister kann entsprechende Referenzen vorlegen. Also fragen Sie ihn danach. Außerdem wird er bereit sein, für Sie ein kostenfreies Probezeugnis zu erstellen, damit Sie sich von der Arbeitsqualität ein Bild machen können.

Offener Umgang bei der externen Zeugnisausstellung

Viele Mitarbeiter verbinden ihr Arbeitszeugnis mit der Wertschätzung ihres Arbeitgebers. Sie erwarten, dass er sich die nötige Zeit nimmt sowie Mühe gibt, ihr Arbeitszeugnis zu schreiben. Deshalb reagieren viele zunächst einmal mit Unverständnis, wenn es um das Outsourcing der Arbeitszeugniserstellung geht. Über die Frage hinaus, wie denn ein Fremder die Leistung bewerten soll, kommen auch noch die Sorge um die personenbezogenen Daten hinzu. Deshalb ist es so wichtig, von Anfang an eine offene Kommunikation zu pflegen. Um sie zu gewährleisten, lege ich Ihnen nachfolgende Liste ans Herz:

✔ Beziehen Sie von Anfang an den Betriebsrat und den Datenschutzbeauftragten ein.

✔ Informieren Sie alle Mitarbeiter per E-Mail, Intranet oder Infoflyer über das Outsourcing, den neuen Prozess, den Datenschutz und den Dienstleister.

✔ Organisieren Sie eine Informationsveranstaltung, auf der sich der Dienstleister vorstellen und für Fragen zur Verfügung stehen kann.

✔ Präsentieren Sie die Vorteile für die Mitarbeiter wie schnellere Bearbeitungszeiten und somit schnellere Aushändigung des Zeugnisses sowie Erstellung der Zeugnisse durch Experten oder Qualitätssteigerung.

✔ Ermöglichen Sie den direkten Austausch zwischen Mitarbeitern und den Dienstleistern.

Pro und Contra Zeugnisgenerator

Viele Unternehmen, die zahlreiche Zeugnisse erstellen müssen, verwenden einen Zeugnisgenerator, den es von verschiedenen Anbietern gibt. In diesen Generatoren ist zumeist auch ein Zeugnisformular integriert. Vor- und Nachteile dieser Zeugnisgeneratoren habe ich Ihnen in Tabelle 8.2 zusammengestellt.

Vorteile	Nachteile
Sicherstellung rechtlich einwandfreier Zeugnisse	sehr einheitliche Zeugnistexte
einfache Handhabung	wenig Individualität
Erläuterung und Hilfetexte	Zeugnisformular bietet nur Platz für die Beschreibung der aktuellen Position
Importfunktion von Personalstammdaten in den Zeugnistext	Zeitersparnis nur bei Erstellung des Bewertungsteils, die zeitaufwendigere Arbeit der Recherche des Werdegangs des Mitarbeiters kann der Generator nicht abdecken.
automatische Zusammenstellung der verschiedenen Textbausteine des Bewertungsteils	Die erstellten Texte des Generators müssen in Microsoft Word noch importiert werden, was zu Kompatibilitätsproblemen führen kann.

Tabelle 8.2: Vor- und Nachteile von Zeugnisgeneratoren

Wenn Sie über wenig Erfahrung in der Erstellung rechtssicherer Zeugnisse verfügen, ist ein Zeugnisgenerator ein gutes Tool, um in die Thematik hineinzukommen und Sicherheit zu gewinnen. Er ist hilfreich, um ein erstes Zeugnisgerüst anzufertigen, nicht aber um signifikant Zeit zu sparen. Es verbleibt immer noch der hohe Zeitaufwand, alle Stationen des Mitarbeiters mit den entsprechenden Aufgaben aus der Akte und/oder den Personalsystemen zusammenzustellen. Zudem haben Unternehmen, die mit Zeugnisgeneratoren arbeiten, häufig mit einer hohen Unzufriedenheit der Mitarbeiter bezüglich der Individualität und Aussagekraft der Zeugnisse zu tun.

> **IN DIESEM KAPITEL**
>
> Beispiele für sehr gute, gute und befriedigende Arbeitszeugnisse
>
> Inspirationen und Tipps für die Formulierung
>
> Arbeitszeugnisse individuell anpassen

Kapitel 9
Muster für Zwischen- und Austrittszeugnisse nach Branchen

Bei der Suche nach Zeugnisvorlagen im Internet kann man sich, wie bei der Suche nach dem passenden Ferienhaus, schon einmal mehrere Stunden verlieren. Bei Arbeitszeugnisgeneratoren mit kreativen Namen wie Zeugnis2go oder ArbeitszeugnisAssistent findet man auch zahlreiche kostenlose Musterzeugnisse. Mit diesen Arbeitshilfen können Sie die ungeliebte Aufgabe zwar schnell erledigen, aber Aussagekraft und Individualität bleiben dann eher auf der Strecke. Damit das nicht passiert, habe ich in diesem Kapitel aussagekräftige und individuell anpassbare Musterzeugnisse bereitgestellt.

Musterzeugnisse mit Variationen

Im Folgenden habe ich Musterzeugnisse mit verschiedenen Ausrichtungen zusammengestellt, und zwar:

- ✔ kaufmännisch
- ✔ technisch
- ✔ Produktion
- ✔ Medizin

Außerdem enthalten die Musterzeugnisse Formulierungsvarianten für drei Benotungsstufen und zwar jeweils als Zwischenzeugnis und als Austrittszeugnis. Zudem habe ich einzelne Punkte zum besseren Verständnis kommentiert. In Kapitel 6 in Tabelle 6.1 finden Sie weitere Formulierungshilfen zur individuellen Gestaltung des Zeugnistextes und zum Zuschneiden auf verschiedene Positionen. Ich finde es viel schwerer, ein Zeugnis unterhalb der Note 1 bis 2 zu schreiben. Deshalb habe ich auch ein Musterzeugnis für eine Bewertung mit der Note 3 aufgenommen. Unterhalb dieser Bewertung wird heute nur noch selten ein Zeugnis ausgestellt. Die meisten Arbeitnehmer sind so kenntnisreich, dass sie ein Zeugnis mit der Note 4 und schlechter nicht akzeptieren und sich arbeitsrechtliche Hilfe holen. Denn grundsätzlich gilt der Anspruch auf die Note 3, bei allem, was darunter liegt, kommt der Arbeitgeber in die Beweispflicht. Wenn Sie jedoch Informationen zur Erstellung eines Zeugnisses mit der Note 4 und schlechter suchen, finden Sie sie in Kapitel 5.

 Die Länge des Arbeitszeugnisses sollte der Position und der Betriebszugehörigkeit entsprechen. Außerdem findet man in sehr guten und guten Zeugnissen viele positive Adjektive wie ausgezeichnet oder vorbildlich und Adverbien wie stets, immer oder jederzeit. Des Weiteren werden Besonderheiten meist hervorgehoben, wie etwa spezielle Fachkenntnisse oder persönliche Fähigkeiten. Ein zu kurzes Zeugnis bedeutet daher in der Regel ein schlechtes Arbeitszeugnis.

Die folgenden Musterzeugnisse helfen Schwachstellen zu vermeiden und Besonderheiten für die jeweilige Berufsgruppe zu berücksichtigen. Bei Zeugnissen für kaufmännische Positionen müssen vor allem die Auffassungsgabe, die Flexibilität und die organisatorischen Fähigkeiten erwähnt werden. Darüber hinaus ist es wichtig zu erfahren, wie zuverlässig, genau und effizient gearbeitet wurde. Wichtige Eigenschaften in diesem Berufszweig sind auch das Kostenbewusstsein, Kunden- und Serviceorientierung sowie die Teamfähigkeit.

Musterzeugnisse für den kaufmännischen Bereich

Im Bewertungsteil habe ich die Musterzeugnisse zusätzlich mit Optionen versehen, die nicht für jede Position Anwendung finden müssen. Sie können natürlich auch durch andere wichtige Qualifikationen, die man besonders hervorheben möchte, ersetzt werden.

Muster für ein Zwischenzeugnis Schulnote 1 bis 3

Frau Michaela Küster, geboren am Monat.Jahr (Angabe des Geburtsdatums nur auf Wunsch des Arbeitnehmers), trat am Monat.Jahr in unser Unternehmen ein.

Unternehmensbeschreibung (Hierzu gibt es keine Verpflichtung seitens des Arbeitgebers, es empfiehlt sich aber zur besseren Einordnung von Erfahrungen des Zeugnisempfängers.)

Ihr Einstieg erfolgte in der Position einer Junior Assistentin im Bereich Vertrieb. Dort zählten zu ihren Hauptaufgaben:

✔ Beantwortung von Kundenanfragen zu Produkten

✔ Unterstützung der verantwortlichen Verkäufer bei weiteren Kundenanfragen oder Problemen mit Produktlieferungen, Zahlungen und Überfälligkeiten

- ✔ Überprüfung und Genehmigung von Gut- und Lastschriften
- ✔ Preispflege im EDV-System für zugeordnete Kunden
- ✔ Anlegen und Überprüfung von Rückstellungen für Rabattverträge

Darüber hinaus war Frau Küster mit der Einarbeitung von neuen Mitarbeitern in diesem Bereich sowie der Pflege der teaminternen Prozessbeschreibungen betraut. (Hier können Sie auch andere Sonder-/beziehungsweise Projektaufgaben erwähnen.)

Mit Wirkung vom Monat.Jahr wechselte Frau Küster als Spezialistin in den Bereich Prozessmanagement. Seither umfasst ihr Aufgabenbereich die folgenden Tätigkeiten (Falls es sich um eine Führungsposition handelt, hier auch die fachliche und/oder disziplinarische Führungsverantwortung beziehungsweise Teamleitung mit Führungsspanne ergänzen)

- ✔ Erstellung von Arbeitsanweisungen und Prozessbeschreibungen nach Vorlage
- ✔ Pflege des Organisationshandbuchs (Aktualisierung bestehender Dokumente oder Einpflegen neuer Dokumente)
- ✔ Bearbeitung von Personaleintritten und -austritten für alle organisatorischen Themen
- ✔ Pflege der im Unternehmen eingesetzten SAP-Module
- ✔ Organisation von Schulungen

Des Weiteren wirkt Frau Küster im Projekt zur Neugestaltung unserer Intranetseite mit. (Hier können auch andere Sonder-/beziehungsweise Projektaufgaben erwähnt werden.)

Note 1

Frau Küster besitzt ein sehr gutes, umfangreiches und tiefgreifendes Fach- und Prozesswissen in ihrem Arbeitsbereich, das sie jederzeit zielführend und überaus erfolgreich in der Praxis einsetzt. (Optional: Ihre fließenden Englischkenntnisse kommen ihr im Rahmen der Kommunikation und Korrespondenz mit internationalen Kunden laufend besonders zugute. Zudem kann Frau Küster auf weitreichende Erfahrung im Umgang mit den MS Office-Produkten und dem SAP/R3-System zurückgreifen. (Hier können weitere besondere Kenntnisse erwähnt werden.)

Frau Küster bildet sich kontinuierlich und zum Wohle des gesamten Teams sehr wirksam weiter und hält ihre fachlichen Kenntnisse auf dem neuesten Stand. (Optional: Herausstellen möchten wir ihre mit Erfolg abgeschlossene berufsbegleitende Fortbildung, beispielsweise zum Prozessmanager (IHK).)

Ihre ausgezeichnete Auffassungsgabe befähigt sie, neue Aufgaben und Sachverhalte immer in kürzester Zeit zu erfassen. Dank ihres sehr sicheren und logischen Denk- und Urteilsvermögens kommt Frau Küster stets zu ausgesprochen hochwertigen und zugleich sehr praktikablen Lösungen.

Sie zeigt jederzeit eine sehr hohe Einsatzbereitschaft und viel Eigeninitiative. Selbst unter besonderer Arbeitsbelastung behält Frau Küster immer die Übersicht und versteht es, sinnvoll und sehr effizient Prioritäten zu setzen.

Sie verfügt über großes Organisationstalent und handelt fortwährend sehr selbstständig, bestens geplant und überaus verantwortungsbewusst. Darüber hinaus führt Frau Küster ihre Aufgaben stets äußerst sorgfältig, präzise und zuverlässig aus. Sie erzielt laufend Arbeitsergebnisse von sehr guter Qualität und bewältigt ein weit überdurchschnittliches Arbeitsaufkommen. Besonders hervorheben möchten wir ihr sehr gutes Gespür für Prozessoptimierungen. Dies hat sich beispielsweise an der Umsetzung ihrer sehr effizienten Vorschläge im Back Office des Vertriebs gezeigt. Frau Küster ist es gelungen, neue Abläufe zu generieren, die zu erheblichen Zeit- und Kostenersparnissen geführt haben. (Hier können andere Sonder-/beziehungsweise Projektaufgaben erwähnt werden.)

Alle ihr übertragenen Aufgaben erfüllt Frau Küster stets zu unserer vollsten Zufriedenheit.

(Bei zusätzlicher Führungsverantwortung):

Ihren xx (hier die Zahl der Mitarbeiter ergänzen) Mitarbeitern ist Frau Küster jederzeit ein sehr anerkanntes Vorbild. Es gelingt ihr laufend, ihr Team durch eine fach- und personenbezogene Führung zu optimalen Leistungen zu motivieren. Sie versteht es bestens, Teamgeist zu wecken und die Aufgaben in geeigneter Weise zu delegieren. Dabei fördert Frau Küster sehr ambitioniert die fachliche und persönliche Weiterentwicklung jedes Einzelnen.

Durch ihre hohe Integrität, sehr ausgeprägte Teamorientierung und große Loyalität sowie ihre überaus freundliche und hilfsbereite Art genießt Frau Küster bei Vorgesetzten und Kollegen (optional bei Führungskräften: bei Vorgesetzten, Kollegen und Mitarbeitern) gleichermaßen höchste Anerkennung und Wertschätzung. Im Kontakt mit Kunden und Geschäftspartnern tritt sie immer äußerst kompetent, zuvorkommend und verbindlich auf. Ihr Verhalten gegenüber allen internen und externen Ansprechpartnern ist in jeder Hinsicht und stets einwandfrei.

Dieses Zwischenzeugnis wurde auf Wunsch von Frau Küster (optional: aufgrund eines Vorgesetztenwechsels oder Positionswechsels oder einer bevorstehenden Umstrukturierung) erstellt. Wir bedanken uns für ihre stets sehr guten Leistungen und freuen uns auf die weiterhin so erfolgreiche wie auch angenehme Zusammenarbeit.

Note 2

Frau Küster besitzt ein gutes, umfangreiches und tiefgreifendes Fach- und Prozesswissen in ihrem Arbeitsbereich, das sie jederzeit zielführend und erfolgreich in der Praxis einsetzt. (Optional: Ihre verhandlungssicheren Englischkenntnisse kommen ihr im Rahmen der Kommunikation und Korrespondenz mit internationalen Kunden laufend zugute. Zudem kann Frau Küster auf gute Erfahrung im Umgang mit den MS Office-Produkten und dem SAP/R3-System zurückgreifen. (Hier können weitere besondere Kenntnisse erwähnt werden.)

Frau Küster bildet sich kontinuierlich und zum Wohle des gesamten Teams wirksam weiter und hält ihre fachlichen Kenntnisse auf dem neuesten Stand. (Optional: Herausstellen möchten wir hier ihre mit Erfolg abgeschlossene berufsbegleitende Fortbildung, beispielsweise zum Prozessmanager (IHK).)

Ihre gute Auffassungsgabe befähigt sie, neue Aufgaben und Sachverhalte immer in kurzer Zeit zu erfassen. Dank ihres sicheren und logischen Denk- und Urteilsvermögens kommt Frau Küster stets zu hochwertigen und zugleich praktikablen Lösungen.

Sie zeigt jederzeit eine hohe Einsatzbereitschaft und viel Eigeninitiative. Selbst unter hoher Arbeitsbelastung behält Frau Küster immer die Übersicht und versteht es, sinnvoll und effizient Prioritäten zu setzen.

Sie verfügt über Organisationstalent und handelt fortwährend sehr selbstständig, gut geplant und verantwortungsbewusst. Darüber hinaus führt Frau Küster ihre Aufgaben stets sehr sorgfältig, präzise und zuverlässig aus. Sie erzielt laufend Arbeitsergebnisse von guter Qualität und bewältigt ein überdurchschnittliches Arbeitsaufkommen. Besonders hervorheben möchten wir ihr gutes Gespür für Prozessoptimierungen. Dies hat sich beispielsweise an der Umsetzung ihrer effizienten Vorschläge im Back Office des Vertriebs gezeigt. Frau Küster ist es gelungen, neue Abläufe zu generieren, die zu erheblichen Zeit- und Kostenersparnissen geführt haben. (Hier können andere Sonder-/beziehungsweise Projektaufgaben erwähnt werden.)

Alle ihr übertragenen Aufgaben erfüllt Frau Küster stets zu unserer vollen Zufriedenheit.

(Bei zusätzlicher Führungsverantwortung):

Ihren xx (hier die Zahl nennen) Mitarbeitern ist Frau Küster jederzeit ein anerkanntes Vorbild. Es gelingt ihr laufend, ihr Team durch eine fach- und personenbezogene Führung zu guten Leistungen zu motivieren. Sie versteht es, Teamgeist zu wecken und die Aufgaben in geeigneter Weise zu delegieren. Dabei fördert Frau Küster ambitioniert die fachliche und persönliche Weiterentwicklung jedes Einzelnen.

Durch ihre Integrität, ausgeprägte Teamorientierung und Loyalität sowie ihre immer freundliche und hilfsbereite Art genießt Frau Küster bei Vorgesetzten und Kollegen (bei Führungskräften: bei Vorgesetzten, Kollegen und Mitarbeitern) gleichermaßen hohe Anerkennung und Wertschätzung. Im Kontakt mit Kunden und Geschäftspartnern tritt sie immer kompetent, zuvorkommend und verbindlich auf. Ihr persönliches Verhalten gegenüber allen internen und externen Ansprechpartnern ist stets einwandfrei.

Dieses Zwischenzeugnis wurde auf Wunsch von Frau Küster (optional: aufgrund eines Vorgesetztenwechsels oder Positionswechsels oder einer bevorstehenden Umstrukturierung) erstellt. Wir bedanken uns für ihre stets guten Leistungen und freuen uns auf die weiterhin so erfolgreiche wie auch angenehme Zusammenarbeit.

Note 3

Frau Küster besitzt ein solides Fach- und Prozesswissen in ihrem Arbeitsbereich, welches sie erfolgreich in der Praxis einsetzt. (Optional: Ihre Englischkenntnisse kommen ihr im Rahmen der Kommunikation und Korrespondenz mit internationalen Kunden zugute. Zudem kann Frau Küster auf ihre Erfahrung im Umgang mit den MS Office-Produkten und dem SAP/R3-System zurückgreifen. (Hier können weitere besondere Kenntnisse erwähnt werden.)

Frau Küster bildet sich regelmäßig weiter und hält ihre fachlichen Kenntnisse auf dem aktuellen Stand. (Optional: Herausstellen möchten wir ihre (mit Erfolg) abgeschlossene berufsbegleitende Fortbildung, beispielsweise zum Prozessmanager (IHK).)

Ihre Auffassungsgabe befähigt sie, neue Aufgaben und Sachverhalte zügig zu erfassen. Dank ihres sicheren Denk- und Urteilsvermögens kommt Frau Küster zu praktikablen Lösungen.

Sie zeigt Einsatzbereitschaft und Eigeninitiative. Selbst unter erhöhter Arbeitsbelastung behält Frau Küster die Übersicht und versteht es, Prioritäten zu setzen.

Sie ist organisiert und handelt selbstständig, strukturiert und pflichtbewusst. Darüber hinaus führt Frau Küster ihre Aufgaben sorgfältig, präzise und zuverlässig aus. Sie erzielt Arbeitsergebnisse von zufriedenstellender Qualität und Quantität. (Hier können andere Sonder-/beziehungsweise Projektaufgaben erwähnt werden, ist aber eher unüblich bei einem Zeugnis mit der Note 3.)

Alle ihr übertragenen Aufgaben erfüllt Frau Küster zu unserer vollen Zufriedenheit.

(Bei zusätzlicher Führungsverantwortung):

Ihren xx (hier die Zahl ergänzen) Mitarbeitern ist Frau Küster eine gradlinige und zugleich fürsorgliche Vorgesetzte, die es versteht Teamgeist zu wecken und Verbesserungen im Arbeitsprozess einzuführen.

Ihr Verhalten sowohl gegenüber Vorgesetzten und Kollegen (bei Führungskräften: gegenüber Vorgesetzten, Kollegen und Mitarbeitern) als auch Kunden und Geschäftspartnern ist einwandfrei.

Dieses Zwischenzeugnis wurde auf Wunsch von Frau Küster (optional: aufgrund eines Vorgesetztenwechsels oder Positionswechsels oder einer bevorstehenden Umstrukturierung) erstellt. Wir bedanken uns für ihre bisherige Mitarbeit und freuen uns auf die weitere Zusammenarbeit.

Ort und Ausstellungsdatum (beim Zwischenzeugnis Vortag des Ereignisses oder aktuelles Datum)

Unternehmensname

Unterzeichner (Eine Unterschrift vom Fachbereich beziehungsweise direkten Vorgesetzen und eine Unterschrift aus der Personalabteilung. Dazu gibt es keine Vorgaben, die eingehalten werden müssen, es kann auch der Personalleiter oder der Geschäftsführer unterschreiben.)

Hier nun ein Austrittszeugnis für eine weitere kaufmännische Position. Der Unterschied zwischen Austrittszeugnissen und Zwischenzeugnissen liegt hauptsächlich in der Zeitform. Zwischenzeugnisse werden in der Gegenwartsform formuliert, Austrittszeugnisse dagegen in der Vergangenheitsform. Außerdem muss hier die Abschlussformel anders lauten, da der Mitarbeiter das Unternehmen verlässt.

Muster für ein Austrittszeugnis mit der Schulnote 1 bis 3

Herr Andreas Anders, geboren am Monat.Jahr (Angabe des Geburtsdatums nur auf Wunsch des Arbeitnehmers) war in der Zeit vom Monat.Jahr bis zum Monat.Jahr in unserem Unternehmen tätig.

Unternehmensbeschreibung (Es gibt hierzu keine Vorgaben, es empfiehlt sich aber zur besseren Einordnung der Erfahrungen des Zeugnisempfängers.)

Herr Anders absolvierte zunächst eine Ausbildung zum Industriekaufmann in unserem Hause, die er am Monat.Jahr erfolgreich abschloss. Über diesen Zeitraum informiert ein separates Ausbildungszeugnis. Daran anschließend übernahmen wir ihn als Sachbearbeiter im Bereich Einkauf in ein unbefristetes Angestelltenverhältnis. Seither zählten zu seinen Hauptaufgaben:

- Bearbeitung von Bestellvorgängen und Auftragsbestätigungen
- Durchführung von Angebotsanfragen sowie Verhandlung von Preisen und Konditionen
- Prüfung sowie Verbuchung von Rechnungen
- Reklamationsbearbeitung
- Betreuung des Lieferanten-Mahnwesens und Pflege der Lieferantenbewertung

Über dieses Aufgabengebiet hinaus übernahm Herr Anders die Betreuung unserer Auszubildenden während ihres Einsatzes in der Einkaufsabteilung.

Note 1

Herr Anders konnte auf ein aktuelles, sehr gutes und breites Fachwissen zurückgreifen, das er stets mit großem Erfolg in seine Arbeit einbrachte. Mit allen Prozessen und Schnittstellen war er dank der Ausbildung in unserem Hause bereits bestens vertraut. (Optional: Sein sehr geschickter Umgang mit den im Einkauf spezifischen Softwareanwendungen rundeten sein Profil ab. (Hier können weitere besondere Fähigkeiten erwähnt werden.)

Die ihm gebotenen Weiterbildungsmöglichkeiten, wie etwa die Qualifizierung zum Ausbilder an der IHK, nutzte er kontinuierlich und zum Wohle des gesamten Teams jederzeit sehr erfolgreich.

Mit seiner hervorragenden Auffassungsgabe und seiner stark ausgeprägten Lernbereitschaft fand er sich in neuen Arbeitssituationen jederzeit sehr schnell und sicher zurecht. Auch erheblicher Arbeitsbelastung war er immer bestens gewachsen.

Herr Anders identifizierte sich stets in vorbildlicher Weise mit seinen Aufgaben und dem Unternehmen. Er hatte eine immer sehr positive Arbeitseinstellung, wodurch er für unsere Auszubildenden eine Vorbildfunktion einnahm.

Er war sehr gut organisiert und agierte in allen Situationen in sehr hohem Maße lösungsorientiert, sorgfältig und genau. Seine Arbeitsergebnisse wiesen konstant eine weit überdurchschnittliche Qualität aus. Zudem absolvierte er immer ein enormes Arbeitspensum.

Die ihm übertragenen Aufgaben erledigte Herr Anders stets zu unserer vollsten Zufriedenheit.

Sein Verhalten gegenüber Vorgesetzten, Kollegen und Auszubildenden war in jeder Hinsicht und immer einwandfrei. Herr Anders war ein sehr loyaler und stets überaus freundlicher Mitarbeiter. Auch im Kontakt zu externen Partnern wie beispielsweise unseren Lieferanten verhielt er sich ebenso jederzeit äußerst professionell und höflich.

Das Arbeitsverhältnis endet auf Wunsch von Herrn Anders (bei Eigenkündigung) oder Das Arbeitsverhältnis endet aus betriebsbedingten Gründen im besten gegenseitigen Einvernehmen (bei Aufhebung) zum Monat.Jahr oder mit Ablauf des heutigen Tages oder Das Arbeitsverhältnis endet zum Monat.Jahr (bei arbeitgeberseitiger Kündigung, wobei hier wohl eher selten ein sehr gutes Zeugnis ausgestellt wird). Wir bedauern sein Ausscheiden sehr und danken ihm für seine wertvolle Mitarbeit. Für seinen weiteren Berufs- und Lebensweg wünschen wir Herrn Anders alles Gute und weiterhin viel Erfolg.

Note 2

Herr Anders konnte auf ein aktuelles, gutes und breites Fachwissen zurückgreifen, das er stets mit Erfolg in seine Arbeit einbrachte. Mit allen Prozessen und Schnittstellen war er dank der Ausbildung in unserem Hause bereits gut vertraut. (Optional: Sein geschickter Umgang mit den im Einkauf spezifischen Softwareanwendungen rundeten sein Profil ab. (Hier können weitere besondere Fähigkeiten erwähnt werden.)

Die ihm gebotenen Weiterbildungsmöglichkeiten, wie etwa die Qualifizierung zum Ausbilder an der IHK, nutzte er kontinuierlich und zum Wohle des gesamten Teams jederzeit erfolgreich.

Mit seiner guten Auffassungsgabe und seiner ausgeprägten Lernbereitschaft fand er sich in neuen Arbeitssituationen jederzeit schnell und sicher zurecht. Auch erheblicher Arbeitsbelastung war er immer gut gewachsen.

Herr Anders identifizierte sich stets mit seinen Aufgaben und dem Unternehmen. Er hatte eine immer positive Arbeitseinstellung, wodurch er für unsere Auszubildenden eine Vorbildfunktion einnahm.

Er war gut organisiert und agierte in allen Situationen in hohem Maße lösungsorientiert, sorgfältig und genau. Seine Arbeitsergebnisse wiesen konstant eine überdurchschnittliche Qualität aus. Zudem absolvierte er immer ein großes Arbeitspensum.

Die ihm übertragenen Aufgaben erledigte Herr Anders stets zu unserer vollen Zufriedenheit.

Sein Verhalten gegenüber Vorgesetzten, Kollegen und Auszubildenden war immer einwandfrei. Herr Anders war ein loyaler und stets sehr freundlicher Mitarbeiter. Auch im Kontakt zu externen Partnern wie beispielsweise unseren Lieferanten verhielt er sich jederzeit professionell und höflich.

Das Arbeitsverhältnis endet auf Wunsch von Herrn Anders (bei Eigenkündigung) oder Das Arbeitsverhältnis endet aus betriebsbedingten Gründen im guten gegenseitigen Einvernehmen (bei Aufhebung) zum Monat.Jahr oder mit Ablauf des heutigen Tages oder Das Arbeitsverhältnis endet zum Monat.Jahr (bei arbeitgeberseitiger Kündigung, wobei hier wohl eher selten ein gutes Zeugnis ausgestellt wird). Wir bedauern sein Ausscheiden und danken ihm für seine stets gute Mitarbeit. Für seinen weiteren Berufs- und Lebensweg wünschen wir Herrn Anders alles Gute und weiterhin viel Erfolg.

> **Note 3**
>
> Herr Anders konnte auf ein fundiertes Fachwissen zurückgreifen, das er mit Erfolg in seine Arbeit einbrachte. Mit allen Prozessen und Schnittstellen war er dank der Ausbildung in unserem Hause bereits vertraut. (Optional: Sein routinierter Umgang mit den im Einkauf spezifischen Softwareanwendungen rundeten sein Profil ab.) (Hier können weitere besondere Fähigkeiten erwähnt werden.)
>
> Die ihm gebotenen Weiterbildungsmöglichkeiten, wie etwa die Qualifizierung zum Ausbilder an der IHK, nutzte er kontinuierlich erfolgreich.
>
> Mit seiner Auffassungsgabe und seiner Lernbereitschaft fand er sich in neuen Arbeitssituationen zügig zurecht. Auch erheblicher Arbeitsbelastung war er gewachsen.
>
> Herr Anders identifizierte sich mit seinen Aufgaben und hatte eine pflichtbewusste Arbeitseinstellung. Er war organisiert und agierte in allen Situationen umsichtig. Seine Arbeitsqualität und sein Arbeitspensum erfüllten unsere Anforderungen.
>
> Die ihm übertragenen Aufgaben erledigte Herr Anders zu unserer vollen Zufriedenheit.
>
> Sein Verhalten gegenüber Vorgesetzten, Kollegen und Auszubildenden war einwandfrei. Auch im Kontakt zu externen Partnern wie beispielsweise unseren Lieferanten verhielt er sich höflich.
>
> Das Arbeitsverhältnis endet auf Wunsch von Herrn Anders (bei Eigenkündigung) oder Das Arbeitsverhältnis endet aus betriebsbedingten Gründen im guten gegenseitigen Einvernehmen (bei Aufhebung) zum Monat.Jahr oder mit Ablauf des heutigen Tages oder Das Arbeitsverhältnis endet zum Monat.Jahr (bei arbeitgeberseitiger Kündigung). Wir danken ihm für seine engagierte Mitarbeit und wünschen Herrn Anders für die Zukunft alles Gute und viel Erfolg.
>
> Ort und Ausstellungsdatum (vertragliches Enddatum, in der Regel der 15./30. oder 31. eines Monats).
>
> Unternehmensname
>
> Unterzeichner (Eine Unterschrift vom Fachbereich beziehungsweise vom direkten Vorgesetzten und eine Unterschrift aus der Personalabteilung, hierzu gibt es keine Vorgaben. Es kann auch nur der Personalleiter oder der Geschäftsführer unterschreiben.)

Anhand der drei verschiedenen Formulierungsvarianten wird deutlich, dass die Bewertung schlechter wird, je kürzer der Text ausfällt.

Musterzeugnisse für den technischen Bereich

Bei Arbeitszeugnissen für technische Berufe sollte der Fokus auf den fachlichen Kenntnissen und Fertigkeiten liegen. Außerdem sind Eigenschaften wie Belastbarkeit, präzises Arbeiten und Lösungsorientierung wichtig. Auch die Effektivität und die zuverlässige Lieferung von Ergebnissen sind für diese Positionen besonders relevant.

Muster für ein Zwischenzeugnis mit der Schulnote 1 bis 3

Herr Frank König, geboren am Monat.Jahr (Angabe des Geburtsdatums nur auf Wunsch des Arbeitnehmers), trat am Monat.Jahr in unser Unternehmen ein.

Unternehmensbeschreibung (Es gibt hierzu keine Verpflichtung seitens des Arbeitgebers, es empfiehlt sich aber zur besseren Einordnung von Erfahrungen des Zeugnisempfängers.)

Herr König war zunächst als Softwareentwickler in der internen Produktentwicklung unseres Hauses tätig. Hierbei lag sein Aufgabenschwerpunkt auf der Weiterentwicklung eines Anwendungs-Frameworks in Java für einen unserer großen Kunden aus der Finanzwirtschaft.

Von Monat/Jahr bis Monat/Jahr war Herr König dann bei einem unserer großen Kunden aus der Versicherungsbranche als Leitender Entwickler mit folgenden Aufgaben betraut:

- ✔ Entwicklung der Vertriebsanwendung für Lebensversicherungen auf Basis von Eclipse RCP
- ✔ Coaching der Java-Entwickler
- ✔ Abstimmung mit Fachbereichen und Entwicklern anderer Versicherungssparten

Über sein Aufgabengebiet hinaus war Herr König regelmäßig in Sonderaufgaben eingebunden. So verfasste er seit dieser Zeit zahlreiche Beiträge zum Unternehmensblog, hielt Vorträge auf Unternehmensveranstaltungen und schulte Kollegen. (Hier können andere Sonder-/beziehungsweise Projektaufgaben erwähnt werden.)

Seit dem Monat.Jahr ist Herr König als Leitender Entwickler bei einem unserer weiteren großen Kunden aus der Finanzwirtschaft tätig. Sein Aufgabengebiet umfasst im Einzelnen (Falls es sich um eine Führungsposition handelt, hier auch die fachliche und/oder disziplinarische Führungsverantwortung beziehungsweise Teamleitung mit Führungsspanne ergänzen):

- ✔ Entwicklung und Betrieb des Webportals, basierend auf einer Microservice-Architektur
- ✔ Leitung der Softwareentwicklung im Front-End und Back-End
- ✔ Übernahme der und Verantwortung für die Softwarearchitektur
- ✔ Treffen von Personalentscheidungen
- ✔ Funktion als Spezialist und Ansprechpartner für Microservices

Note 1

Herr König besitzt ein hervorragendes Verständnis für die verschiedenen Softwaretechnologien und -methoden (hier können auch einzelne Methoden benannt werden) sowie ein aktuelles und sehr umfangreiches Fachwissen in seinem Arbeitsumfeld, das er stets mit größtem Erfolg in der Praxis einsetzt. Dieses Wissen baut er durch die Auseinandersetzung mit neuen Fragestellungen und Anforderungen in der täglichen Arbeit oder den Besuch von Fortbildungen (wie Zertifizierungen oder Ähnliches) und das Studium von Fachliteratur kontinuierlich aus und hält es auf dem technologisch neuesten Stand. (Optional: Darüber hinaus versteht er es sehr gut, komplizierte technische Zusammenhänge einfach und plausibel anderen zu vermitteln.)

Seine sehr schnelle Auffassungsgabe sowie sein Gespür für praxisnahe und kundenorientierte Lösungen sind Herrn König bei der Bearbeitung seiner Aufgaben immer von sehr großem Nutzen. Auch bei stärkstem Arbeitsaufkommen arbeitet er sehr konzentriert und genau, ohne dass dies zulasten seiner Arbeitseffizienz geht.

Herr König ist ein stets hoch motivierter Mitarbeiter, der seine Arbeit permanent zielorientiert sowie mit hervorragendem Engagement angeht. Er identifiziert sich immer in höchstem Maße mit den übernommenen Aufgaben und den Kundenbedürfnissen. Darüber hinaus überzeugt er durch seine außerordentliche Eigeninitiative und seine lobenswerte Bereitschaft, bei erhöhtem Arbeitsaufkommen, seine Unterstützung anzubieten.

Seine Arbeiten erledigt Herr König jederzeit eigenverantwortlich, klar strukturiert und sehr präzise. Durch sein konsequent lösungsorientiertes sowie effektives Vorgehen hält er die gesetzten Termine immer absolut zuverlässig ein. Herr König erbringt nicht zuletzt aufgrund seines eigenen hohen Anspruchs an die Softwarequalität konstant sehr hochwertige Arbeitsergebnisse. (Hier können besondere Arbeitserfolge nochmals hervorgehoben werden.)

Die Leistungen von Herrn König erfüllen stets höchste Ansprüche und unsere Erwartungen in bester Weise.

(Bei zusätzlicher Führungsverantwortung):

Auch seiner Führungsrolle wird Herr König jederzeit sehr positiv gerecht. Er verhält sich seinen Mitarbeitern gegenüber aufgeschlossen und kooperativ, versteht es aber auch, sich in schwierigen Situationen durchzusetzen und zu hohem Arbeitseinsatz und sehr guten Leistungen zu führen. Aufgaben und Verantwortung delegiert er immer in angemessener Form. Es gelingt ihm zudem stets, Teamgeist zu wecken und eine überaus angenehme Arbeitsatmosphäre zu schaffen.

Sein Verhalten gegenüber Vorgesetzten und Kollegen (optional bei Führungskräften: gegenüber Vorgesetzten, Kollegen und Mitarbeitern) ist immer vorbildlich. Aufgrund seiner hohen Fachkompetenz sowie seiner ausgeglichenen und kollegialen Art genießt Herr König allseits höchste Anerkennung und Wertschätzung. Im Kundenkontakt agiert er laufend sehr professionell, mit hoher Flexibilität wie auch Verbindlichkeit. Dabei ist sein Auftreten ausgesprochen zuvorkommend und freundlich. Unser Unternehmen wird jederzeit sehr loyal und überzeugend von Herrn König nach außen vertreten.

Dieses Zwischenzeugnis wurde auf Wunsch von Herrn König (optional: aufgrund eines Vorgesetztenwechsels oder Positionswechsels oder einer bevorstehenden Umstrukturierung) erstellt. Wir bedanken uns für seine stets sehr guten Leistungen und freuen uns auf die weiterhin so erfolgreiche wie auch angenehme Zusammenarbeit.

Note 2

Herr König besitzt ein ausgeprägtes Verständnis für die verschiedenen Softwaretechnologien und -methoden (hier können auch einzelne konkret benannt werden) sowie ein aktuelles und umfangreiches Fachwissen in seinem Arbeitsumfeld, das er stets mit großem Erfolg in der Praxis einsetzt. Dieses Wissen baut er durch die Auseinandersetzung mit neuen Fragestellungen und Anforderungen in der täglichen Arbeit oder den Besuch von Fortbildungen (wie beispielsweise Zertifizierungen oder ähnliches) und das Studium von Fachliteratur weiter aus und hält es auf dem technologisch aktuellen Stand. (Optional: Darüber hinaus versteht er es gut, komplizierte technische Zusammenhänge einfach und plausibel anderen zu vermitteln.)

Seine schnelle Auffassungsgabe sowie sein Gespür für praxisnahe und kundenorientierte Lösungen sind Herrn König bei der Bearbeitung seiner Aufgaben immer von großem Nutzen. Auch bei starkem Arbeitsaufkommen arbeitet er konzentriert und genau, ohne dass dies zulasten seiner Arbeitseffizienz geht.

Herr König ist ein hoch motivierter Mitarbeiter, der seine Arbeit permanent zielorientiert sowie mit großem Engagement angeht. Er identifiziert sich immer in hohem Maße mit den übernommenen Aufgaben und den Kundenbedürfnissen. Darüber hinaus überzeugt er durch seine hohe Eigeninitiative und seine Bereitschaft, bei erhöhtem Arbeitsaufkommen seine Unterstützung anzubieten.

Seine Arbeiten erledigt Herr König jederzeit eigenverantwortlich, klar strukturiert und sehr präzise. Durch sein lösungsorientiertes sowie effektives Vorgehen hält er die gesetzten Termine immer zuverlässig ein. Herr König erbringt, nicht zuletzt aufgrund seines eigenen hohen Anspruchs an die Softwarequalität, konstant hochwertige Arbeitsergebnisse. (Hier können besondere Arbeitserfolge nochmal hervorgehoben werden.)

Die Leistungen von Herrn König erfüllen stets hohe Ansprüche und unsere Erwartungen in guter Weise.

(Bei zusätzlicher Führungsverantwortung):

Auch seiner Führungsrolle wird Herr König jederzeit in positiver Weise gerecht. Er verhält sich den Mitarbeitern gegenüber aufgeschlossen und kooperativ, versteht es aber auch, sich in schwierigen Situationen durchzusetzen und zu hohem Arbeitseinsatz und guten Leistungen zu führen. Aufgaben und Verantwortung delegiert er immer in angemessener Form. Es gelingt ihm zudem stets, Teamgeist zu wecken und eine angenehme Arbeitsatmosphäre zu schaffen.

Sein Verhalten gegenüber Vorgesetzten und Kollegen (optional bei Führungskräften: gegenüber Vorgesetzten, Kollegen und Mitarbeitern) ist immer einwandfrei. Aufgrund seiner hohen Fachkompetenz sowie seiner ausgeglichenen und kollegialen Art genießt Herr König allseits hohe Anerkennung und Wertschätzung. Im Kundenkontakt agiert er laufend professionell, mit hoher Flexibilität wie auch Verbindlichkeit. Dabei ist sein Auftreten stets zuvorkommend und freundlich. Unser Unternehmen wird jederzeit loyal und überzeugend von Herrn König nach außen vertreten.

Dieses Zwischenzeugnis wurde auf Wunsch von Herrn König (optional: aufgrund eines Vorgesetztenwechsels oder Positionswechsels oder einer bevorstehenden Umstrukturierung) erstellt. Wir bedanken uns für seine stets guten Leistungen und freuen uns auf die weiterhin so erfolgreiche wie auch angenehme Zusammenarbeit.

Note 3

Herr König besitzt Verständnis für die verschiedenen Softwaretechnologien und -methoden (hier können auch einzelne konkret benannt werden) sowie ein solides Fachwissen in seinem Arbeitsumfeld, das er mit Erfolg in der Praxis einsetzt. Dieses Wissen baut er in der täglichen Arbeit oder durch den Besuch von Fortbildungen (wie beispielsweise Zertifizierungen oder Ähnliches) und das Studium von Fachliteratur regelmäßig weiter aus und hält es auf dem technologisch aktuellen Stand. (Optional: Darüber hinaus versteht er es, technische Zusammenhänge plausibel anderen zu vermitteln.)

Seine Auffassungsgabe sowie sein Gespür für praxisnahe Lösungen sind Herrn König bei der Bearbeitung seiner Aufgaben von Nutzen. Auch bei stärkerem Arbeitsaufkommen arbeitet er konzentriert und genau.

Herr König engagiert sich für seine Aufgaben und ist bei erhöhtem Arbeitsaufkommen bereit, Mehrarbeit zu leisten.

Seine Arbeiten erledigt er strukturiert und präzise. Die gesetzten Termine hält er zuverlässig ein. Die Arbeitsergebnisse von Herrn König entsprechen unseren Erwartungen. (Hier können besondere Arbeitserfolge gegebenenfalls hervorgehoben werden.)

Mit den Leistungen von Herrn König sind wir voll zufrieden.

(Bei zusätzlicher Führungsverantwortung):

Auch seiner Führungsrolle wird Herr König gerecht. Es gelingt ihm, seine Mitarbeiter zu hohem Einsatz wie auch einer zufriedenstellenden Teamleistung zu führen. Herr König informiert die Mitarbeiter nachvollziehbar und delegiert Aufgaben angemessen.

Sein Verhalten gegenüber Vorgesetzten und Kollegen (optional bei Führungskräften: gegenüber Vorgesetzten, Kollegen und Mitarbeitern) ist einwandfrei. Im Kundenkontakt agiert er kompetent und höflich.

Dieses Zwischenzeugnis wurde auf Wunsch von Herrn König (optional: aufgrund eines Vorgesetztenwechsels oder Positionswechsels oder einer bevorstehenden Umstrukturierung) erstellt. Wir bedanken uns für seine bisherige Mitarbeit und freuen uns auf die weitere Zusammenarbeit.

Ort und Ausstellungsdatum (beim Zwischenzeugnis Vortag des Ereignisses oder aktuelles Datum)

Unternehmensname

Unterzeichner (Eine Unterschrift vom Fachbereich beziehungsweise direkten Vorgesetzen und eine Unterschrift aus der Personalabteilung. Dazu gibt es keine Vorgaben, die eingehalten werden müssen, es kann auch der Personalleiter oder der Geschäftsführer unterschreiben.)

Es folgt ein Austrittszeugnis für eine weitere technische Position. Obwohl es sich um dieselbe berufliche Ausrichtung handelt, habe ich hier andere Fähig- und Fertigkeiten mit aufgenommen, um zu zeigen, wie individuell man Arbeitszeugnisse verfassen kann.

Muster für ein Austrittszeugnis mit der Schulnote 1 bis 3

Frau Tatjana Tester, geboren am Monat.Jahr (Angabe des Geburtsdatums nur auf Wunsch des Arbeitnehmers), begann in unserem Unternehmen zum Monat.Jahr und war zunächst als Technikerin bei unseren Kunden vor Ort eingesetzt. Dabei gehörten zu ihren Hauptaufgaben:

- ✔ Installation und Administration von Microsoft- und Linux-Systemen
- ✔ Durchführung von Softwaretests sowie System- und Fehleranalysen
- ✔ Integration neuer Hardware
- ✔ Planung und Gestaltung komplexer Anlagen und Systeme
- ✔ Einrichtung der Datensicherung, Datenfernübertragung und diverser Software-Produkte
- ✔ Einweisung der Kunden

Ab dem Monat.Jahr war Frau Tester als Mitarbeiterin der technischen Hotline tätig. Dort umfasste ihr Aufgabengebiet im Wesentlichen:

- ✔ First und Second Level Support
- ✔ Betreuung und Beratung der Kunden
- ✔ Technische Unterstützung der eigenen Mitarbeiter sowie unserer Partner
- ✔ Telefonische Beratung bei neuer Hardware und Software

Darüber hinaus betreute Frau Tester das interne Testsystem. Diese Tätigkeit umfasste die Durchführung von Tests neuer und bestehender Software-Produkte unseres Unternehmens.

Note 1

Frau Tester verfügt über exzellente und tiefgreifende Fach- und Produktkenntnisse in ihrem Arbeitsumfeld. Sie ist eine äußerst kompetente und erfahrene Software-Spezialistin, die einen sehr zuvorkommenden und dienstleistungsorientierten Umgang mit unseren Kunden pflegte. (Optional: Besonders hervorzuheben ist ihr Vermögen, die erklärungsbedürftigen Software-Produkte und komplexen technischen Sachverhalte unkompliziert und sehr verständlich bei unserer Kundschaft zu erläutern und zu präsentieren.)

Frau Tester überzeugte außerdem durch ihre ausgezeichnete Lern- und Weiterbildungsbereitschaft. Ihr fachliches Wissen hielt sie stets auf dem aktuellen Stand und baute es sinnvoll und zum Nutzen des Unternehmens weiter aus. So besuchte sie unter anderem Seminare zur Persönlichkeitsentwicklung.

Frau Tester arbeitete sich aufgrund ihrer sehr guten Auffassungsgabe immer äußerst schnell und erfolgreich in neue Aufgaben ein. Ihre sehr ausgeprägten Analyse- und Kombinationsfähigkeiten ließen sie stets optimale technische Lösungen, auch für sehr komplexe Problemfälle, finden. Auch unter starker Arbeitsbelastung und Termindruck, wie etwa in Ausfallsituationen und bei Reklamationen, erfüllte sie unsere Erwartungen immer in allerbester Weise. Frau Tester ging stets sehr besonnen und konzentriert, mit dem Fokus auf unverzügliche Problemlösung, in solchen Situationen vor.

Mit höchster Leistungsbereitschaft, Ausdauer und Flexibilität erledigte sie ihre Arbeit. Frau Tester war uns eine im positiven Sinne sachkritische Mitarbeiterin, die regelmäßig eigene gewinnbringende Ideen und Verbesserungsvorschläge in die tägliche Praxis einbrachte. Neben ihrem umfangreichen Arbeitspensum übernahm Frau Tester jederzeit auch gerne zusätzliche und ungeplante Arbeiten und Serviceeinsätze, auch über die übliche Arbeitszeit hinaus.

Ihre Arbeitsweise zeichnete sich durch sehr hohe Zielorientierung und außerordentliche Zuverlässigkeit aus. Ihr Vorgehen war dabei immer bestes geplant, effizient und systematisch. Alle Termine und Absprachen hielt Frau Tester konsequent ein. Auch in Ausnahmesituationen erzielte sie laufend hervorragende Arbeitsergebnisse sowohl in quantitativer als auch qualitativer Hinsicht. Die regelmäßig bei uns eingehenden äußerst positiven Rückmeldungen zur Service- und Beratungsqualität von Frau Tester belegen eindrucksvoll die große Zufriedenheit ihrer Kunden. Mit ihren Leistungen waren wir stets außerordentlich zufrieden.

Ihr Verhalten gegenüber Vorgesetzen und Kollegen war jederzeit vorbildlich. Herausstellen möchten wir ihre sehr gute Teamfähigkeit und uneingeschränkte Loyalität mit unserem Unternehmen. Frau Tester war sowohl im Innen- als auch Außenverhältnis eine immer sehr gern gefragte und überaus geschätzte Gesprächspartnerin.

Das Arbeitsverhältnis endet auf Wunsch von Frau Tester (bei Eigenkündigung) oder Das Arbeitsverhältnis endet aus betriebsbedingten Gründen im besten gegenseitigen Einvernehmen (bei Aufhebung) zum Monat.Jahr oder mit Ablauf des heutigen Tages oder Das Arbeitsverhältnis endet zum Monat.Jahr (bei arbeitgeberseitiger Kündigung, wobei hier wohl eher selten ein sehr gutes Zeugnis ausgestellt wird). Wir bedauern ihr Ausscheiden sehr und danken ihr für ihre wertvolle Mitarbeit. Für ihren weiteren Berufs- und Lebensweg wünschen wir Frau Tester alles Gute und weiterhin viel Erfolg.

Note 2

Frau Tester verfügt über gute und tiefgreifende Fach- und Produktkenntnisse in ihrem Arbeitsumfeld. Sie ist eine kompetente und erfahrene Software-Spezialistin, die einen zuvorkommenden und dienstleistungsorientierten Umgang mit unseren Kunden pflegte. (Optional: Besonders hervorzuheben ist ihr Vermögen, die erklärungsbedürftigen Software-Produkte und komplexen technischen Sachverhalte unkompliziert und verständlich bei unserer Kundschaft zu erläutern und zu präsentieren.)

Frau Tester überzeugte außerdem durch ihre hohe Lern- und Weiterbildungsbereitschaft. Ihr fachliches Wissen hielt sie stets auf dem aktuellen Stand und baute es sinnvoll und zum Nutzen des Unternehmens weiter aus. So besuchte sie unter anderem Seminare zur Persönlichkeitsentwicklung.

Frau Tester arbeitete sich aufgrund ihrer guten Auffassungsgabe immer schnell und erfolgreich in neue Aufgaben ein. Ihre ausgeprägten Analyse- und Kombinationsfähigkeiten ließen sie stets hochwertige technische Lösungen, auch für komplexe Problemfälle, finden. Auch unter starker Arbeitsbelastung und Termindruck, wie etwa in Ausfallsituationen und bei Reklamationen, erfüllte sie unsere Erwartungen in immer guter Weise. Frau Tester ging stets besonnen und konzentriert, mit dem Fokus auf unverzügliche Problemlösung, in solchen Situationen vor.

Mit großer Leistungsbereitschaft, Ausdauer und Flexibilität erledigte sie ihre Arbeit. Frau Tester war uns eine im positiven Sinne sachkritische Mitarbeiterin, die regelmäßig eigene gewinnbringende Ideen und Verbesserungsvorschläge in die tägliche Praxis mit einbrachte. Neben ihrem umfangreichen Arbeitspensum übernahm Frau Tester jederzeit auch gerne zusätzliche und ungeplante Arbeiten und Serviceeinsätze, auch über die übliche Arbeitszeit hinaus.

Ihre Arbeitsweise zeichnete sich durch hohe Zielorientierung und große Zuverlässigkeit aus. Ihr Vorgehen war dabei immer gut geplant, effizient und systematisch. Alle Termine und Absprachen hielt Frau Tester konsequent ein. Auch in Ausnahmesituationen erzielte sie laufend gute Arbeitsergebnisse sowohl in quantitativer als auch qualitativer Hinsicht. Die regelmäßig bei uns eingehenden positiven Rückmeldungen zur Service- und Beratungsqualität von Frau Tester belegen die große Zufriedenheit ihrer Kunden. Mit ihren Leistungen waren wir stets voll zufrieden.

Ihr Verhalten gegenüber Vorgesetzen und Kollegen war jederzeit einwandfrei. Herausstellen möchten wir ihre ausgeprägte Teamfähigkeit und hohe Loyalität mit unserem Unternehmen. Frau Tester war sowohl im Innen- als auch Außenverhältnis eine immer gern gefragte und geschätzte Gesprächspartnerin.

Das Arbeitsverhältnis endet auf Wunsch von Frau Tester (bei Eigenkündigung) oder Das Arbeitsverhältnis endet aus betriebsbedingten Gründen im guten gegenseitigen Einvernehmen (bei Aufhebung) zum Monat.Jahr oder mit Ablauf des heutigen Tages oder Das Arbeitsverhältnis endet zum Monat.Jahr (bei arbeitgeberseitiger Kündigung). Wir bedauern ihr Ausscheiden und danken ihr für ihre stets gute Mitarbeit. Auf ihrem weiteren Berufs- und Lebensweg wünschen wir Frau Tester alles Gute und weiterhin viel Erfolg.

Note 3

Frau Tester verfügt über solide Fach- und Produktkenntnisse in ihrem Arbeitsumfeld. Sie ist eine erfahrene Software-Spezialistin, die einen dienstleistungsorientierten Umgang mit unseren Kunden pflegte. (Optional: Besonders hervorzuheben ist ihr Vermögen, die erklärungsbedürftigen Software-Produkte verständlich bei unserer Kundschaft zu präsentieren.)

Frau Tester zeigte außerdem hohe Lern- und Weiterbildungsbereitschaft.

Frau Tester arbeitete sich aufgrund ihrer Auffassungsgabe zügig in neue Aufgaben ein. Ihre Analyse- und Kombinationsfähigkeiten ließen sie praktikable Lösungen finden. Auch unter starker Arbeitsbelastung und Termindruck, wie etwa in Ausfallsituationen und bei Reklamationen, agierte sie besonnen und konzentriert.

Mit Leistungsbereitschaft erledigte sie ihre Arbeit und brachte auch eigene Ideen in die tägliche Praxis mit ein. Ihre Arbeitsweise war von Zielorientierung und Zuverlässigkeit gekennzeichnet. Ihr Vorgehen war dabei geplant und systematisch. Termine und

Absprachen wurden von Frau Tester eingehalten. Sie erzielte zufriedenstellende Arbeitsergebnisse sowohl in quantitativer als auch qualitativer Hinsicht. Mit ihren Leistungen waren wir zufrieden.

Ihr Verhalten gegenüber Vorgesetzen und Kollegen war einwandfrei.

Das Arbeitsverhältnis endet auf Wunsch von Frau Tester (bei Eigenkündigung) oder Das Arbeitsverhältnis endet aus betriebsbedingten Gründen im gegenseitigen Einvernehmen (bei Aufhebung) zum Monat.Jahr oder mit Ablauf des heutigen Tages oder Das Arbeitsverhältnis endet zum Monat.Jahr (bei arbeitgeberseitiger Kündigung). Wir danken ihr für ihre engagierte Mitarbeit und wünschen Frau Tester auf ihrem weiteren Berufs- und Lebensweg alles Gute und viel Erfolg.

Ort und Ausstellungsdatum (vertragliches Enddatum, in der Regel der 15./30. oder 31. eines Monats).

Unternehmensname

Unterzeichner (Eine Unterschrift vom Fachbereich beziehungsweise vom direkten Vorgesetzen und eine Unterschrift aus der Personalabteilung, hierzu gibt es keine Vorgaben. Es kann auch nur der Personalleiter oder der Geschäftsführer unterschreiben.)

Ein sehr gutes Zeugnis zeichnet sich neben individuellen Zusätzen durch Adjektive wie sehr, äußerst, außerordentlich und Adverbien wie stets, jederzeit und immer aus.

Musterzeugnisse für den Produktionsbereich

Vorteilhaft bei Arbeitszeugnissen für Berufe im Produktionsbereich sind Eigenschaften wie handwerkliches Geschick, technisches Verständnis, Sicherheitsbewusstsein und Ordnungssinn. Zudem runden hohe Ausdauer und Belastbarkeit sowie ein ausgeprägter Teamgeist das Zeugnis ab.

Muster für ein Zwischenzeugnis Schulnote 1 bis 3

Herr Rudi Richtig, geboren am Monat.Jahr (Angabe des Geburtsdatums nur auf Wunsch des Arbeitnehmers), trat am Monat.Jahr in unser Unternehmen ein.

Unternehmensbeschreibung (Es gibt hierzu keine Verpflichtung seitens des Arbeitgebers, empfiehlt sich aber zur besseren Einordnung von Erfahrungen des Zeugnisempfängers.)

Herr Richtig absolvierte zunächst eine Ausbildung zum Chemikanten, worüber ein separates Ausbildungszeugnis informiert.

Nach erfolgreichem Abschluss seiner Ausbildung übernahmen wir ihn zum Monat.Jahr in ein unbefristetes Arbeitsverhältnis als Anlagenfahrer auf Wechselschicht im Produktionsbetrieb. Zu seinem Aufgabenbereich gehören seither im Wesentlichen:

- ✔ Überwachung und Kontrolle von Produktionsabläufen mithilfe des betrieblichen Prozessleitsystems
- ✔ Einstellen, Umdrücken und Filtrieren von Probennahmen
- ✔ Wartungs- und Instandhaltungsarbeiten
- ✔ Pflege der EDV-Systeme im Produktionsumfeld
- ✔ Bearbeitung von Transferaufträgen im betrieblichen Shop-Floor-System

Note 1

Herr Richtig ist den fachlichen Anforderungen seines Aufgabengebiets immer umfassend und sehr sicher gewachsen. Mit den technischen Gegebenheiten und Prozessen ist er dank seiner langjährigen Erfahrung im Produktionsbetrieb bestens vertraut. In Eigeninitiative und durch den Besuch von Fortbildungen hält Herr Richtig sein Fachwissen kontinuierlich auf dem aktuellsten Stand der Technik und baut es zu unserem großen Nutzen wirksam weiter aus. (Optional: Besonders hervorheben möchten wir in diesem Zusammenhang, dass Herr Richtig ab Oktober dieses Jahrs eine Weiterqualifizierung zum Techniker für Chemietechnik mit Schwerpunkt Produktionstechnik beginnen wird.)

Er überzeugt insbesondere durch seine sehr schnelle Auffassungsgabe, sein großes handwerkliches Geschick und herausragendes technisches Verständnis. Mit seiner sehr hohen Belastbarkeit und Ausdauer gelingt es ihm, sich stets überaus flexibel auf schwierige und unerwartete Situationen einzustellen.

Herr Richtig zeigt jederzeit außerordentliche Einsatzbereitschaft und einen sehr hohen Grad an Eigeninitiative. Seine Arbeitsweise ist geprägt durch sehr große Zuverlässigkeit, Selbstständigkeit und Gründlichkeit, wobei er seinen Arbeitsplatz jederzeit in vorbildlicher Ordnung hält. Herr Richtig agiert zudem stets sehr verantwortungs- und sicherheitsbewusst sowie äußerst zuverlässig. Die Ergebnisse seiner Arbeit übertreffen konstant bei Weitem unsere Erwartungen, wobei er gesetzte Termine immer konsequent einhält.

Alle ihm übertragenen Aufgaben erledigt Herr Richtig stets zu unserer vollsten Zufriedenheit.

Sein Verhalten gegenüber Vorgesetzten und Kollegen ist in jeder Hinsicht und immer einwandfrei. Herrn Richtigs sehr freundliches und hilfsbereites Wesen sowie sein stark ausgeprägter Teamgeist führen zu einer stets sehr konstruktiven und produktiven Zusammenarbeit.

Dieses Zwischenzeugnis wurde auf Wunsch von Herrn Richtig (optional: aufgrund eines Vorgesetztenwechsels oder Positionswechsels oder einer bevorstehenden Umstrukturierung) erstellt. Wir bedanken uns für seine stets sehr guten Leistungen und freuen uns auf die weiterhin so erfolgreiche wie auch angenehme Zusammenarbeit.

Note 2

Herr Richtig ist den fachlichen Anforderungen seines Aufgabengebiets immer umfassend und sicher gewachsen. Mit den technischen Gegebenheiten und Prozessen ist er dank seiner langjährigen Erfahrung im Produktionsbetrieb gut vertraut. In Eigeninitiative und durch den Besuch von Fortbildungen hält Herr Richtig sein Fachwissen kontinuierlich auf dem aktuellen Stand der Technik und baut es zu unserem Nutzen wirksam weiter aus. Besonders hervorheben möchten wir in diesem Zusammenhang, dass Herr Richtig ab Oktober dieses Jahrs eine Weiterqualifizierung zum Techniker für Chemietechnik mit Schwerpunkt Produktionstechnik beginnen wird.

Er überzeugt insbesondere durch seine schnelle Auffassungsgabe, sein handwerkliches Geschick und ausgeprägtes technisches Verständnis. Mit seiner hohen Belastbarkeit und Ausdauer gelingt es ihm, sich stets flexibel auf schwierige und unerwartete Situationen einzustellen.

Herr Richtig zeigt jederzeit hohe Einsatzbereitschaft und viel Eigeninitiative. Seine Arbeitsweise ist geprägt durch große Zuverlässigkeit, Selbstständigkeit und Gründlichkeit, wobei er seinen Arbeitsplatz jederzeit in guter Ordnung hält. Herr Richtig agiert zudem stets verantwortungs- und sicherheitsbewusst sowie sehr zuverlässig. Die Ergebnisse seiner Arbeit übertreffen konstant unsere Erwartungen, wobei er gesetzte Termine immer konsequent einhält.

Alle ihm übertragenen Aufgaben erledigt Herr Richtig stets zu unserer vollen Zufriedenheit.

Sein Verhalten gegenüber Vorgesetzten und Kollegen ist immer einwandfrei. Herrn Richtigs freundliches und hilfsbereites Wesen sowie sein Teamgeist führen zu einer stets konstruktiven und produktiven Zusammenarbeit.

Dieses Zwischenzeugnis wurde auf Wunsch von Herrn Richtig (optional: aufgrund eines Vorgesetztenwechsels oder Positionswechsels oder einer bevorstehenden Umstrukturierung) erstellt. Wir bedanken uns für seine stets guten Leistungen und freuen uns auf die weiterhin so erfolgreiche wie auch angenehme Zusammenarbeit.

Note 3

Herr Richtig ist den fachlichen Anforderungen seines Aufgabengebiets sicher gewachsen. Mit den technischen Gegebenheiten und Prozessen ist er dank seiner langjährigen Erfahrung im Produktionsbetrieb vertraut. Durch den Besuch von Fortbildungen hält Herr Richtig sein Fachwissen bei Bedarf auf dem aktuellen Stand der Technik und baut es weiter aus.

Er beweist eine zügige Auffassungsgabe und handwerkliches Geschick. Mit seiner Belastbarkeit und Ausdauer gelingt es ihm, sich flexibel auf unerwartete Situationen einzustellen.

Herr Richtig zeigt Einsatzbereitschaft und Eigeninitiative. Seine Arbeitsweise ist geprägt durch Zuverlässigkeit, Selbstständigkeit und Gründlichkeit, wobei er seinen Arbeitsplatz in Ordnung hält. Herr Richtig agiert zudem verantwortungs- und sicherheitsbewusst sowie zuverlässig. Die Ergebnisse seiner Arbeit entsprechen unseren Anforderungen, wobei er gesetzte Termine einhält.

Alle ihm übertragenen Aufgaben erledigt Herr Richtig zu unserer vollen Zufriedenheit.

Sein Verhalten gegenüber Vorgesetzten und Kollegen ist einwandfrei.

Dieses Zwischenzeugnis wurde auf Wunsch von Herrn Richtig (optional: aufgrund eines Vorgesetztenwechsels oder Positionswechsels oder einer bevorstehenden Umstrukturierung) erstellt. Wir bedanken uns für seine bisherige Mitarbeit und freuen uns auf die weitere Zusammenarbeit.

Ort und Ausstellungsdatum (beim Zwischenzeugnis Vortag des Ereignisses oder aktuelles Datum)

Unternehmensname

Unterzeichner (Eine Unterschrift vom Fachbereich beziehungsweise direkten Vorgesetzen und eine Unterschrift aus der Personalabteilung. Dazu gibt es keine Vorgaben, die eingehalten werden müssen, es kann auch der Personalleiter oder der Geschäftsführer unterschreiben.)

Es folgt ein Austrittszeugnis für eine Führungskraft im Produktionsbereich. Daher ist es wichtig, dass die Führungseigenschaften sowie der Umgang mit den Mitarbeitern in den Text einfließen. Auch beim Sozialverhalten müssen die Mitarbeiter in der Reihenfolge hinter den Kollegen aufgeführt werden, wenn es hier keinen Anlass zur Beanstandung gab.

Muster für ein Austrittszeugnis Schulnote 1 bis 3

Frau Gabriele Schmidt, geboren am Monat.Jahr (Angabe des Geburtsdatums nur auf Wunsch des Arbeitnehmers), trat am Monat.Jahr in unser Unternehmen ein.

Unternehmensbeschreibung (Es gibt hierzu keine Verpflichtung seitens des Arbeitgebers, empfiehlt sich aber zur besseren Einordnung von Erfahrungen des Zeugnisempfängers.)

Ihr Einsatz erfolgte zunächst als Anlagenfahrerin im Produktionsbetrieb B. Ab Mitte Jahr übernahm Frau Schmidt interimistisch die Position einer Teilbetriebsmeisterin der Tagschicht im Produktionsbetrieb Bahr. Mit erfolgreichem Abschluss ihrer Fortbildung zur Geprüften Industriemeisterin mit Fachrichtung Chemie übertrugen wir ihr diese Position ab Monat/Jahr dann vollumfänglich. Im weiteren Verlauf wurde Frau Schmidt zusätzlich mit der Stellvertretung des Betriebsleiters betraut.

Ab dem Monat.Jahr übernahm sie die Position als Tagschichtmeisterin der Produktionstechnik mit bis zu fünf Produktionsmitarbeitern. Dabei umfasste ihr Aufgaben- und Verantwortungsbereich im Einzelnen:

- ✔ Überwachung der Rohstoff- und Betriebsmittelbeschaffung sowie Kontrolle der korrekten Lagerung von Rohstoffen
- ✔ Erstellung und Durchführung von Schulungen, Überwachung der Einhaltung von gefahrstoff- und gefahrgutrechtlichen Vorschriften und Durchführung von Mitarbeitergesprächen sowie gegebenenfalls disziplinarischer Maßnahmen

- ✔ Freigabe und Bearbeitung von Reparatur- und Instandhaltungsmeldungen in SAP, Koordination der Reparaturen mit EMR, Ausstellung von Arbeitsfreigaben, Einweisung der Fremdhandwerker, Kontrolle und Abnahme der durchgeführten Maßnahmen, Koordination und Anforderung von Fremdgewerken, wie zum Beispiel Hochdruckreinigungsfirmen
- ✔ Wiederinbetriebnahme von Anlagen und Anlagenteilen nach unter anderem TÜV-Prüfungen oder Reinigungsarbeiten
- ✔ Aktive Mitgestaltung von Projektideen und Betreuung bis zur finalen Umsetzung
- ✔ Teilnahme an betrieblichen Routinen, wie zum Beispiel Reparaturbesprechung
- ✔ Betreuung, Einweisung und Schulung von Auszubildenden sowie deren Einteilung in die entsprechenden Arbeitsbereiche

Darüber hinaus verfasste Frau Schmidt auch Betriebsanweisungen und war verantwortlich für die Kostenkontrolle bei sämtlichen im Betrieb anfallenden Hochdruckreinigungsarbeiten.

Note 1

Frau Schmidt verfügt über sehr gute, umfassende und fundierte Fach-, Prozess- und Anlagenkenntnisse sowie wertvolle Berufserfahrung in ihrem Arbeitsgebiet, die sie jederzeit zielgerichtet und außerordentlich erfolgreich in der täglichen Praxis einsetzte. (Optional: Daher fungierte sie einerseits als Ansprechpartnerin bei technischen oder verfahrenstechnischen Problemen, andererseits identifizierte sie Verbesserungspotenziale in der Anlage, die sie üblicherweise auch umgehend mit einem Konzept versah und somit maßgeblich an der kontinuierlichen Weiterentwicklung der Anlage mitwirkte.)

In Eigeninitiative und durch den Besuch von Fortbildungen hielt Frau Schmidt ihr Fachwissen kontinuierlich auf dem aktuellen Stand und baute es zu unserem großen Vorteil sehr wirksam weiter aus.

Aufgrund ihrer sehr schnellen Auffassungsgabe arbeitete Frau Schmidt sich stets äußerst rasch in neue Themen und Aufgabenstellungen ein und zeigte dabei eine jederzeit sehr hohe Flexibilität und Aufgeschlossenheit. Dank ihres überaus sicheren logisch-analytischen Denk- und Urteilsvermögens kam sie fortwährend zu idealen Lösungen. Wir schätzten Frau Schmidt als eine sehr belastbare Fach- und Führungskraft, die auch schwierigen Situationen immer bestens gewachsen war.

Sie bewies konstant eine außerordentliche Einsatzbereitschaft und eine stets positive Grundhaltung. Frau Schmidt brachte fortwährend eigene sehr hilfreiche Ideen in ihr Aufgaben- und Verantwortungsgebiet ein und setzte sich beharrlich für deren Umsetzung ein. Zudem war sie immer sehr gerne bereit, zusätzliche Aufgaben und Projekte zu übernehmen.

Ihr Arbeitsstil war in höchstem Maße von Selbstständigkeit, Verantwortungs-, Sicherheits- und Kostenbewusstsein, Systematik sowie Zuverlässigkeit geprägt. Das führte zu Arbeitsergebnissen von jederzeit hervorragender Qualität. Frau Schmidt absolvierte zudem laufend ein sehr beachtliches Arbeitspensum und hielt Termine sowie Absprachen immer konsequent ein. Alle ihr übertragenen Aufgaben erledigte sie stets zu unserer vollsten Zufriedenheit.

Auch ihrer Führungsrolle wurde Frau Schmidt jederzeit in ausgezeichneter Weise gerecht. Sie wirkte sehr integrierend wie auch motivierend und förderte somit aktiv die überaus effiziente und harmonische Teamarbeit. Frau Schmidt koordinierte die Zusammenarbeit, indem sie Aufgaben und Verantwortung immer angemessen und äußerst verantwortungsvoll delegierte, zeigte außerdem Entschlussfreude und bei Bedarf auch das richtige Maß an Durchsetzungsvermögen.

Ihr Verhalten sowohl gegenüber Vorgesetzten, Kollegen und Mitarbeitern als auch Geschäftspartnern war stets vorbildlich. Durch ihre sehr kooperative, freundliche und verbindliche Art in Kombination mit ihrer wertvollen fachlichen Erfahrung genoss Frau Schmidt allseits größte Anerkennung und Wertschätzung.

Das Arbeitsverhältnis endet auf Wunsch von Frau Schmidt (bei Eigenkündigung) oder Das Arbeitsverhältnis endet aus betriebsbedingten Gründen im gegenseitigen Einvernehmen (bei Aufhebung) zum Monat.Jahr oder mit Ablauf des heutigen Tages oder Das Arbeitsverhältnis endet zum Monat.Jahr (bei arbeitgeberseitiger Kündigung, wobei hier wohl eher selten ein sehr gutes Zeugnis ausgestellt wird). Wir bedauern ihr Ausscheiden sehr und danken ihr für ihre wertvolle Mitarbeit. Auf ihrem weiteren Berufs- und Lebensweg wünschen wir Frau Schmidt alles Gute und weiterhin viel Erfolg.

Note 2

Frau Schmidt verfügt über gute, umfassende und fundierte Fach-, Prozess- und Anlagenkenntnisse sowie wertvolle Berufserfahrung in ihrem Arbeitsgebiet, die sie jederzeit zielgerichtet und erfolgreich in der täglichen Praxis einsetzte. (Optional: Daher fungierte sie einerseits als Ansprechpartnerin bei technischen oder verfahrenstechnischen Problemen, andererseits identifizierte sie Verbesserungspotenziale in der Anlage, die sie üblicherweise auch umgehend mit einem Konzept versah und somit maßgeblich an der kontinuierlichen Weiterentwicklung der Anlage mitwirkte.)

In Eigeninitiative und durch den Besuch von Fortbildungen hielt Frau Schmidt ihr Fachwissen kontinuierlich auf dem aktuellen Stand und baute es zu unserem Vorteil wirksam weiter aus.

Aufgrund ihrer schnellen Auffassungsgabe arbeitete Frau Schmidt sich stets rasch in neue Themen und Aufgabenstellungen ein und zeigte dabei eine jederzeit hohe Flexibilität und Aufgeschlossenheit. Dank ihres sicheren logisch-analytischen Denk- und Urteilsvermögens kam sie fortwährend zu idealen Lösungen. Wir schätzten Frau Schmidt als eine belastbare Fach- und Führungskraft, die auch schwierigen Situationen immer gut gewachsen war.

Sie bewies konstant eine große Einsatzbereitschaft und eine stets positive Grundhaltung. Frau Schmidt brachte fortwährend eigene hilfreiche Ideen in ihr Aufgaben- und Verantwortungsgebiet ein und setzte sich beharrlich für deren Umsetzung ein. Zudem war sie immer gerne bereit, zusätzliche Aufgaben und Projekte zu übernehmen.

Ihr Arbeitsstil war in hohem Maße von Selbstständigkeit, Verantwortungs-, Sicherheits- und Kostenbewusstsein, Systematik sowie Zuverlässigkeit geprägt. Dies führte zu Arbeitsergebnissen von jederzeit guter Qualität. Frau Schmidt absolvierte zudem laufend ein beachtliches Arbeitspensum und hielt Termine sowie Absprachen immer konsequent ein. Alle ihr übertragenen Aufgaben erledigte sie stets zu unserer vollen Zufriedenheit.

Auch ihrer Führungsrolle wurde Frau Schmidt jederzeit in guter Weise gerecht. Sie wirkte integrierend wie auch motivierend und förderte somit aktiv die effiziente und harmonische Teamarbeit. Frau Schmidt koordinierte die Zusammenarbeit, indem sie Aufgaben und Verantwortung immer angemessen und verantwortungsvoll delegierte, zeigte außerdem Entschlussfreude und bei Bedarf auch das richtige Maß an Durchsetzungsvermögen.

Ihr Verhalten sowohl gegenüber Vorgesetzten, Kollegen und Mitarbeitern als auch Geschäftspartnern war stets einwandfrei. Durch ihre kooperative, freundliche und verbindliche Art in Kombination mit ihrer umfangreichen fachlichen Erfahrung genoss Frau Schmidt allseits große Anerkennung und Wertschätzung.

Das Arbeitsverhältnis endet auf Wunsch von Frau Schmidt (bei Eigenkündigung) oder Das Arbeitsverhältnis endet aus betriebsbedingten Gründen im gegenseitigen Einvernehmen (bei Aufhebung) zum Monat.Jahr oder mit Ablauf des heutigen Tages oder Das Arbeitsverhältnis endet zum Monat.Jahr (bei arbeitgeberseitiger Kündigung). Wir bedauern ihr Ausscheiden und danken ihr für ihre stets gute Mitarbeit. Auf ihrem weiteren Berufs- und Lebensweg wünschen wir Frau Schmidt alles Gute und weiterhin viel Erfolg.

Note 3

Frau Schmidt verfügt über solide Fach-, Prozess- und Anlagenkenntnisse sowie langjährige Berufserfahrung in ihrem Arbeitsgebiet, die sie erfolgreich in der täglichen Praxis einsetzte. (Optional: Sie fungierte als Ansprechpartnerin sowohl bei technischen als auch verfahrenstechnischen Problemen, wodurch sie zur kontinuierlichen Weiterentwicklung der Anlage beigetragen hat.)

Durch den Besuch von Fortbildungen hielt Frau Schmidt ihr Fachwissen auf dem aktuellen Stand und baute es weiter aus.

Aufgrund ihrer Auffassungsgabe arbeitete Frau Schmidt sich zügig in neue Themen und Aufgabenstellungen ein. Dank ihres sicheren Denk- und Urteilsvermögens kam sie zu praktikablen Lösungen. Frau Schmidt war eine belastbare Fach- und Führungskraft, die auch schwierigen Situationen gewachsen war.

Sie bewies Einsatzbereitschaft und Pflichtbewusstsein. Frau Schmidt brachte zudem eigene Ideen in ihr Aufgaben- und Verantwortungsgebiet ein. Ihr Arbeitsstil war von Selbstständigkeit, Verantwortungs- und Sicherheitsbewusstsein, Systematik sowie Zuverlässigkeit geprägt. Daher entsprachen ihre Arbeitsqualität und ihr Arbeitspensum unseren Erwartungen. Alle ihr übertragenen Aufgaben erledigte sie zu unserer vollen Zufriedenheit.

Auch ihrer Führungsrolle wurde Frau Schmidt in zufriedenstellender Weise gerecht. Sie wirkte integrierend und förderte die effiziente Teamarbeit. Frau Schmidt delegierte Aufgaben angemessen und zeigte bei Bedarf auch Durchsetzungsvermögen.

> Ihr Verhalten sowohl gegenüber Vorgesetzten, Kollegen und Mitarbeitern als auch Geschäftspartnern war einwandfrei.
>
> Das Arbeitsverhältnis endet auf Wunsch von Frau Schmidt (bei Eigenkündigung) oder Das Arbeitsverhältnis endet aus betriebsbedingten Gründen im gegenseitigen Einvernehmen (bei Aufhebung) zum Monat.Jahr oder mit Ablauf des heutigen Tages oder Das Arbeitsverhältnis endet zum Monat.Jahr (bei arbeitgeberseitiger Kündigung). Wir danken ihr für ihre engagierte Mitarbeit und wünschen ihr alles Gute und viel Erfolg.
>
> Ort und Ausstellungsdatum (vertragliches Enddatum, in der Regel der 15./30. oder 31. eines Monats).
>
> Unternehmensname
>
> Unterzeichner (Eine Unterschrift vom Fachbereich beziehungsweise vom direkten Vorgesetzen und eine Unterschrift aus der Personalabteilung, hierzu gibt es keine Vorgaben. Es kann auch nur der Personalleiter oder der Geschäftsführer unterschreiben.

Arbeitszeugnisse mit der Note 2 werden meist ausgestellt, um Konflikte mit den Empfängern zu vermeiden. Unter Personalentscheidern ist die Meinung verbreitet, dass übertrieben gute Zeugnisse unglaubwürdig wirken. Das perfekte Zeugnis sollte eine ausgewogene Mischung zwischen guten und sehr guten Formulierungen enthalten, ergänzt um einige individuelle Hervorhebungen.

Musterzeugnisse für den medizinischen Bereich

In Arbeitszeugnissen für Arbeitnehmer im medizinischen Bereich ist neben den fachlichen Fähigkeiten der Umgang mit den Patienten ein wichtiger Bestandteil. Zudem machen sich auch Bewertungen des Verhaltens in kritischen Situationen, der Belastbarkeit oder auch der Diskretion und Genauigkeit hier besonders gut.

Muster für ein Zwischenzeugnis Schulnote 1 bis 3

> Herr Peter Patent, geboren am Monat.Jahr (Angabe des Geburtsdatums nur auf Wunsch des Arbeitnehmers), ist seit dem Monat.Jahr in der chirurgischen Abteilung unserer Klinik tätig.
>
> Beschreibung Klinik/Praxis (Hierzu gibt es keine Verpflichtung seitens des Arbeitgebers, es empfiehlt sich aber zur besseren Einordnung von Erfahrungen des Zeugnisempfängers.)
>
> Zunächst war Herr Patent als Assistenzarzt mit folgendem Aufgabengebiet betraut:
>
> ✔ Stationäre Versorgung der allgemein- und unfallchirurgischen Patienten
> ✔ Notfallversorgung in der chirurgischen Notfallambulanz

- ✔ Sofortige Reanimationsmaßnahmen im Rahmen des Rettungsdienstes (Notarztdienste)
- ✔ Arthroskopische Eingriffe und Operationen der großen Gelenke (Schulter und Hüfte) unter Anleitung
- ✔ Röntgendiagnostik des Stütz- und Bewegungssystems, röntgenologische Notfalldiagnostik der Schädel- Brust- und Bauchhöhle sowie intraoperative Röntgendiagnostik

Nach erfolgreicher Facharztprüfung übertrugen wir Herrn Patent zum Monat.Jahr als Facharzt für Chirurgie folgendes Aufgabenspektrum:

- ✔ Stationäre Versorgung der allgemein- und unfallchirurgischen Patienten sowie die postoperative und -traumatische Versorgung intensivpflichtiger Patienten
- ✔ Notfallversorgung in der chirurgischen Notfallambulanz sowie kleinere operative ambulante Eingriffe
- ✔ Behandlung von Knochenbrüchen und anderen Verletzungsmustern
- ✔ Minimal-invasive arthroskopische Eingriffe und Operationen der großen Gelenke (Schulter, Hüfte)
- ✔ Endoprothetik (künstlicher Gelenkersatz) von Schulter- und Hüftgelenken
- ✔ Röntgendiagnostik des Stütz- und Bewegungssystems, röntgenologische Notfalldiagnostik der Schädel-, Brust- und Bauchhöhle sowie intraoperative Röntgendiagnostik
- ✔ Behandlung von Kreislaufschock-Situationen, Intubations-, Infusions- und Bluttransfusionstherapie sowie Anlegen zentraler Venenkatheter im Rahmen der Intensivbehandlung

Note 1

Herr Patent verfügt über ein ausgezeichnetes, umfassendes und detailliertes medizinisches Fachwissen im Gebiet der Chirurgie sowie des Rettungsdienstes, das er jederzeit äußerst sicher und sehr verantwortungsbewusst einsetzt. Um seine Kenntnisse auf dem neuesten Stand zu halten, besucht er mit sehr großem Erfolg regelmäßig interne und externe Fachseminare sowie Weiterbildungsmaßnahmen.

Aufgrund seiner hervorragenden Auffassungsgabe sowie seiner Fähigkeit zur kritischen Reflexion der Ergebnisse seiner Entscheidungen und Handlungen trifft Herr Patent stets sehr präzise chirurgische Urteile. Die Möglichkeiten und Grenzen seines Tuns hat er dabei immer konsequent im Blick.

Er zeigt stets außerordentliches Engagement, viel Eigeninitiative sowie eine jederzeit sehr positive Arbeitseinstellung. Herr Patent ist zudem immer sehr gerne bereit, zusätzliche Aufgaben und Vertretungsdienste zu übernehmen, auch über die übliche Arbeitszeit hinaus. Selbst in besonderen Stresssituationen und unter höchster Arbeitsbelastung wie der Reanimation von Patienten oder der Krankheitsvertretung von Kollegen (hier können auch andere schwierige Situationen erwähnt werden) agiert er sehr besonnen, äußerst konzentriert und zielgerichtet.

An seine Aufgaben geht er stets sehr selbstständig und mit ausgeprägter Flexibilität heran. Die Unvorhersehbarkeit seines Berufs sieht Herr Patent als Herausforderung, die er jederzeit äußerst zuverlässig, verantwortungsvoll und gewissenhaft annimmt. Das Wohl seiner Patienten steht für ihn konsequent im Vordergrund.

Herr Patent liefert fortwährend in jeder Hinsicht eine sehr hohe Arbeitsqualität. Die ihm übertragenen Aufgaben erfüllt er stets zu unserer vollsten Zufriedenheit.

Das Verhalten von Herrn Patent sowohl gegenüber Vorgesetzen, Kollegen und Mitarbeitern des Pflegedienstes als auch Patienten ist jederzeit vorbildlich. Sein sehr freundliches und ausgeglichenes Wesen sowie seine großen fachlichen Qualitäten führen zu einer stets überaus konstruktiven und erfolgreichen Zusammenarbeit.

Dieses Zwischenzeugnis wurde auf Wunsch von Herrn Patent (optional: aufgrund eines Vorgesetztenwechsels oder Positionswechsels oder einer bevorstehenden Umstrukturierung) erstellt. Wir bedanken uns für seine stets sehr guten Leistungen und freuen uns auf die weiterhin so erfolgreiche wie auch angenehme Zusammenarbeit.

Note 2

Herr Patent verfügt über ein gutes, umfassendes und detailliertes medizinisches Fachwissen im Gebiet der Chirurgie sowie des Rettungsdienstes, das er jederzeit sicher und verantwortungsbewusst einsetzt. Um seine Kenntnisse auf dem neuesten Stand zu halten, besucht er mit großem Erfolg regelmäßig interne und externe Fachseminare sowie Weiterbildungsmaßnahmen.

Aufgrund seiner schnellen Auffassungsgabe sowie seiner Fähigkeit zur kritischen Reflexion der Ergebnisse seiner Entscheidungen und Handlungen trifft Herr Patent stets präzise chirurgische Urteile. Die Möglichkeiten und Grenzen seines Tuns hat er dabei immer konsequent im Blick.

Er zeigt stets großes Engagement, viel Eigeninitiative sowie eine jederzeit positive Arbeitseinstellung. Herr Patent ist zudem immer gerne bereit, zusätzliche Aufgaben und Vertretungsdienste zu übernehmen, auch über die übliche Arbeitszeit hinaus. Selbst in besonderen Stresssituationen und unter hoher Arbeitsbelastung, wie der Reanimation von Patienten oder der Krankheitsvertretung von Kollegen (hier können auch andere schwierige Situationen erwähnt werden), agiert er besonnen, konzentriert und zielgerichtet.

An seine Aufgaben geht er stets selbstständig und flexibel heran. Die Unvorhersehbarkeit seines Berufs sieht Herr Patent als Herausforderung, die er jederzeit zuverlässig, verantwortungsvoll und gewissenhaft annimmt. Das Wohl seiner Patienten steht für ihn konsequent im Vordergrund.

Herr Patent liefert fortwährend in jeder Hinsicht eine hohe Arbeitsqualität. Die ihm übertragenen Aufgaben erfüllt er stets zu unserer vollen Zufriedenheit.

Das Verhalten von Herrn Patent sowohl gegenüber Vorgesetzen, Kollegen und Mitarbeitern des Pflegedienstes als auch Patienten ist jederzeit einwandfrei. Sein freundliches und ausgeglichenes Wesen sowie seine fachlichen Qualitäten führen zu einer stets konstruktiven und erfolgreichen Zusammenarbeit.

Dieses Zwischenzeugnis wurde auf Wunsch von Herrn Patent (optional: aufgrund eines Vorgesetztenwechsels oder Positionswechsels oder einer bevorstehenden Umstrukturierung) erstellt. Wir bedanken uns für seine stets guten Leistungen und freuen uns auf die weiterhin so erfolgreiche wie auch angenehme Zusammenarbeit.

Note 3

Herr Patent verfügt über ein fundiertes medizinisches Fachwissen im Gebiet der Chirurgie sowie des Rettungsdienstes, das er verantwortungsbewusst einsetzt. Um seine Kenntnisse aktuell zu halten, besucht er regelmäßig Fachseminare.

Aufgrund seiner Auffassungsgabe trifft Herr Patent präzise chirurgische Urteile. Die Möglichkeiten und Grenzen seines Tuns hat er dabei im Blick.

Er zeigt Engagement und Eigeninitiative. Stresssituationen und hoher Arbeitsbelastung wie der Reanimation von Patienten oder der Krankheitsvertretung von Kollegen (hier können auch andere schwierige Situationen erwähnt werden) ist er gewachsen.

An seine Aufgaben geht er selbstständig heran. Die Unvorhersehbarkeit seines Berufs sieht Herr Patent als Herausforderung, die er verantwortungsvoll und umsichtig annimmt. Das Wohl seiner Patienten steht für ihn im Vordergrund.

Herr Patent liefert eine hohe Arbeitsqualität. Die ihm übertragenen Aufgaben erfüllt er zu unserer vollen Zufriedenheit.

Das Verhalten von Herrn Patent sowohl gegenüber Vorgesetzen, Kollegen und Mitarbeitern des Pflegedienstes als auch Patienten ist einwandfrei.

Dieses Zwischenzeugnis wurde auf Wunsch von Herrn Patent (optional: aufgrund eines Vorgesetztenwechsels oder Positionswechsels oder einer bevorstehenden Umstrukturierung) erstellt. Wir bedanken uns für seine bisherige Mitarbeit und freuen uns auf die weitere Zusammenarbeit.

Ort und Ausstellungsdatum (beim Zwischenzeugnis Vortag des Ereignisses oder aktuelles Datum)

Name der Klinik/Praxis

Unterzeichner (Eine Unterschrift vom Fachbereich beziehungsweise direkten Vorgesetzen und eine Unterschrift aus der Personalabteilung. Dazu gibt es keine Vorgaben, die eingehalten werden müssen, es kann auch der Personalleiter oder der Klinikleiter unterschreiben.)

Hier nun ein Musterzeugnis für ein Austrittszeugnis für den medizinischen Bereich. Ich empfehle jede Position, für die man ein Arbeitszeugnis erstellt, immer individuell zu betrachten. Hier handelt es sich um eine Arzthelferin, bei der es zwar auch wichtig ist zu erwähnen, wie ihr Umgang mit den Patienten war, aber im Gegensatz zum Arzt, das organisatorische Geschick oder die planerischen Fähigkeiten in ihrem Zeugnis einen Platz finden sollten.

Muster für ein Austrittszeugnis Schulnote 1 bis 3

Frau Heike Helfer, geboren am Monat.Jahr (Angabe des Geburtsdatums nur auf Wunsch des Arbeitnehmers), war in der Zeit vom Monat.Jahr bis zum Monat.Jahr als Arzthelferin in unserer Dialysepraxis tätig.

Zu ihren Aufgaben zählten insbesondere:

- ✔ Vorbereitung der Dialysegeräte, eigenständige Durchführung der Dialysebehandlung und Betreuung der Patienten während der Behandlung
- ✔ Blutdruck- und Pulsmessungen
- ✔ Elektrokardiographische Untersuchungen
- ✔ Anlegen von Verbänden
- ✔ Beratung in Ernährungsfragen
- ✔ Persönliche Betreuung der chronisch kranken Patienten, einschließlich der Nachsorge von transplantierten Patienten

In der Administration arbeitete Frau Helfer mit den Programmen DOC-Concept und Nephro-QS. In diesen Arbeitsbereich fielen die Eingabe der Abrechnungsziffern, die Erstellung sämtlicher medizinischer Formulare, die Dokumentation der Dialysebehandlung sowie die Quartalsabrechnung.

Note 1

Frau Helfer verfügt über hervorragende, umfassende und fundierte Fachkenntnisse in ihrem Arbeitsgebiet, die sie stets zielgerichtet, verantwortungsvoll und sehr erfolgreich in ihrer täglichen Arbeit einsetzte. Mit den technischen Abläufen war sie bestens vertraut. Die Patientenversorgung mit einer intravenösen Zusatzernährung führte sie ebenso äußerst sicher und selbstständig aus. (Hier können auch andere spezielle Aufgaben/Qualifikationen erwähnt werden.)

Ihr Fachwissen hielt Frau Helfer kontinuierlich auf dem neuesten Stand und baute es sinnvoll und zu unserem Nutzen weiter aus. (Optional: Besonders hervorheben möchten wir in diesem Zusammenhang ihre Fortbildung zur Arztfachhelferin Dialyse, die sie im Monat/Jahr mit Note 1 bestand, sowie ihre erfolgreiche Aneignung des Computerprogramms Indication. Neu gewonnene Kenntnisse und Methoden wandte sie immer umgehend und sehr wirksam in der Praxis an.)

Aufgrund ihrer ausgezeichneten Auffassungsgabe war Frau Helfer jederzeit in der Lage, neue Anforderungen sehr rasch und präzise zu erfassen. Unseren Patienten begegnete sie mit einem sehr ausgeprägten Taktgefühl und stellte sich stets überaus flexibel und individuell auf sie ein.

Selbst unter höchster Arbeitsbelastung sowie in kritischen Fällen behielt Frau Helfer jederzeit den Überblick, handelte sehr besonnen und verstand es, Prioritäten richtig zu setzen. Dabei war sie stets gerne bereit, zusätzliche Aufgaben zu übernehmen, auch über ihre übliche Arbeitszeit hinaus.

Frau Helfer war immer sehr gut organisiert und ihr Arbeitsstil war in höchstem Maße von Sorgfalt, Systematik und Genauigkeit geprägt, was zu einer konstant hervorragenden Arbeitsqualität führte. Darüber hinaus konnten wir uns, auch in problematischen Situationen, immer uneingeschränkt auf sie verlassen. Mit größtem Verantwortungsbewusstsein und absoluter Diskretion erledigte Frau Helfer die ihr anvertrauten Arbeiten stets zu unserer vollsten Zufriedenheit.

Das Verhalten von Frau Helfer sowohl gegenüber Vorgesetzten und Kollegen als auch Patienten und externen Ansprechpartnern war immer vorbildlich. Ihre besondere Teamfähigkeit und ihr sehr engagiertes Arbeiten führten zu einer stets sehr konstruktiven, angenehmen und erfolgreichen Zusammenarbeit im Praxisteam. Frau Helfer war bei den Patienten aufgrund ihrer jederzeit freundlichen, hilfsbereiten und kompetenten Art sowie ihres wertschätzenden Umgangs sehr gefragt und anerkannt.

Das Arbeitsverhältnis endet auf Wunsch von Frau Helfer (bei Eigenkündigung) oder Das Arbeitsverhältnis endet aus betriebsbedingten Gründen im gegenseitigen Einvernehmen (bei Aufhebung) zum Monat.Jahr oder mit Ablauf des heutigen Tages oder Das Arbeitsverhältnis endet zum Monat.Jahr (bei arbeitgeberseitiger Kündigung, wobei hier wohl eher selten ein sehr gutes Zeugnis ausgestellt wird). Wir bedauern ihr Ausscheiden sehr und danken ihr für ihre wertvolle Mitarbeit. Auf ihrem weiteren Berufs- und Lebensweg wünschen wir Frau Helfer alles Gute und weiterhin viel Erfolg.

Note 2

Frau Helfer verfügt über gute, umfassende und fundierte Fachkenntnisse in ihrem Arbeitsgebiet, die sie stets zielgerichtet, verantwortungsvoll und erfolgreich in ihrer täglichen Arbeit einsetzte. Mit den technischen Abläufen war sie gut vertraut. Die Patientenversorgung mit einer intravenösen Zusatzernährung wurde ebenso sicher und selbstständig von ihr ausgeführt. (Hier können auch andere spezielle Aufgaben/Qualifikationen erwähnt werden.)

Ihr Fachwissen hielt Frau Helfer kontinuierlich auf dem neuesten Stand und baute es sinnvoll weiter aus. (Optional: Besonders hervorheben möchten wir in diesem Zusammenhang ihre Fortbildung zur Arztfachhelferin Dialyse, die sie im Monat/Jahr mit Note 2 bestand, sowie ihre erfolgreiche Aneignung des Computerprogramms Indication. Neu gewonnene Kenntnisse und Methoden wandte sie immer umgehend und wirksam in der Praxis an.)

Aufgrund ihrer schnellen Auffassungsgabe war sie jederzeit in der Lage, neue Anforderungen rasch und präzise zu erfassen. Unseren Patienten begegnete sie mit ausgeprägtem Taktgefühl und stellte sich stets flexibel und individuell auf sie ein.

Selbst unter hoher Arbeitsbelastung sowie in kritischen Fällen behielt Frau Helfer jederzeit den Überblick, handelte besonnen und verstand es, Prioritäten richtig zu setzen. Dabei war sie immer bereit, zusätzliche Aufgaben zu übernehmen, auch über ihre übliche Arbeitszeit hinaus.

Frau Helfer war immer gut organisiert und ihr Arbeitsstil war in hohem Maße von Sorgfalt, Systematik und Genauigkeit geprägt, was zu einer konstant überdurchschnittlichen Arbeitsqualität führte. Darüber hinaus konnten wir uns, auch in problematischen

Situationen, immer auf sie verlassen. Mit großem Verantwortungsbewusstsein und absoluter Diskretion erledigte Frau Helfer die ihr anvertrauten Arbeiten stets zu unserer vollen Zufriedenheit.

Das Verhalten von Frau Helfer sowohl gegenüber Vorgesetzten und Kollegen als auch Patienten und externen Ansprechpartnern war immer einwandfrei. Ihre Teamfähigkeit und ihr engagiertes Arbeiten führten zu einer stets konstruktiven, angenehmen und erfolgreichen Zusammenarbeit im Praxisteam. Frau Helfer war bei den Patienten aufgrund ihrer jederzeit freundlichen, hilfsbereiten und kompetenten Art sowie ihres wertschätzenden Umgangs gefragt und anerkannt.

Das Arbeitsverhältnis endet auf Wunsch von Frau Helfer (bei Eigenkündigung) oder Das Arbeitsverhältnis endet aus betriebsbedingten Gründen im gegenseitigen Einvernehmen (bei Aufhebung) zum Monat.Jahr oder mit Ablauf des heutigen Tages oder Das Arbeitsverhältnis endet zum Monat.Jahr (bei arbeitgeberseitiger Kündigung). Wir bedauern ihr Ausscheiden und danken ihr für ihre stets gute Mitarbeit. Auf ihrem weiteren Berufs- und Lebensweg wünschen wir Frau Helfer alles Gute und weiterhin viel Erfolg.

Note 3

Frau Helfer verfügt über solide Fachkenntnisse in ihrem Arbeitsgebiet, die sie verantwortungsvoll und erfolgreich in ihrer täglichen Arbeit einsetzte. Mit den technischen Abläufen war sie vertraut. Die Patientenversorgung mit einer intravenösen Zusatzernährung wurde ebenso selbstständig von ihr ausgeführt.

Ihr Fachwissen hielt Frau Helfer auf dem aktuellen Stand und baute es weiter aus. (Optional: Besonders hervorheben möchten wir in diesem Zusammenhang ihre Fortbildung zur Arztfachhelferin Dialyse, die sie im Monat/Jahr bestand, sowie ihre Aneignung des Computerprogramms »Indication«. Neu gewonnene Kenntnisse und Methoden wandte sie wirksam in der Praxis an.)

Aufgrund ihrer Auffassungsgabe war sie in der Lage, neue Anforderungen zügig zu erfassen. Unseren Patienten begegnete sie mit Taktgefühl und stellte sich individuell auf sie ein. Selbst hoher Arbeitsbelastung sowie kritischen Fällen war Frau Helfer gewachsen. Dabei war sie auch bereit, zusätzliche Aufgaben zu übernehmen.

Frau Helfer war organisiert und ihr Arbeitsstil war von Systematik und Umsicht geprägt, was zu einer zufriedenstellenden Arbeitsqualität führte. Mit Verantwortungsbewusstsein und Diskretion erledigte sie die ihr anvertrauten Arbeiten zu unserer vollen Zufriedenheit.

Das Verhalten von Frau Helfer sowohl gegenüber Vorgesetzten und Kollegen als auch Patienten und externen Ansprechpartnern war einwandfrei. Ihr engagiertes Arbeiten führte zu einer konstruktiven Zusammenarbeit im Praxisteam. Frau Helfer war bei den Patienten aufgrund ihres kompetenten Umgangs anerkannt.

Das Arbeitsverhältnis endet auf Wunsch von Frau Helfer (bei Eigenkündigung) oder Das Arbeitsverhältnis endet aus betriebsbedingten Gründen im guten gegenseitigen Einvernehmen (bei Aufhebung) zum Monat.Jahr oder mit Ablauf des heutigen Tages oder Das Arbeitsverhältnis endet zum Monat.Jahr (bei arbeitgeberseitiger Kündigung). Wir danken ihr für ihre engagierte Mitarbeit und wünschen Frau Helfer für die Zukunft alles Gute und viel Erfolg.

Ort und Ausstellungsdatum (vertragliches Enddatum, in der Regel der 15./30. oder 31. eines Monats).

Unternehmensname

Unterzeichner (Eine Unterschrift vom Fachbereich beziehungsweise vom direkten Vorgesetzen und eine Unterschrift aus der Personalabteilung, hierzu gibt es keine Vorgaben. Es kann auch nur der Personalleiter oder der Geschäftsführer unterschreiben.)

Teil IV
Arbeitszeugnisse analysieren

IN DIESEM TEIL ...

Warum es beim Lesen eines Arbeitszeugnisses so wichtig ist zu berücksichtigen, wer der Ersteller war, erfahren Sie in diesem Teil des Buches. Außerdem erhalten Sie jede Menge Hinweise, wie man ein Arbeitszeugnis richtig bewertet. Dabei gilt es nicht nur, einzelne Formulierungen anzuschauen, sondern den gesamten Text in die Analyse einzubeziehen. Warum es zum Beispiel wichtig ist, den Teil des Werdegangs und der Tätigkeiten genauer anzuschauen, erfahren Sie hier im Einzelnen. Dank des Analyse-Checks sowie einiger Beispielanalysen können Sie ein Arbeitszeugnis schrittweise durchleuchten.

> **IN DIESEM KAPITEL**
>
> Die Bedeutung des Zeugnisausstellers
>
> Der Abschnitt über den Werdegang und die Tätigkeiten
>
> Problematische Zeugnisse erkennen
>
> Analyse der Schlussformulierung
>
> Was nicht in ein Arbeitszeugnis gehört

Kapitel 10
Den Geheimcode entschlüsseln

Dieses Kapitel wird Ihnen helfen, ein Arbeitszeugnis rasch zu durchleuchten und zu bewerten. Dank nützlicher Tipps wird Ihnen ein zeitaufwendiger Einstieg in die Tiefe der einzelnen Formulierungen erspart bleiben. Die Erfahrung zeigt: »Zeig Dein Zeugnis drei Personalern und Du wirst drei verschiedene Analysen erhalten«. Denn ein Arbeitszeugnis zu prüfen, ist gar nicht so einfach. Jeder Zeugnisleser sucht nach versteckten Botschaften, um potenzielle Probleme des Zeugnisempfängers herauszulesen. Oftmals führt auch das fehlende Know-how der Zeugniserstellung zu falschen Interpretationen. Mit einem Analyse-Check werden Sie unkompliziert und schnell an Ihr Ziel kommen, ein Arbeitszeugnis zu deuten.

Der Zeugnisaussteller ist ausschlaggebend

Wer ein Zeugnis analysieren möchte, sollte zunächst berücksichtigen, wer das Zeugnis ausgestellt hat und bewerten, wie dessen Erfahrung in diesem Bereich sein kann. Der Werkstattbesitzer oder der Arzt mit zwei bis drei Angestellten, der vielleicht ein- oder zweimal in seiner Laufbahn ein Zeugnis ausstellen muss, verfügt wahrscheinlich nur über wenig Erfahrung im Verfassen von Zeugnissen. Daher kann es sein, dass alles, was in einem solchen Zeugnis steht, auch tatsächlich so gemeint ist, ohne Einschränkungen und versteckte Botschaften. Häufig sind Zeugnisse aus diesen Bereichen auch sehr kurz gehalten und beschränken sich im Bewertungsteil auf die Gesamtbeurteilung und einen Satz zum Verhalten. Auch bei der Abschlussformulierung derartiger Zeugnisse kommt es aus Unwissenheit in vielen Fällen zu Formfehlern. So kann es unbeabsichtigt passieren, dass ein schlechtes Zeugnis ausgestellt wird, obwohl eigentlich gelobt werden sollte.

Zeugnis einer kleinen Firma – gut gemeint, aber ungünstig für die Empfängerin

Frau Michaela Mustermann, geboren am 23.01.1969 in München, war vom 01.01.2013 bis zum 31.12.2017 als Krankenpflegerin im Häuslichen Pflegedienst Meyer beschäftigt.

Der Häusliche Pflegedienst Meyer ist ein ambulanter Pflegedienst und versorgt hilfsbedürftige und kranke Menschen in ihrem häuslichen Umfeld im Einzugsgebiet Regensburg sowie den dazugehörigen Teilorten. Zu unserem Leistungsangebot gehört neben der Grund- und Behandlungspflege auch die Einrichtung einer Tagespflege mit 20 Plätzen. Frau Mustermann war in der ambulanten Pflege tätig. In ihrer Funktion als Krankenpflegerin wurden ihr folgende Aufgaben übertragen:

- ✔ die selbstständige Durchführung von Grund- und Behandlungspflege nach ärztlicher Verordnung sowie im Rahmen der Pflegeversicherung
- ✔ der Kontakt und die Zusammenarbeit mit Ärzten, Therapeuten, Apotheken und Angehörigen

Frau Mustermann war eine engagierte Mitarbeiterin, die sich für die Belange des Kunden einsetzte. In ihr Aufgabengebiet hat sie sich zügig eingearbeitet. An angebotenen Fortbildungen nahm sie regelmäßig teil. Frau Mustermann führte die ihr übertragenen Aufgaben zu unserer vollen Zufriedenheit durch. Im Umgang mit Kunden und deren Angehörigen war sie zuvorkommend und hilfsbereit.

Ihr Verhalten gegenüber Mitarbeitern und Vorgesetzten ist einwandfrei gewesen.

Wir bedauern, dass Frau Koch unser Unternehmen verlässt. Wir bedanken uns für die Zusammenarbeit und wünschen alles Gute.

Constanze Meyer

Geschäftsführerin

Man kann man davon ausgehen, dass eine größere Firma oder gar ein Konzern über eine Personalabteilung mit entsprechend geschulten Mitarbeitern verfügt. Dort werden vermehrt Zeugnisgeneratoren verwendet, die rechtssichere Textbausteine enthalten. Diese Zeugnisse erstrecken sich in der Regel auch über anderthalb bis zwei Seiten. In diesen Fällen lohnt es sich genauer hinzuschauen, denn bei solchen Zeugnissen steckt in der Regel hinter jedem Zeugnisbestandteil eine Bewertung beziehungsweise Note. Außerdem gilt es bei professionellen Zeugnisausstellern zu prüfen, ob ein einfaches oder ein qualifiziertes Arbeitszeugnis ausgehändigt wurde. Die Aussagekraft eines qualifizierten Zeugnisses, das sich auch auf die Beurteilung von Leistung und Verhalten erstreckt, ist wesentlich höher. Zudem lässt ein einfaches Arbeitszeugnis immer vermuten, dass eine negative Beurteilung des Zeugnisempfängers vermieden werden sollte.

Einfaches Arbeitszeugnis

Herr Michael Mustermann, geboren am 11.06.1981, war in der Zeit vom 01.01.2017 bis zum 30.06.2017 in unserem Hause als Anwendungsentwickler tätig und mit folgenden Aufgaben betraut:

- ✔ Erarbeitung von Softwarelösungen für unsere Kunden
- ✔ Entwicklung, Erstellung, Pflege, Änderung und Anpassung von Programmen
- ✔ Ermittlung und Behebung von Fehlern durch den Einsatz von Diagnosesystemen
- ✔ Planung und Umsetzung von IT-Sicherheitsmaßnahmen

Herr Michael Mustermann verlässt mit dem heutigen Tag unser Unternehmen auf eigenen Wunsch. Wir bedanken uns für seine Mitarbeit und wünschen ihm für seinen weiteren Berufs- und Lebensweg alles Gute.

Frankfurt am Main, 30. Juni 2017

Unterschrift Geschäftsführer

Typischerweise werden einfache Arbeitszeugnisse bei kurzen Beschäftigungszeiträumen ausgestellt, beispielsweise bei einer Kündigung innerhalb oder zum Ende der Probezeit.

Qualifiziertes Arbeitszeugnis

Herr Michael Mustermann, geboren am 11.06.1981, war in der Zeit vom 01.01.2017 bis zum 30.06.2018 in unserem Hause als Anwendungsentwickler tätig und mit folgenden Aufgaben betraut:

- ✔ Erarbeitung von Softwarelösungen für unsere Kunden
- ✔ Entwicklung, Erstellung, Pflege, Änderung und Anpassung von Programmen
- ✔ Ermittlung und Behebung von Fehlern durch den Einsatz von Diagnosesystemen
- ✔ Planung und Umsetzung von IT-Sicherheitsmaßnahmen

Herr Mustermann verfolgte seine Aufgaben stets mit guten, umfassenden sowie fundierten Fach- und Systemkenntnissen. Um seine Kenntnisse auf dem neuesten Stand zu halten und zu erweitern, besuchte er erfolgreich Fachseminare und Weiterbildungsmaßnahmen.

Auch bei hoher Arbeitsbelastung führte er seine Aufgaben jederzeit zuverlässig und termingerecht durch. Neuen fachlichen Anforderungen stand Herr Mustermann aufgeschlossen gegenüber und in unerwarteten Situationen fand er sich immer schnell zurecht. Seine gute Auffassungsgabe befähigte ihn, auch anspruchsvolle Fragestellungen zu erfassen.

> Herr Mustermann zeigte stets hohe Einsatzbereitschaft und viel Eigeninitiative. Er brachte gewinnbringend neue Ideen in das Aufgabengebiet ein und seine Vorgehensweise war jederzeit proaktiv sowie zielorientiert. Herr Mustermann plante und organisierte die Arbeit immer selbstständig. Termine und Absprachen wurden konsequent von ihm eingehalten. Sein Arbeitsstil war zudem in hohem Maße von Systematik und Strukturierung geprägt. Seine Arbeitsergebnisse übertrafen daher jederzeit unsere Erwartungen, sodass wir mit den Leistungen von Herrn Mustermann stets voll zufrieden waren.
>
> Durch seine ausgeprägte Teamorientierung in Verbindung mit seiner ausgeglichenen und hilfsbereiten Art förderte er maßgeblich die angenehme und konstruktive Arbeitsatmosphäre. Sein persönliches Verhalten gegenüber Vorgesetzten und Kollegen war immer einwandfrei. Dank seines sehr sicheren und gewandten Auftretens gestaltete Herr Mustermann den Kontakt zu Kunden und Geschäftspartnern jederzeit überaus verbindlich und überzeugend.
>
> Das Arbeitsverhältnis von Herrn Mustermann endet auf seinen Wunsch mit dem heutigen Tag. Wir bedauern sein Ausscheiden und danken ihm für die stets guten Leistungen sowie die immer angenehme Zusammenarbeit. Für seine weitere berufliche und private Zukunft wünschen wir Herrn Mustermann alles Gute und weiterhin viel Erfolg.
>
> Frankfurt am Main, 30. Juni 2018
>
> Unterschrift Geschäftsführer

Werdegang und Tätigkeiten in die Analyse einbeziehen

Auch der Teil des Werdegangs und der Tätigkeiten ist für eine aussagekräftige Analyse von Bedeutung. Wichtig ist unter anderem, dass die Tätigkeitsbeschreibung in chronologischer Reihenfolge erfolgt und zwar von der Einstiegsposition bis hin zur aktuell beziehungsweise zuletzt ausgeübten Position. Wenn Versetzungen beispielsweise nicht erklärt werden, kann das zu einer falschen Einschätzung führen. Denn bei einem Wechsel der Position sollte möglichst eine Beförderung oder eine Weiterentwicklung klar erkennbar sein.

Darüber hinaus sollten die Tätigkeiten adäquat zur Position beschrieben sein, also alle typischen Aufgaben erwähnt sein, und das nach Wichtigkeit sortiert. Bei einem Techniker sollte an oberster Stelle die Reparatur und Wartung von Geräten stehen und nicht das Sauberhalten des Arbeitsplatzes. Wenn nebensächliche Aufgaben zuerst aufgeführt oder sogar hervorgehoben werden, entsteht der Eindruck, dass der Zeugnisempfänger den Hauptaufgaben nicht gewachsen war.

Das rechte Maß für die Tätigkeitsbeschreibung finden

Hinderlich ist auch eine zu ausführliche Aufgabenbeschreibung und ein »sich verlieren« in Details. Mein Lieblingsspruch hierzu ist: »Ist das ein Zeugnis oder sind das Memoiren?«. Der

Leser eines Zeugnisses wird schnell das Interesse verlieren, wenn er erst einmal ein bis zwei Seiten Tätigkeitsbeschreibungen lesen muss, bevor er bei der Leistungsbewertung ankommt. Das Ganze hat ein »Geschmäckle«, das eher der Zeugnisempfänger selbst hier Hand an das Zeugnis gelegt hat. In diesem Teil des Zeugnisses liegt »in der Kürze die Würze«. Vorteilhafter und insbesondere bei wichtigen Funktionen wie zum Beispiel Führungspositionen ist die Nennung besonderer Erfolge maßgeblich für ein sehr gutes Arbeitszeugnis. Wenn sie fehlen, lässt das darauf schließen, dass es gar keine nennenswerten Erfolge gab.

Des Weiteren ist es nachteilig, wenn in der Aufzählung der Aufgaben Abkürzungen oder firmeninterne Begriffe verwendet werden. Insgesamt ist alles hinderlich, was für einen Dritten beziehungsweise externen Leser nicht zu verstehen oder nachvollziehbar ist. Tabelle 10.1 zeigt eine gute (links) und eine weniger positive (rechts) Tätigkeitsbeschreibung am Beispiel einer Reiseverkehrskauffrau.

Positive Tätigkeitsbeschreibungen	Weniger positive Tätigkeitsbeschreibungen
✔ Beratung unserer Privat- und Firmenkunden am Telefon, persönlich oder per E-Mail ✔ Verkauf von Reisen und anderen touristischen Dienstleistungen ✔ Erstellung von Reiseangeboten und Information über Leistungen und Preise ✔ Auswahl passender Kataloge für unsere Kunden ✔ Erfassung und Pflege von Kundendaten in unserem internen System SYNCCESS ✔ Abwicklung des Schriftverkehrs mit Kunden, Reiseveranstaltern, Hotels und Dienstleistern ✔ Allgemeine Verwaltungsarbeiten wie Erstellung der Rechnungen, Verbuchung von Kunden- und Veranstalterzahlungen ✔ Abfrage von Vakanzen und Reisepreisen bei Reiseveranstaltern, Hotels und Verkehrsunternehmen ✔ Durchführung von Buchungen in den Buchungssystemen TOMA und IRIS plus, Reservierung von Sitzplätzen, Sichtung, Kontrolle und Aushändigung von Reiseunterlagen, Vermittlung von Reiseversicherungen sowie Entgegennahme von Reklamationen und deren Bearbeitung	✔ Auswahl passender Kataloge für Kunden ✔ Eingabe von Kundendaten in SYNCCESS ✔ Allgemeine Verwaltungsarbeiten ✔ Abwicklung von Schriftverkehr ✔ Buchungen in TOMA und IRIS plus, Weiterleitung der Reiseunterlagen, Erledigung von Reservierungen und Bearbeitung von Reklamationen ✔ Abfrage von Vakanzen und Reisepreisen ✔ Beratung von Kunden und Verkauf von Reisen ✔ Erstellung von Angeboten und Informationsweitergabe

Tabelle 10.1: Gute und weniger positive Tätigkeistbeschreibungen am Beispiel einer Reiseverkehrskauffrau

Tabelle 10.2 zeigt eine gute (links) und eine weniger positive (rechts) Tätigkeitsbeschreibung am Beispiel eines Projektleiters.

Positive Tätigkeitsbeschreibungen	Weniger positive Tätifkeitsbeschreibungen
✔ Steuerung von Windenergie-Projekten während der gesamten Projektentwicklung, von der Standortanalyse über die Standort-Akquise, die Genehmigungs- und Bauphase bis zur Übergabe an den Kunden ✔ Führung des Projektteams, bestehend aus bis zu acht Mitarbeitern der verschiedenen Fachabteilungen, Zuteilung von Aufgaben im Projektteam und Steuerung der Abläufe ✔ Priorisierung von Projekten und Projektideen in Zusammenarbeit mit den relevanten Fachabteilungen ✔ Kosten- und Zeitmanagement für die übertragenen Projekte ✔ Schaffung der planungsrechtlichen Voraussetzungen ✔ Zusammenstellung von Unterlagen für die Projektfinanzierung sowie Unterstützung im Finanzierungsprozess	✔ Zusammenstellung von Unterlagen für die Finanzierung ✔ Pflege des Kundenkontakts ✔ Organisation und Steuerung des Projekts, unter anderem Standortanalyse und -akquise, Genehmigungs- und Bauphase, Projektübergabe ✔ Leitung der Projektmitarbeiter ✔ Zusammenarbeit mit den Fachabteilungen

Tabelle 10.2: Gute und weniger positive Tätigkeitsbeschreibungen am Beispiel eines Projektleiters

Wichtig für ein Zeugnis ist, dass die Darstellung der Tätigkeiten und des Werdegangs einen aktiven Eindruck hinterlässt. Passivformulierungen wie etwa »wurde eingesetzt« oder »wurde betraut« sollten als negativ bewertet werden.

Die Leistungsbewertung analysieren

Der wohl kniffligste Teil der Analyse eines Arbeitszeugnisses ist der Blick auf den Bewertungsteil. Das ist insbesondere dann schwierig, wenn sich das Zeugnis nicht nur auf die zusammenfassende Bewertung der Leistung und des Verhaltens beschränkt. Auch wenn in der Bewertung die allgemein bekannte Formulierung »stets zur vollsten Zufriedenheit« zu lesen ist und auch das Verhalten mit »stets vorbildlich« beurteilt wurde, lässt das allein nicht auf ein sehr gutes Zeugnis schließen. Wichtig ist, dass sich die positiven Bewertungen beziehungsweise Formulierungen über alle Zeugnisbestandteile erstrecken.

Für alle Zeugnisbausteine gilt: Ohne die Attribute wie »stets«, »jederzeit« oder »immer« fehlt die Kontinuität der bewerteten Merkmale, somit waren sie nicht fortwährend sehr gut oder gut. Schauen Sie außerdem kritisch auf einschränkende Formulierungen wie »in der Regel« oder »meistens«. Sie lassen auf Bewertungen im Viererbereich und schlechter schließen. Generell kann man sagen, je kürzer die Aussage, desto schlechter die Bewertung. So werden negative Aussagen vermieden und das Wohlwollen bei der Ausstellung des Arbeitszeugnisses deutlich gemacht.

Im Folgenden finden Sie für alle Bestandteile des Bewertungsteils Hinweise für die Analyse sowie jeweils ein Beispiel, wie die Benotung abgestuft werden kann.

Wissen und Weiterbildung

Bei der Beurteilung des Wissens und der Weiterbildung ist es wichtig, dass Substanz, Umfang, Tiefe, Aktualität und die Anwendung des Fachwissens erwähnt werden. Insbesondere bei Berufsanfängern sollte auch zum Thema Weiterbildung etwas im Zeugnis stehen, da das die fehlende Berufspraxis aufwerten kann. Beachten Sie aber, dass ständige Weiterbildungen auch als Flucht vor der Arbeit interpretiert werden können. Deshalb sollten nicht zu viele und für die Position irrelevante Seminare aufgelistet sein.

- Note 1: »Frau Meier verfügt über ein sehr gutes, umfangreiches und fundiertes Fachwissen, das sie stets zielführend und äußerst erfolgreich in der täglichen Arbeit einsetzte. Dieses Wissen hielt sie kontinuierlich auf dem aktuellen Stand und erweiterte es mit sehr gutem Erfolg.«

- Note 2: »Frau Müller verfügt über ein gutes, umfangreiches und fundiertes Fachwissen, das sie stets zielführend und erfolgreich in der täglichen Arbeit einsetzte. Dieses Wissen hielt sie kontinuierlich auf dem aktuellsten Stand und erweiterte es mit gutem Erfolg.«

- Note 3: »Herr Klein verfügt über ein fundiertes Fachwissen, das er erfolgreich in der täglichen Arbeit einsetzte. Dieses Wissen hielt er auf dem aktuellen Stand und erweiterte es mit Erfolg.«

- Note 4: »Herr Groß verfügt über ein fundiertes Fachwissen, das er in der Regel erfolgreich in der täglichen Arbeit einsetzte. Dieses Wissen hielt er auf dem aktuellen Stand und erweiterte es nach Bedarf.«

Arbeitsbefähigung

Im Abschnitt über die Arbeitsbefähigung sollte etwas zur Auffassungsgabe beziehungsweise zum Denk- und Urteilsvermögen, aber auch etwas zur Belastbarkeit und/oder Ausdauer zu finden sein. Positive Beschreibungen sind hier unter anderem die schnelle Einarbeitung in neue Aufgabenfelder, ein analytisches oder strategisches Denken, ein treffsicheres Urteilsvermögen wie auch eine hohe Belastbarkeit oder Ausdauer bei starkem Arbeitsanfall oder Termindruck.

- Note 1: »Herr Braun arbeitete sich dank seiner ausgezeichneten Auffassungsgabe stets sehr schnell und sicher in neue Aufgabenstellungen ein. Auch höchstem Arbeits- und Zeitdruck war er jederzeit bestens gewachsen.«

- Note 2: »Herr Kuhn arbeitete sich dank seiner guten Auffassungsgabe stets schnell und sicher in neue Aufgabenstellungen ein. Auch hohem Arbeits- und Zeitdruck war er jederzeit gut gewachsen.«

- Note 3: »Frau Schmidt arbeitete sich dank ihrer Auffassungsgabe sicher in neue Aufgabenstellungen ein. Auch hohem Arbeits- und Zeitdruck war sie gewachsen.«

- Note 4: »Frau Möller arbeitete sich dank ihrer Auffassungsgabe meist sicher in neue Aufgabenstellungen ein. Auch Arbeits- und Zeitdruck war sie gewachsen.«

Arbeitsbereitschaft

Eine deutlich hohe Einsatzbereitschaft, großes Engagement oder viel Initiative sollten in dem Baustein über die Arbeitsbereitschaft erwähnt werden. Aufwertend ist hierbei auch die Identifikation mit den Aufgaben, der Position und dem Unternehmen:

- ✔ Note 1: »Sie zeigte jederzeit außerordentliches Engagement und eine sehr hohe Initiative.«
- ✔ Note 2: »Sie zeigte jederzeit großes Engagement und eine hohe Initiative.«
- ✔ Note 3: »Sie zeigte Engagement und Initiative.«
- ✔ Note 4: »Sie zeigte im Allgemeinen Engagement und Initiative.«

Arbeitsweise

Unter die Rubrik »Arbeitsweise« fallen Eigenschaften wie Selbstständigkeit, Sorgfalt, Zuverlässigkeit, Systematik, Genauigkeit, Effizienz und Schnelligkeit. Hier kommt es auf die richtige Kombination an. Wenn beispielsweise nur große Sorgfalt und Genauigkeit beschrieben werden, ohne auf die Effizienz oder das Arbeitstempo einzugehen, kann man auf ein unzureichendes Arbeitspensum schließen.

- ✔ Note 1: »Seine Arbeitsweise war von einem stets sehr hohen Grad an Selbstständigkeit, Sorgfalt und Effizienz geprägt.«
- ✔ Note 2: »Ihre Arbeitsweise war von einem stets hohen Grad an Selbstständigkeit, Sorgfalt und Effizienz geprägt.«
- ✔ Note 3: »Seine Arbeitsweise war von Selbstständigkeit, Sorgfalt und Effizienz geprägt.«
- ✔ Note 4: »Ihre Arbeitsweise war zumeist von Selbstständigkeit und Sorgfalt geprägt.«

Arbeitserfolg

Im Baustein zum Arbeitserfolg geht es um die Arbeitsqualität, das Arbeitspensum und die Zielerreichung. Wichtig ist die Nennung besonderer Erfolge, vor allem für Führungskräfte oder auch Mitarbeiter des Vertriebs.

- ✔ Note 1: »Ihre Arbeitsergebnisse waren sowohl in qualitativer als auch quantitativer Hinsicht jederzeit sehr gut.«
- ✔ Note 2: »Seine Arbeitsergebnisse waren sowohl in qualitativer als auch quantitativer Hinsicht jederzeit gut.«
- ✔ Note 3: »Ihre Arbeitsergebnisse waren sowohl in qualitativer als auch quantitativer Hinsicht gut.«
- ✔ Note 4: »Seine Arbeitsergebnisse entsprachen regelmäßig unseren Anforderungen.«

Zusammenfassende Bewertung

In der zusammenfassenden Bewertung folgt die sogenannte Zufriedenheitsfloskel. Ein sehr gutes Zeugnis ergibt sich aber nicht alleine durch diese Floskel. Sie muss stimmig zur Bewertung der einzelnen Zeugniskomponenten sein:

- ✔ Note 1: »Herr Lang erledigte alle ihm übertragenen Aufgaben stets zu unserer vollsten Zufriedenheit.«
- ✔ Note 2: »Frau Kurz erledigte alle ihr übertragenen Aufgaben stets zu unserer vollen Zufriedenheit.«
- ✔ Note 3: »Herr Möller erledigte alle ihm übertragenen Aufgaben zu unserer vollen Zufriedenheit.«
- ✔ Note 4: »Frau Meier erledigte alle ihr übertragenen Aufgaben zu unserer Zufriedenheit.«

Führungsverhalten bei Vorgesetzen

Im Zeugnis einer Führungskraft ist es unabdingbar, auch die Mitarbeiterführung zu beurteilen. Dabei muss sowohl der Führungsstil als auch die damit erzielte Mitarbeiterleistung aufgeführt werden. Fehlt diese Komponente im Zeugnis einer Führungskraft, lässt sich daraus eine schlechte Führungskompetenz herauslesen.

- ✔ Note 1: »Ihren Mitarbeitern war Frau Viel jederzeit ein sehr anerkanntes Vorbild. Es gelang ihr laufend, die Mitarbeiter in ihrem Bereich durch eine fach- und personenbezogene Führung zu optimalen Leistungen zu motivieren.«
- ✔ Note 2: »Ihren Mitarbeitern war Frau Gans jederzeit ein anerkanntes Vorbild. Es gelang ihr laufend, die Mitarbeiter in ihrem Bereich durch eine fach- und personenbezogene Führung zu guten Leistungen zu motivieren.«
- ✔ Note 3: »Seinen Mitarbeitern war Herr Dann ein Vorbild. Es gelang ihm, die Mitarbeiter in seinem Bereich durch eine fach- und personenbezogene Führung zu zufriedenstellenden Leistungen zu motivieren.«
- ✔ Note 4: »Er setzte seine Mitarbeiter ihren Fähigkeiten entsprechend ein und motivierte sie.«

Sozialverhalten

Im Abschnitt zum Sozialverhalten, der auch den Abschluss des Bewertungs- und Verhaltensteils bildet, werden Aussagen über das Verhalten gegenüber anderen getroffen. Wichtig ist hier die Nennung aller Personengruppen sowie die Einhaltung einer bestimmten Reihenfolge. Werden beispielsweise die Kollegen zuerst genannt, kann man von Problemen mit der Führungskraft ausgehen. Falls es sich um ein Zeugnis für eine Führungskraft handelt, gehören die Mitarbeiter unbedingt in die Aufzählung. Wenn im Rahmen der Position Kontakt mit Kunden selbstverständlich ist, muss das aufgeführt werden:

✔ Note 1: »Sein Verhalten sowohl gegenüber Vorgesetzten und Kollegen als auch gegenüber Kunden und Geschäftspartnern war immer vorbildlich.«

✔ Note 2: »Sein Verhalten sowohl gegenüber Vorgesetzten und Kollegen als auch gegenüber Kunden und Geschäftspartnern war immer einwandfrei.«

✔ Note 3: »Ihr Verhalten sowohl gegenüber Vorgesetzten und Kollegen als auch gegenüber Kunden und Geschäftspartnern war einwandfrei.«

✔ Note 4: »Ihr Verhalten sowohl gegenüber Vorgesetzten und Kollegen als auch gegenüber Kunden und Geschäftspartnern war in der Regel einwandfrei.«

Ein Arbeitszeugnis zu prüfen, ist eine Herausforderung. Es sollte als Ganzes bewertet werden. Maßgeblich ist, welchen Gesamteindruck das Dokument macht.

Die Schlussformulierung

Die Schlussformulierung des Zeugnisses muss unbedingt in die Analyse einbezogen werden. Zuallererst muss der Grund für die Ausstellung des Zeugnisses geprüft werden. Wichtig ist, welche Seite das Arbeitsverhältnis beendet hat. Die optimale Variante ist, dass das Arbeitsverhältnis auf Wunsch des Arbeitnehmers beendet wurde. Wenn diese Angabe fehlt oder nicht näher erläutert wird, wie etwa eine Aufhebung aus betriebsbedingten Gründen, müsste davon ausgegangen werden, dass die Kündigung personen- oder verhaltensbedingt durch den Arbeitgeber erfolgte. Das kann eine vorangegangene durchweg gute bis sehr gute Bewertung infrage stellen oder sogar komplett entkräften.

Auch bei Zwischenzeugnissen sollte ein kritischer Blick auf den Ausstellungsgrund geworfen werden. Auch der kann unterschiedlich sein wie etwa auf eigenen Wunsch, wegen Vorgesetztenwechsels, Übernahme einer neuen Position, bevorstehender Umstrukturierung oder eines Betriebsübergangs und kann einen wichtigen Hinweis auf die aktuelle Situation des Arbeitnehmers geben.

Die Abschlussformel setzt sich aus drei Teilen zusammen: Ausstellungsgrund, Bedanken und Bedauern (bei Austrittszeugnissen) sowie die Zukunftswünsche. Diese drei Teile müssen in der Analyse berücksichtigt werden. Die zuvor entgegengebrachte positive Würdigung des Arbeitnehmers sollte in der Dankes- und Bedauernsformel nochmals bekräftigt werden. Bei einer sehr guten Bewertung beispielsweise folgendermaßen: »Wir bedauern das Ausscheiden von Frau Kunz sehr und bedanken uns bei ihr für ihre stets sehr guten Leistungen.« Durch das Weglassen von »sehr« würde es sich dann um eine Dankes- und Bedauernsformel mit einer nur noch guten Bewertung handeln.

Die Zukunftswünsche im Falle einer sehr guten Bewertung könnten so formuliert sein: »Für ihre Zukunft wünschen wir Frau Herbst alles Gute und weiterhin viel Erfolg.« Wenn das »weiterhin« bei »wir wünschen ihr weiterhin viel Erfolg« fehlt, ist das ein Hinweis darauf, dass etwas nicht in Ordnung war beziehungsweise die Arbeitnehmerin nicht erfolgreich gearbeitet hat. Ein sehr ungünstiges Beispiel im Falle einer Eigenkündigung wäre: »Frau Sommer scheidet mit Ablauf des heutigen Tages auf eigenen Wunsch aus. Für ihre Zukunft wünschen wir ihr alles Gute.« Zwar beendete die Arbeitnehmerin das Arbeitsverhältnis selbst, aber der Dank für die Leistungen und das Bedauern über das Ausscheiden fehlen. Auch bei den Zukunftswünschen hat man sich für die Minimalvariante entschieden. Im Klartext heißt das, dass man dieser Mitarbeiterin keine Träne nachweint.

Schlussformeln für Zwischenzeugnisse

Bei einem Zwischenzeugnis für einen sehr gut bewerteten Arbeitnehmer wird die Dankes- mit der Zukunftsformel kombiniert und könnte so aussehen: »Wir bedanken uns für seine bisherigen stets sehr guten Leistungen und freuen uns auf die weiterhin sehr erfolgreiche und angenehme Zusammenarbeit«. Auch hier wird durch das Weglassen von »sehr« eine Abstufung auf Note 2 vorgenommen. Fehlen der Dank und die Zukunftswünsche ist das für den Zeugnisempfänger eine sehr ungünstige Abschlussformulierung.

Folgende Formulierungen sind mit besonderer Vorsicht zu genießen, da sie auf eine fristlose und verhaltensbedingte Kündigung hinweisen sollen:

- Unsere besten Wünsche begleiten ihn.
- Wir wünschen ihr für die Zukunft alles nur erdenklich Gute.
- Wir wünschen ihm alles Gute, vor allem Gesundheit.

Was nicht in einem Arbeitszeugnis stehen darf

Absolut tabu in einem Arbeitszeugnis sind alle Formulierungen, die sich auf das Privatleben beziehen und somit die Privatsphäre des Zeugnisempfängers verletzen. Auch einmalige Vorkommnisse und ansonsten unübliche Tatsachen dürfen nicht erwähnt werden. Was außerdem nicht in einem Arbeitszeugnis stehen darf:

- Gehalt
- Kündigungsgrund
- Vorstrafen
- Abmahnungen
- Krankheiten oder andere Fehlzeiten, wie etwa Bildungsurlaub
- Behinderungen
- Betriebsratstätigkeiten (nur auf ausdrücklichen Wunsch des Zeugnisempfängers)
- Sucht oder andere Erkrankungen
- Gewerkschafts- und Parteizugehörigkeiten und entsprechendes Engagement
- Religiöse Zugehörigkeiten

✔ Homosexualität

✔ Nebentätigkeiten und ehrenamtliches Engagement

Was aber, wenn dem Zeugnisempfänger tatsächlich wegen eines groben Fehlverhaltens, wegen Diebstahls aus der Kasse, fristlos gekündigt wurde? Bedenken Sie, dass ein Arbeitszeugnis bei allem Wohlwollen dennoch wahrheitsgemäß ausgestellt werden muss. Die richtige Formulierung müsste lauten: »Wir haben das Arbeitsverhältnis mit Frau Schulze nach einer schwerwiegenden Pflichtverletzung« oder »nach einem schwerwiegenden Vertrauensbruch per sofort aufgelöst«. Wichtig in diesem Zusammenhang ist, dass der Arbeitgeber im Zeugnis die Leistung und das Verhalten während der ganzen Anstellungsdauer fair und angemessen würdigt, also nicht ausschließlich vor dem Hintergrund der fristlosen Kündigung.

Die Verwendung von Geheimzeichen

Auch die Verwendung von Geheimzeichen ist verboten. Sie sollten dennoch prüfen, ob Sie nicht doch eines finden. Hiermit sollen zukünftigen Arbeitsgebern versteckte Hinweise gegeben werden. Vorsicht geboten ist etwa hierbei:

✔ Ein Häkchen nach links bedeutet Mitgliedschaft in einer linksgerichteten Partei, ein Häkchen nach rechts bedeutet Mitgliedschaft in einer rechtsgerichteten Partei.

✔ Ausrufungszeichen, Anführungszeichen und Unterstreichungen sollen die geschriebenen Aussagen ins Gegenteil verkehren.

✔ Ein »Ausrutscher« bei oder vor der Unterschrift soll auf eine Mitgliedschaft in einer Gewerkschaft oder verfassungsfeindlichen Organisation hinweisen.

✔ Ein Doppelpunkt am Satzende will sagen, dass es hier noch mehr zu sagen gäbe ...

Wenn Sie eines dieser Tabus oder ein Geheimzeichen in Ihrem Arbeitszeugnis finden, verlangen Sie sofort ein neues. Schließlich haben Sie Anspruch auf ein inhaltlich korrektes Arbeitszeugnis und ein Recht darauf, ein Arbeitszeugnis bei nachweislich berechtigten Zweifeln anzufechten.

Analyse-Check für Arbeitszeugnisse

Um Ihnen eine aussagekräftige Analyse zu ermöglichen, habe ich für Sie einen Analyse-Check für Arbeitszeugnisse bereitgestellt.

Einleitung:

✔ Enthält die Einleitung Vor- und Zunamen und gegebenenfalls Titel des Zeugnisempfängers?

✔ Ist der Tätigkeitszeitraum oder das Eintrittsdatum (bei Zwischenzeugnissen) angegeben?

✔ Wurde die Einstiegsposition mit Angabe der Abteilung beziehungsweise des Bereichs aufgeführt?

Unternehmensbeschreibung:

✔ Gibt es eine Beschreibung des Unternehmens mit Angabe von Branche, Produkten, Mitarbeiteranzahl, Sitz und weiteren wichtigen Informationen?

Tätigkeitsbeschreibung:

✔ Werden die Tätigkeiten insgesamt aktiv beschrieben?

✔ Ist die Tätigkeitsbeschreibung in korrekter chronologischer Reihenfolge (von der Einstiegsposition bis zur aktuell beziehungsweise zuletzt ausgeübten Position)?

✔ Ist bei einer Veränderung der Position beziehungsweise des Aufgabengebiets eine Weiterentwicklung zu erkennen?

✔ Wurden die Tätigkeiten adäquat zur Position beschrieben und auch nach Wichtigkeit sortiert?

✔ Wurden keine Nebensächlichkeiten hervorgehoben?

✔ Ist die Länge der Tätigkeitsbeschreibung angemessen?

✔ Wurden firmeninterne Bezeichnungen und Abkürzungen vermieden?

Leistungs- und Verhaltensbewertung:

✔ Wurden alle Zeugnisbestandteile eines wohlgeordneten Arbeitszeugnisses beurteilt?

- Wissen und Weiterbildung
- Arbeitsbefähigung
- Arbeitsbereitschaft
- Arbeitsweise
- Arbeitserfolg
- Zusammenfassende Bewertung
- Führungskompetenz (bei Führungspositionen)
- Sozialverhalten

✔ Wurde Folgendes vermieden?

- Begriffe, die mehrdeutig sind, wie etwa »kritischer« Mitarbeiter
- Distanzierende Formulierungen wie »wir setzten sie ein als x«
- Einschränkende Adverbien oder auffällige (doppelte) Verneinungen, wie »nicht ohne Engagement« oder »es kam nicht zu Verzögerungen«
- Missverständliche Charaktereigenschaften, wie zum Beispiel »Er überzeugt durch sein natürliches Wesen« oder »Sie ist eine anspruchsvolle Mitarbeiterin.«

- Hervorhebungen von Bemühen
- Unpassende Beurteilungen wie die Bescheinigung der engagierten Einarbeitung nach langjähriger Betriebszugehörigkeit oder nur solider Englischkenntnisse nach mehrjährigem Auslandseinsatz in den USA
- Nebensächliche und selbstverständliche Eigenschaften: Einer Führungskraft wird beispielsweise Pünktlichkeit bestätigt oder einer Sekretärin die sichere Rechtschreibung

✔ Unbedingt noch prüfen!
- Wurden Tabus gebrochen und/oder Geheimzeichen verwendet?
- Wurden besondere Arbeitserfolge hervorgehoben?
- Bestätigt die Benotung der zusammenfassenden Bewertung die Benotung der einzelnen Zeugnisbestandteile?
- Wurde bei einer Führungsposition das Führungsverhalten bewertet?
- Wurden beim Verhalten die Nennung aller Personengruppen sowie die richtige Reihenfolge eingehalten, nämlich Vorgesetzte, Kollegen, Mitarbeiter (bei Führungspositionen), Kunden beziehungsweise Geschäftspartner?

Abschluss:

✔ Bei Austrittszeugnissen:
- Wurde der Austrittsgrund erwähnt, bestmöglich Eigenkündigung?
- Wurde das Ausscheiden bedauert?
- Wurde Dank ausgesprochen?
- Sind Zukunftswünsche enthalten, mit »weiterhin viel Erfolg«?
- Stehen Ort und korrektes Ausstellungsdatum (Vertragsende, kein krummes Datum) unter dem Zeugnis?

✔ Bei Zwischenzeugnissen:
- Wurde der Ausstellungsgrund erwähnt (zum Beispiel: Auf Wunsch des Mitarbeiters, aufgrund eines Vorgesetztenwechsels, aufgrund der Übernahme einer neuen Position)?
- Wurde Dank ausgesprochen für die bisherige Mitarbeit?
- Gibt es eine Aussage zur weiteren positiven Zusammenarbeit?

Unterschrift:

✔ Wurde das Zeugnis möglichst vom Fachbereich und der Personalabteilung oder bei Führungspositionen von der Geschäftsleitung unterschrieben?

Form und gesamter Eindruck:

✔ Ist das Papier sauber und nicht geknickt?

✔ Ist das Zeugnis frei von Schreibfehlern?

✔ Wurde die korrekte Zeitform gewählt – bei Austrittszeugnissen die Vergangenheitsform und bei Zwischenzeugnissen die Gegenwartsform?

✔ Ist das Zeugnis unangemessen lang oder kurz, entspricht es in angemessener Art und Weise der Beschäftigungszeit?

✔ Ist das Zeugnis übertrieben gut geschrieben, sodass es unglaubwürdig erscheint?

✔ Wurde ein Zeugnisgenerator mit Standardfloskeln verwendet oder macht das Zeugnis einen individuellen Eindruck?

Nur ein einzelnes Zeugnis eines Bewerbers zu analysieren, das gegebenenfalls von jemandem mit wenig Know-how ausgestellt wurde, kann ein falsches Bild über den Zeugnisempfänger geben. Liegen allerdings mehrere Zeugnisse mit derselben Bewertung vor, so sollte der Gesamteindruck aus diesen Zeugnissen ausschlaggebend für den Auswahlprozess sein.

IN DIESEM KAPITEL

Die Analyse von Zeugnissen verschiedener Berufsgruppen

Den sogenannten Zeugniscode entschlüsseln

Ein schlechtes Arbeitszeugnis erkennen

Gegen ein schlechtes Arbeitszeugnis vorgehen

Die Aussagekraft von Zeugnissen

Kapitel 11
Zeugnisse analysieren

Im Kapitel 10 erfahren Sie viel Theoretisches über die Analyse von Arbeitszeugnissen. In diesem Kapitel zeige ich Ihnen anhand verschiedener Beispiel-Analysen, wie man ein Zeugnis entschlüsselt und ein schlechtes Zeugnis als solches enttarnt. Außerdem erhalten Sie Tipps, wie man als Zeugnisempfänger vorgehen kann, wenn man ein schlechtes Arbeitszeugnis erhalten hat. Denn das Weglassen eines Zeugnisses in der Bewerbungsmappe ist keine gute Lösung. Dann wird meist davon ausgegangen, dass das Zeugnis einen bedenklichen Inhalt hat. Auch auf den viel diskutierten Zweck von Arbeitszeugnissen in der heutigen Arbeitswelt bin ich in diesem Kapitel eingegangen.

Zeugnisse unter die Lupe nehmen

Lassen Sie sich durch die Vielzahl an Informationen zur Entschlüsselung von Zeugnissen nicht verunsichern. An einigen wenigen Basics können Sie schon wichtige Erkenntnisse zu einem ausgestellten Arbeitszeugnis erhalten.

Auf den ersten Blick sollte klar erkennbar sein, ob es sich bei dem Arbeitszeugnis um ein Zwischenzeugnis oder ein Austrittszeugnis handelt. Auch wenn es banal klingt, dies ist nicht immer der Fall. In der Überschrift reicht es also nicht aus, einfach nur »Zeugnis« oder »Arbeitszeugnis« zu schreiben, denn ein Zwischenzeugnis sollte auch schon in der Überschrift entsprechend ausgewiesen sein. Des Weiteren kann die Länge des Arbeitszeugnisses einen wichtigen Hinweis geben. Grundsätzlich gilt, dass Arbeitnehmer, mit denen man nicht sehr zufrieden war, eher ein kurzes Zeugnis erhalten. Aber auch ein übermäßig langes Zeugnis ist nicht zum Vorteil des Empfängers, da es überladen und zu detailliert wirkt. Einer ersten kritischen Prüfung sollte auch die äußere Form standhalten. Dazu zählen, dass das Zeugnis auf Firmenpapier gedruckt wurde, es frei von Rechtschreibfehlern ist und eine ordentliche und saubere Form hat. Anschließend finden Sie sowohl verschiedene Analysen von Austrittszeugnissen als auch wichtige Hinweise zur Entschlüsselung von Zwischenzeugnissen.

Analyse von Austrittszeugnissen

Im Folgenden finden Sie Beispiel-Analysen von Arbeitszeugnissen verschiedener Arbeitnehmer, die ihren Arbeitgeber verlassen haben. Ein zentrales Augenmerk bei Austrittszeugnissen sollte auf den abschließenden Teil gelegt werden, der wichtige Hinweise zum Kündigungsgrund liefert. »Frau Muster verlässt uns auf eigenen Wunsch« beispielsweise bedeutet, dass Frau Muster selber das Arbeitsverhältnis gekündigt hat, beispielsweise um eine neue Stelle anzutreten. Dagegen bedeutet die Formulierung »Das Anstellungsverhältnis mit Frau Muster endet zum 08.12.2017« eine Kündigung seitens des Arbeitgebers und in diesem Falle in Verbindung mit dem krummen Austrittsdatum sogar eine fristlose Kündigung. Hier lag wohl ein gravierendes Fehlverhalten der Arbeitnehmerin vor. Liest man zum Abschluss, dass das Arbeitsverhältnis im beiderseitigen Einvernehmen aufgelöst wurde, ist von einer Aufhebungsvereinbarung auszugehen, in der sich Arbeitgeber und Arbeitnehmer auf eine Kündigung geeinigt haben. Dies kann etwa durch betriebsbedingte Gründe wie gravierende Umstrukturierungen oder eine Unternehmensschließung zustande gekommen sein. Darüber hinaus spielen das Bedauern des Ausscheidens, der Dank an den Arbeitnehmer wie auch die Zukunftswünsche eine wichtige Rolle in der Bewertung des Austrittszeugnisses. Rein rechtlich gesehen, haben Arbeitnehmer keinen Anspruch auf das Bedauern und den Dank des Arbeitgebers. Die meisten Austrittszeugnisse enthalten diesen Passus aber und entsprechend wird dieser erwartet. Wenn das Bedauern und der Dank also fehlen, ist davon auszugehen, dass der Arbeitgeber es auch tatsächlich nicht bedauert, dass der Arbeitnehmer das Unternehmen verlässt und sich für die gezeigten Leistungen auch nicht bedanken mag. Einen weiteren Hinweis auf die Bewertung des Arbeitnehmers geben abschließend die Zukunftswünsche. Bei einem Mitarbeiter, mit dem der Arbeitgeber zufrieden war, liest man »Für seine berufliche und private Zukunft wünschen wir Herrn Schmidt alles Gute und weiterhin viel Erfolg«. Von großer Bedeutung ist das kleine Wörtchen »weiterhin« vor dem Erfolg, das beim Fehlen darauf schließen lässt, dass der Arbeitgeber bis dato keinen Erfolg hatte. Meine folgenden Analysen erstrecken sich immer jeweils über die Einleitung, Unternehmensskizze (wenn vorhanden), Tätigkeitsbeschreibung, Leistungs- und Verhaltensbewertung, die Abschlussformulierung sowie den Gesamteindruck.

Austrittszeugnis einer Arthelferin

Frau Martha Muster, geboren am 14. September 1987, war vom 1. Mai 2016 bis zum 31. Oktober 2017 in meiner allgemeinmedizinischen Praxis als Arzthelferin/MFA in Teilzeit an drei Vormittagen in der Woche beschäftigt.

Einleitung: Enthält ordnungsgemäß Vor- und Zunamen, Geburtsdatum (nicht mehr zwingend nötig), Tätigkeitszeitraum und Position. Zusätzlich wurde die Arbeitszeit angegeben (in diesem Falle in Ordnung, da die Dame ausschließlich und während der gesamten Zeit in Teilzeit tätig war, somit kommt der Aussteller der Wahrheitspflicht im Zeugnis nach), das Verb »beschäftigt« ist eine passivierende Formulierung und somit nachteilig.

Die Praxis ist eine typische Landarztpraxis mit einem breiten Spektrum an Patienten und Behandlungsoptionen. Neben dem Fachgebiet der inneren Medizin mit umfangreichen Diagnostikmöglichkeiten (EKG, LZRR, LZ EKG, Lungenfunktion und Sonografie) werden auch Wundversorgung und kleine Chirurgie abgedeckt. Die Behandlung von Kindern und Jugendlichen gehört genauso wie die Versorgung von Hochbetagten und Pflegefällen zu der täglichen Arbeit.

Unternehmensskizze: In diesem Fall sehr informativ und hilfreich, um sich den Arbeitsplatz von Frau Muster besser vorstellen zu können.

Zu den Aufgaben von Frau Muster gehörten im Wesentlichen:

- ✔ Betreuung der Anmeldung (Telefondienst, Ausgabe von Rezepten, Patientenannahme, Bearbeitung von Posteingang und Postausgang)
- ✔ Erstellung von Leistungsabrechnungen
- ✔ EKG (Langzeitbelastend)
- ✔ Lungenfunktionsuntersuchungen
- ✔ Blutabnahmen

Tätigkeitsbeschreibung: Die gewählte Reihenfolge der Aufgaben lässt darauf schließen, dass der Tätigkeitsschwerpunkt von Frau Muster eher auf der Administration und weniger auf der Behandlung von Patienten lag.

Frau Muster hat sich dank ihrer guten Auffassungsgabe in kurzer Zeit in ihr Aufgabengebiet eingearbeitet *(Note 2)* und ein fundiertes Fachwissen angeeignet, das sie erfolgreich einsetzte *(Note 3)*. Auch hoher Arbeitsbelastung sowie kritischen Fällen begegnete sie immer besonnen *(Note 2)* und behielt den Blick für das Wesentliche.

Frau Muster zeigte Engagement, Interesse und Initiative *(Note 3)*. Ihr Arbeitsstil war von Genauigkeit, Systematik und Zuverlässigkeit geprägt, was zu einer zufriedenstellenden Arbeitsqualität *(Note 3)* führte. Mit Verantwortungsbewusstsein und Diskretion erledigte Frau Muster die ihr anvertrauten Arbeiten zu unserer vollen Zufriedenheit *(Note 3)*.

Das Verhalten von Frau Muster gegenüber Vorgesetzten und Kollegen war stets einwandfrei *(Note 2)*. Bei unseren Patienten war sie aufgrund ihrer jederzeit freundlichen, hilfsbereiten und kompetenten Art sowie ihres taktvollen Umgangs geschätzt und anerkannt *(Note 2)*.

Leistungs- und Verhaltensbewertung: Fachwissen Note 3, Arbeitsbefähigung (Auffassungsgabe und Belastbarkeit) Note 2, Arbeitsbereitschaft Note 3, Arbeitsweise Note 2, Arbeitsergebnisse Note 3, Zusammenfassende Leistungsbewertung Note 3, Verhalten Note 2

Das Arbeitsverhältnis mit Frau Muster endet auf ihren Wunsch zum 31.10.2017. Wir bedauern ihr Ausscheiden und danken ihr für die gute Zusammenarbeit. Für ihren zukünftigen Berufs- und Lebensweg wünschen wir Frau Biehler alles Gute und viel Erfolg.

Abschlussformulierung: Es handelt sich um eine Kündigung seitens der Arbeitnehmerin, Bedauern und Dank sind enthalten und entsprechen der gesamten Leistungsbewertung Note 3 (vor gute Zusammenarbeit fehlt »stets«). Bei den Zukunftswünschen fehlt vor »viel Erfolg« das »weiterhin«, auch das rundet die Bewertung mit Note 3 insgesamt nochmal ab.

Überlingen, 31. Oktober 2017

Unterschrift Dr. med. H. Müller

Gesamteindruck: Frau Muster wurde in ihrer Leistung insgesamt mit Note 3, in ihrem Verhalten mit insgesamt Note 2 bewertet. Sie arbeitete schwerpunktmäßig in der Administration der Arztpraxis. Eventuell reichten ihre fachlichen Kenntnisse im medizinischen Bereich für einen umfangreicheren Einsatz nicht aus. Auch der kurze Tätigkeitszeitraum von circa eineinhalb Jahren lässt auf eine nicht so erfolgreiche Arbeitsbeziehung schließen.

Passive Formulierungen werden in der Praxis gerne als Hinweis für fehlendes Engagement und/oder Können verwendet. Fehlen Dank, Bedauern und Zukunftswünsche ist klar, dass sich ein Arbeitgeber gerne von diesem Mitarbeiter trennt.

Austrittszeugnis eines Anlagenfahrers

Herr Max Muster trat am 1. Februar 2000 in unser Unternehmen ein und absolvierte zunächst bis zum 30. Juni 2003 eine Ausbildung zum Chemikanten. Nach erfolgreichem Abschluss seiner Ausbildung übernahmen wir ihn mit Wirkung vom 1. Juli 2003 als Anlagenfahrer im Betrieb Weichmacher & Lösemittel.

Einleitung: Enthält ordnungsgemäß Vor- und Zunamen, Eintrittsdatum, Positionen mit Werdegang in chronologisch korrekter Reihenfolge.

Seither umfasste sein Aufgabengebiet insbesondere:

✔ Einstellen, Filtrieren und Probennahmen von Dispersionen

✔ Verarbeiten beziehungsweise Verschneiden von Dispersionsretouren/Fehlchargen

✔ Überwachung, Steuerung und Kontrolle von Produktionsabläufen über betriebliche Prozessleitsysteme

✔ Allgemeine EDV-Tätigkeiten im Rahmen der betrieblichen Prozesse

✔ Erstellung von Transferaufträgen im betrieblichen Shop-Floor-System

✔ Ansetzen von Stammlösungen

✔ Qualitätsbildende Maßnahmen (Housekeeping)

Tätigkeitsbeschreibung: Aufgaben nach Bedeutung beziehungsweise Wichtigkeit aufgeführt, verständlich und ohne Verwendung von Abkürzungen.

Herr Muster verfügt über sehr gute, umfassende und fundierte fachliche wie auch praktische Kenntnisse in seinem Arbeitsgebiet, die er stets zielgerichtet und überaus erfolgreich in der Praxis einsetzte *(Note 1)*. Besonders hervorheben möchten wir seine umfassenden Kenntnisse im Umgang mit Computern und deren Anwendungen, wie etwa mit den gängigen MS-Office-Anwendungen sowie dem betrieblichen Shop-Floor-System. Zudem besitzt Herr Muster den Gabelstaplerführerschein.

Herr Muster erweiterte und aktualisierte sein fachliches Wissen gewinnbringend und wandte neu erworbene Kenntnisse immer umgehend an *(Note 2)*. So absolvierte er im Jahr 2015 mit Erfolg die berufsbegleitende Weiterbildung zum geprüften Industriemeister Chemie (IHK).

Aufgrund seiner schnellen Auffassungsgabe und seines ausgeprägten logischen Denk- und Urteilsvermögens fand er stets gute und praktikable Lösungen *(Note 2)*. Herr Muster zeigte jederzeit große Einsatzbereitschaft wie auch Eigeninitiative *(Note 2)*. Auch starkem Arbeitsanfall und schwierigen Situationen begegnete er immer mit hoher Ausdauer und Konzentration *(Note 2)*. Herr Muster arbeitete stets in sehr hohem Maße verantwortungs- und sicherheitsbewusst sowie effizient und genau *(Note 1)*. Seine Arbeitsergebnisse waren daher konstant von guter Qualität und überdurchschnittlicher Quantität *(Note 2)*. Alle ihm übertragenen Aufgaben erledigte er stets zu unserer vollen Zufriedenheit *(Note 2)*.

Das Verhalten von Herrn Muster gegenüber Vorgesetzten und Kollegen war immer vorbildlich (*Note 1*). Sein sehr kollegiales und freundliches Wesen sowie seine hohe Fachkompetenz führten zu einer stets äußerst konstruktiven und erfolgreichen Teamarbeit *(Note 1)*.

Leistungs- und Verhaltensbewertung: Fachwissen Note 1, Arbeitsbefähigung (Auffassungsgabe und Belastbarkeit) Note 2, Arbeitsbereitschaft Note 2, Arbeitsweise Note 1, Arbeitsergebnisse Note 2, Zusammenfassende Leistungsbewertung Note 2, Verhalten Note 1

Das Arbeitsverhältnis mit Herrn Muster endet aus betriebsbedingten Gründen zum 30. September 2017 im guten beiderseitigen Einvernehmen. Wir bedauern sein Ausscheiden und danken ihm für die langjährige, immer erfolgreiche sowie angenehme Zusammenarbeit. Für seine Zukunft wünschen wir Herrn Muster alles Gute und weiterhin viel Erfolg.

Abschlussformulierung: Es handelt sich um eine Kündigung mit einer Aufhebungsvereinbarung aus betriebsbedingten Gründen, beispielsweise aufgrund von Umstrukturierungen oder Personalabbaumaßnahmen. Bedauern, Dank und Zukunftswünsche sind enthalten und spiegeln die gesamte Bewertung der Leistung mit Note 2 wider.

Hamburg, 30. September 2018

Unterschrift Betriebsleiter K. Schmidt & Personalleiterin S. Meier

Gesamteindruck: Herr Muster wurde in seiner Leistung insgesamt mit Note 2, in seinem Verhalten mit insgesamt Note 1 bewertet. Mit diesem Zeugnis kann Herr Muster zufrieden sein, denn auch sein Werdegang und die Tätigkeiten wurden lückenlos und vorteilhaft für ihn zusammengefasst. Von diesem Mitarbeiter trennt sich das Unternehmen tatsächlich nur ungern, was sich insbesondere auch an der Abschlussformulierung analysieren lässt.

Austrittszeugnis einer Praktikantin

Frau Sarah Schneider absolvierte in der Zeit vom 17. Mai 2018 bis zum 7. Juli 2018 ein freiwilliges Praktikum in unserem Unternehmen.

Einleitung: Enthält ordnungsgemäß Vor- und Zunamen, Tätigkeitszeitraum, kritisch zu betrachten ist das krumme Austrittsdatum, was auf eine vorzeitige Beendigung des Praktikums hinweisen kann.

Die xyz GmbH ist eine Top-Management-Beratung mit Fokus auf Strategie- und Organisationsentwicklung sowie Prozessoptimierung. Unsere Kunden sind große Mittelstandsunternehmen und international tätige Firmen.

Unternehmensskizze: Sehr förderlich zur besseren Einordnung des Praktikumsplatze

Während ihres Praktikums erhielt Frau Schneider Einblicke in die folgenden Aufgabenbereiche:

- ✔ Unterstützung bei Teilprojekten von Strategieprojekten
- ✔ Erstellung von quantitativen Analysen und Auswertungen
- ✔ Unterstützung bei der Erstellung von Ergebnispräsentationen
- ✔ Vor- und Nachbereitung von Kundenterminen

Tätigkeitsbeschreibung: Frau Schneider erhielt nur Einblicke in die Aufgabenbereiche, somit hat man ihr wohl keine selbstständigen Arbeiten übertragen beziehungsweise zugetraut.

Wir haben Frau Schneider als engagierte und motivierte Praktikantin kennengelernt *(Note 3)*. Sie folgte den Erklärungen und Erläuterungen der betreuenden Mitarbeiter mit Interesse und war nach entsprechender Einweisung im Stande, den Bereich zu unterstützen *(Note 3 bis 4)*.

Sie nutzte das Praktikum, um ihr vorhandenes solides Fachwissen *(Note 3)* auszubauen und zu vertiefen. Dank ihrer Auffassungsgabe sowie ihrer umsichtigen Arbeitsweise *(Note 3 bis 4)* erzielte Frau Schneider in der Regel gute Arbeitsergebnisse *(Note 3)*. Auch starkem Arbeitsanfall war sie gewachsen *(Note 3)*.

Alle ihr übertragenen Aufgaben erledigte sie zu unserer vollen Zufriedenheit *(Note 3)*.

Ihr Verhalten sowohl gegenüber Vorgesetzten und Kollegen als auch Kunden war einwandfrei *(Note 3)*.

Leistungs- und Verhaltensbewertung: Fachwissen Note 3-4, Arbeitsbefähigung (Auffassungsgabe und Belastbarkeit) Note 3, Arbeitsbereitschaft Note 3, Arbeitsweise Note 3-4, Arbeitsergebnisse Note 3, Zusammenfassende Leistungsbewertung Note 3, Verhalten Note 3

Wir danken Frau Schneider für ihre Mitarbeit und wünschen ihr für ihren weiteren Berufs- und Lebensweg alles Gute und viel Erfolg.

Abschlussformulierung: Das Ausscheiden von Frau Schneider wird nicht bedauert, es wird sich neutral für die Mitarbeit bedankt und man wünscht ihr viel Erfolg ohne »weiterhin«.

In Kombination mit dem krummen Austrittsdatum komme ich zu der Analyse, dass man das Praktikum vorzeitig beendet hat.

Frankfurt, 7. Juli 2018

xyz GmbH

Unterschrift Geschäftsführer B. Müller

Gesamteindruck: Sowohl fachlich als auch persönlich konnte Frau Schneider wohl nicht überzeugen. Wahrscheinlich ist auch, dass man hier sogar »noch ein Auge zugedrückt hat« und man ihr wenigstens ein Praktikumszeugnis mit Note 3 erstellt hat.

In Arbeitszeugnisse für Führungskräfte gehören unbedingt Aussagen zur Führungskompetenz, also den Führungsstil, zur Anzahl der unterstellten Mitarbeiter sowie zum Verhalten gegenüber den unterstellten Mitarbeitern.

Austrittszeugnis eines Teamleiters

Herr Bernd Bauer, geboren am 3. September 1973, war vom 1. März 2010 bis zum 31. Mai 2017 in unserem Unternehmen tätig.

Einleitung: Enthält ordnungsgemäß Vor- und Zunamen, Geburtsdatum (nicht mehr zwingend nötig) und Tätigkeitszeitraum

Die abc GmbH ist ein Unternehmen der europaweit tätigen dfg Firmengruppe und ist einer der führenden Anbieter von multimedialen Fachinformationslösungen mit Sitz in Hannover. Unseren Kunden aus Management, Bau und Technik bieten wir thematisch breit gefächerte, praxisorientierte Lösungen für die tägliche Arbeit. Wir beschäftigen über 750 Mitarbeiter und erwirtschafteten 2016 einen Umsatz von rund 120 Millionen Euro.

Unternehmensskizze: Informativ, gibt einen kurzen und guten Überblick über Größe und Ausrichtung der Firma

Herr Bauer begann seine Tätigkeit als Sachbearbeiter und Projektleiter im Rechnungswesen. Hierbei war er insbesondere mit der intensiven Begleitung der SAP-Einführung betraut. Zum 1. Januar 2012 übernahm Herr Bauer die Funktion als Hauptbuchhalter innerhalb der Finanzbuchhaltung. Zu seinen Hauptaufgaben gehörten die verantwortliche Durchführung der Monats- und Jahresabschlüsse sowie die Kommunikation mit Steuerberatern und Wirtschaftsprüfern.

Zur Ausübung seiner verantwortungsvollen Aufgaben und als Zeichen unseres Vertrauens statteten wir Herrn Bauer in dieser Funktion mit Handlungsvollmacht aus.

Mit Wirkung vom 1. Oktober 2015 ernannten wir Herrn Bauer zum Teamleiter Finanzbuchhaltung. Sein Aufgabenbereich umfasste seither im Wesentlichen:

- ✔ Verantwortung für die Monats- und Jahresabschlüsse sowie die Kreditoren- und Debitorenbuchhaltung der verschiedenen Geschäftseinheiten
- ✔ Fachliche und disziplinarische Personalverantwortung für das Buchhaltungsteam mit bis zu acht Mitarbeitern
- ✔ Kommunikation mit Wirtschaftsprüfern und Steuerberatern
- ✔ Durchführung der Umsatzsteuervoranmeldung und -erklärung für die verschiedenen Geschäftseinheiten
- ✔ Verantwortung für die Weiterentwicklung der automatisierten Belegerfassung in der Finanzbuchhaltung
- ✔ Konzernabstimmung

Werdegang und Tätigkeitsbeschreibung: Korrekte chronologische Reihenfolge des Werdegangs, Aufgaben nach Bedeutung beziehungsweise Wichtigkeit aufgeführt, verständlich und ohne Verwendung von Abkürzungen, Führungsspanne beziehungsweise Anzahl der unterstellten Mitarbeiter wurde korrekterweise auch mit angegeben.

Herr Bauer verfügt über ein äußerst profundes, umfassendes und aktuelles Fachwissen, das er auch bei der Bewältigung schwieriger Aufgaben stets zielführend und sehr erfolgreich einsetzte und kontinuierlich auf dem allerneusten Stand hielt *(Note 1)*.

Wir schätzten ihn als immerzu überaus belastbare und flexible Führungskraft, die selbst unter stärkster Arbeitsbelastung stets die Übersicht behielt *(Note 1)* und aufgrund seiner sehr schnellen Auffassungsgabe in der Lage war, auch besonders komplexe Fragestellungen *(Note 1)* umgehend und präzise zu bearbeiten.

Durch seine sehr hohe Motivation und sein außerordentliches Engagement *(Note 1)* konnte er ebenso überzeugen wie durch seine fortwährend absolut selbstständige und zuverlässige *(Note 1)* Arbeitsweise. An seine Aufgaben ging Herr Bauer immer sehr systematisch und planvoll durchdacht heran, ohne dass dies zu Lasten der Effizienz ging *(Note 1)*. Seine Arbeitsergebnisse übertrafen daher quantitativ und qualitativ konstant weit unsere Erwartungen *(Note 1)*. Besonders hervorheben möchten wir seinen sehr erfolgreichen und hohen persönlichen Einsatz im Zuge diverser Prozessoptimierungen innerhalb der Finanzbuchhaltung, wodurch signifikante Kosteneinsparungen erzielt werden konnten.

Seinen Mitarbeitern war Herr Bauer jederzeit ein sehr anerkanntes Vorbild *(Note 1)*. Es gelang ihm laufend, die Mitarbeiter in seinem Bereich durch eine fach- und personenbezogene Führung zu sehr guten Leistungen zu motivieren *(Note 1)*. Er verstand es bestens, Teamgeist zu wecken und die Aufgaben in immer geeigneter Weise *(Note 1)* zu delegieren. Dabei förderte er sehr engagiert die fachliche und persönliche Weiterentwicklung seiner Mitarbeiter und informierte stets zeitnah und nachvollziehbar *(Note 1)*.

Alle ihm übertragenen Fach- und Führungsaufgaben erledigte er sehr verantwortungs- und kostenbewusst sowie stets zu unserer vollsten Zufriedenheit *(Note 1)*.

Das Verhalten von Herrn Bauer sowohl gegenüber Vorgesetzten, Kollegen und Mitarbeitern als auch Kunden und Geschäftspartnern war in jeder Hinsicht und immer einwandfrei *(Note 1)*. Herr Bauer war uns ein stets sehr loyaler und integrer Mitarbeiter, der unser größtes Vertrauen genoss *(Note 1)*.

Leistungs- und Verhaltensbewertung: Fachwissen Note 1, Arbeitsbefähigung (Auffassungsgabe und Belastbarkeit) Note 1, Arbeitsbereitschaft Note 1, Arbeitsweise Note 1, Arbeitsergebnisse Note 1, Führungskompetenz Note 1, Zusammenfassende Leistungsbewertung Note 1, Verhalten Note 1

Herr Bauer verlässt uns mit dem heutigen Tag, da er sich einer neuen beruflichen Herausforderung widmen möchte. Wir bedauern seinen Entschluss sehr und bedanken uns für seine sehr wertvolle Mitarbeit. Für seine Zukunft wünschen wir Herrn Bauer alles Gute und weiterhin viel Erfolg. Wir würden ihn jederzeit wieder bei uns einstellen.

Abschlussformulierung: Es handelt sich um eine Eigenkündigung aufgrund einer Weiterentwicklungsmöglichkeit außerhalb des Unternehmens. Bedauern, Dank und Zukunftswünsche sind enthalten, sehr wertschätzend formuliert und spiegeln die gesamte Bewertung der Leistung mit Note 1 wider. Die Wiedereinstellungszusage setzt der ausgezeichneten Bewertung noch ein Krönchen auf.

Hannover, 31. Mai 2017

abc GmbH

Unterschrift Geschäftsführer S. Schneider

Gesamteindruck: Herr Bauer wurde in seiner Leistung insgesamt mit Note 1 sowie in seinem Verhalten, inklusive Führungskompetenz, insgesamt mit Note 1 bewertet. Ein Top-Arbeitszeugnis, dass durchweg überzeugt. Wichtig hierbei auch die Erwähnung der besonderen Arbeitserfolge.

Die Erwähnung besonderer Erfolge betont deutlich die Individualität eines Zeugnisses. Wenn sie bei einer Führungskraft gar fehlen, führt das sogar zur Abwertung des gesamten Zeugnisses.

Analyse von Zwischenzeugnissen

Es gelten dieselben Grundsätze wie bei der Analyse von Austrittszeugnissen. Nur werden Zwischenzeugnisse in der Gegenwartsform geschrieben, da der Zeugnisempfänger ja noch im Unternehmen tätig ist. Ein großes Augenmerk sollte man auch hier auf die Abschlussformulierung legen, die sich zu der in einem Austrittszeugnis unterscheidet. Worauf es insbesondere bei der Analyse eines Zwischenzeugnisses zu achten gilt, finden Sie im Folgenden:

- ✔ Die Überschrift: Hier muss »Zwischenzeugnis« stehen, damit sofort ersichtlich wird, dass es sich nicht um ein Austrittszeugnis handelt.

- ✔ Es müssen Tätigkeitsbeschreibung und Bewertungsteil in Gegenwartsform geschrieben sein. Falls das nicht erfolgt, können Zweifel am Ausstellungsgrund entstehen, etwa weil das Zwischenzeugnis erstellt wurde, da sich der Zeugnisempfänger aufgrund einer Aufhebungsvereinbarung bereits in einer Freistellungsphase befindet.

✔ Angabe des Ausstellungsgrunds: Vorgesetztenwechsel, Übernahme einer neuen Position, Betriebsübernahme, Personalabbaumaßnahmen und Umstrukturierungen sind triftige Gründe, um ein Zwischenzeugnis zu beantragen. Häufig verwendet wird die Formulierung »auf eigenen Wunsch«. Wenn das alleine steht, ist davon auszugehen, dass der Arbeitnehmer das Zwischenzeugnis beantragt hat, da er sich nach extern bewerben möchte oder das Unternehmen demnächst verlassen muss.

✔ Dank und Zukunftswünsche: Wichtig bei einem Zwischenzeugnis ist, dass der Arbeitgeber sich für die bisherige Mitarbeit bedankt und der zukünftigen Zusammenarbeit positiv entgegensieht. Eine sehr vorteilhafte Formulierung lautet beispielsweise: »Wir bedanken uns für die bisherigen stets sehr guten Leistungen und freuen uns auf die weiterhin sehr erfolgreiche und angenehme Zusammenarbeit«. Im Gegensatz dazu und bei Unzufriedenheit mit dem Arbeitnehmer könnte dieser Passus so aussehen: »Wir bedanken uns für die gezeigten Leistungen und freuen uns auf eine zukünftig erfolgreiche Zusammenarbeit«.

✔ Ausstellungsdatum: Bei Vorgesetztenwechsel, Übernahme einer neuen Position, Betriebsübernahme, Personalabbaumaßnahmen und Umstrukturierungen sollte der Vortag des Eintritts des Ereignisses angegeben sein. Wenn beispielsweise der Wechsel des bisherigen Vorgesetzten zum 1. Januar 2018 stattfindet, muss das Zwischenzeugnis auf den 31. Dezember 2017 datiert sein. Wird das Zwischenzeugnis auf Wunsch des Arbeitnehmers ausgestellt, wird in der Regel das aktuelle Tagesdatum verwendet.

Auch die Ausstellung eines Zwischenzeugnisses kann als einfaches oder als qualifiziertes Arbeitszeugnis ausgestellt werden, wobei das qualifizierte Zwischenzeugnis über die reinen Fakten hinaus auch die Beurteilung der Leistung und des Verhaltens enthält. Liegt nur ein einfaches Zwischenzeugnis vor, ist von Schwierigkeiten im aktuellen Arbeitsverhältnis auszugehen.

Nur nicht akzeptieren

Ein schlechtes Arbeitszeugnis kann zu einem echten Stolperstein auf dem zukünftigen Karriereweg werden. Deshalb nicht einfach hinnehmen. Folgende Schritte empfehle ich hierbei:

✔ Gehen Sie offen damit um und sprechen Sie direkt Ihre Führungskraft und/oder Ihre Personalabteilung darauf an. In manchen Fällen steckt gar keine böse Absicht, sondern einfach Unwissenheit oder tatsächlich ein versehentlicher Fehler dahinter. Ein klärendes Gespräch am besten mit einem konkreten Änderungsvorschlag bringt hier häufig schon eine Lösung des Problems.

✔ Kümmern Sie sich zeitnah um eine Änderung. Je länger sie warten, desto geringer wird die Bereitschaft seitens des Unternehmens sein, das Zeugnis zu ändern. Gegebenenfalls sind dann die richtigen Ansprechpartner, wie zum Beispiel ihre zuständige Führungskraft nicht mehr greifbar.

✔ Verweigert Ihr Arbeitsgeber eine Änderung des Arbeitszeugnisses oder antwortet gar nicht auf Ihre Anfrage, sollten Sie schriftlich mit Setzung einer Frist die Korrektur verlangen. Auch hier empfiehlt es sich einen konkreten Änderungsvorschlag oder Gegenentwurf mitzuschicken. Hierzu können Sie sich auch professionelle Hilfe bei einem Zeugnisdienstleister holen.

✔ Wenn das alles nichts hilft, schalten Sie einen Fachanwalt für Arbeitsrecht ein. Der kann entweder noch einmal versuchen, eine Einigung mit dem Arbeitgeber zu erzielen oder als letzte Möglichkeit eine Klage beim Arbeitsgericht einreichen. Ein Arbeitszeugnis muss in der Regel mindestens einer Note 3 entsprechen. Wenn Sie Ihre Leistungen als besser empfinden, müssen Sie das beweisen, beispielsweise anhand dokumentierter Mitarbeitergespräche. Wenn der Arbeitgeber Sie schlechter als mit Note 3 im Zeugnis bewertet hat, kommt er in die Beweispflicht.

Rechtzeitig um Korrektur kümmern

Der Anspruch auf Erteilung oder Korrektur eines Arbeitszeugnisses verjährt zwar in der regelmäßigen Verjährungsfrist von drei Jahren, die mit dem Ende des Jahres zu laufen beginnt, in dem das Arbeitsverhältnis endet. Häufig entfallen solche Ansprüche aber viel früher, was etwa von tarifvertraglichen oder individualvertraglich vereinbarten Ausschlussfristen abhängt. Ob solche Ausschlussfristen auch den Anspruch auf Zeugniserteilung oder Zeugniskorrektur erfassen, muss im Einzelfall durch Auslegung ermittelt werden. Zudem können die Ansprüche lange vor Ablauf der Verjährungsfrist verwirken, wenn sie nicht innerhalb eines angemessenen Zeitraums nach der Beendigung des Arbeitsverhältnisses/der Erteilung des zu korrigierenden Zeugnisses geltend gemacht werden und schützenswertes Vertrauen des Arbeitgebers darauf entstanden ist, dass solche Ansprüche nicht mehr geltend gemacht werden. Der Arbeitgeber muss zumindest noch hinreichende Erinnerungen an den Arbeitnehmer und seine Leistungen und damit die zu bezeugenden Tatsachen haben. Anderenfalls ist jedenfalls das Zeitmoment des Verwirkungstatbestands erfüllt. Zehn Monate nach Beendigung des Arbeitsverhältnisses kann der Verwirkungstatbestand bereits erfüllt sein. (Quelle: Bundesarbeitsgericht, Urteil vom 11. Dezember 2012 - 9 AZR 227/11 - Vorinstanz: Landesarbeitsgericht Baden-Württemberg, Urteil vom 3. Februar 2011 - 21 Sa 74/10)

Ein Zeugnis zu fälschen, weil man damit nicht zufrieden ist, kann schwere Konsequenzen haben. Denn das ist über die mögliche massive Schädigung der eigenen Karriere hinaus auch eine Urkundenfälschung. Eine Urkundenfälschung ist strafbar und kann mit einer hohen Geld- oder Freiheitsstrafe bis zu fünf Jahren bestraft werden. Darüber hinaus kann der Arbeitgeber Schadenersatz verlangen, da nach einer erfolgten Kündigung wegen Täuschungsversuchs ein neuer Mitarbeiter gesucht werden muss und das mit Kosten verbunden ist.

Die Aussagekraft von Arbeitszeugnissen

Immer wieder wird darüber diskutiert, wie aussagekräftig Arbeitszeugnisse heutzutage noch sind. Viele meinen beispielsweise, dass Zeugnisse, um sich Auseinandersetzungen zu ersparen, häufig zu positiv ausgestellt werden. Ob sich in einem Arbeitszeugnis tatsächlich wahrheitsgemäße Aussagen über einen Arbeitnehmer finden lassen, damit beschäftigen sich regelmäßig Studien. Wie unterschiedlich diese ausfallen können, lesen Sie hier.

Studien im Vergleich

Die Studie des Lehrstuhls für Wirtschafts- und Sozialpsychologie der Universität Erlangen-Nürnberg hat unter der Leitung von Diplom-Psychologin Cynthia Sende 2013/2014 circa 350 Arbeitszeugnisse von geschulten Beurteilern analysiert. Es wurden zu den einzelnen Zeugnisbausteinen Schulnoten ausgewählt und individuelle Beschreibungen zu Charaktereigenschaften des Zeugnisempfängers festgehalten. Anschließend wurden diese Informationen mit den Selbsteinschätzungen der Zeugnisinhaber und deren direkten Kollegen verglichen. Dabei kam es zu folgenden Ergebnissen:

- ✔ Die Beurteiler erzielten gute bis sehr gute Übereinstimmungen, was darauf schließen lässt, dass das gängige Benotungssystem gut funktioniert.

- ✔ Die Untersuchung bestätigte außerdem, dass die gewählten Zeugnisnoten auch das wirkliche Arbeitsverhalten der Zeugnisempfänger widerspiegelten, da diese auch von ihren Kollegen als engagierter und zuverlässiger gesehen wurden.

- ✔ Individuelle Charaktereigenschaften ließen sich aufgrund der standardisierten Formulierungen allerdings nur schwer aus Arbeitszeugnissen herauslesen.

- ✔ Sehr überraschend: Eine Mitwirkung am eigenen Zeugnis durch den Arbeitnehmer reduziert nicht die Aussagekraft. Beim Vergleich von Zeugnisdokumenten, bei denen der Zeugnisempfänger mitwirken durfte, mit Zeugnisdokumenten, deren Grundlage die alleinige Beurteilung durch den Arbeitgeber war, konnten die richtigen Rückschlüsse auf das Arbeitsverhalten getroffen werden.

(Quelle: `https://tipps.jobs.de/studie-bestaetigt-aussagekraft-von-arbeitszeugnissen/#.VYfFePntmkq`)

Eine Studie von Steffi Grau und Professor Dr. Klaus Watzka des Fachbereichs Betriebswirtschaft der Ernst-Abbe-Hochschule Jena kam 2016 zu einem ganz anderen Ergebnis. Sie befragten 200 Zeugnisaussteller und Zeugnisbewerter aus Unternehmen aller Größen über den Nutzen von Arbeitszeugnissen und erhielten folgende Ergebnisse:

- ✔ Nur 7,3 Prozent der Befragten erstellen Arbeitszeugnisse individuell, 41,7 Prozent nutzen Hilfsmittel wie etwa Zeugnisgeneratoren.

- ✔ Nur die Hälfte der Studienteilnehmer schätzt die Aussagekraft der eigens ausgestellten Zeugnisse als hoch oder sehr hoch ein. Ein Drittel der Befragten führt vor Erstellung des Zeugnisses mit dem Empfänger ein Vorgespräch zur optimaleren Einschätzung.

✔ Die Zeugnisaussteller sind nicht ausreichend geschult, knapp die Hälfte erhielt noch nie eine Schulung zum Thema Arbeitszeugnisse.

✔ Die Hälfte der Befragten nutzt bei der Personalauswahl das Arbeitszeugnis nur wenig intensiv, 9,1 Prozent sogar kaum oder gar nicht.

(Quelle: https://www.impulse.de/management/recruiting/aussagekraft-von-arbeitszeugnissen/2311869.html)

Viele Personalfachleute diskutieren darüber, dass das Arbeitszeugnis immer mehr an Bedeutung verliert und durch die Einführung einer neutralen Tätigkeitsbeschreibung ersetzt werden könnte. Fest steht, dass es derzeit keine vergleichbare Alternative zum Arbeitszeugnis und somit Nachweis, der im täglichen Berufsleben erworbenen Kenntnisse und Fähigkeiten in unserer Arbeitswelt gibt.

Teil V
Der Top-Ten-Teil

 Weitere *...für Dummies*-Bücher finden Sie unter www.fuer-dummies.de.

IN DIESEM TEIL ...

Kein ... *für Dummies*-Buch ohne Zehnerlisten. In diesem Teil finden Sie kurz und knapp die zehn wichtigsten Rechtsgrundlagen, zehn Tipps zum Aufbau von Arbeitszeugnissen sowie jeweils zehn Tipps für Arbeitnehmer und Arbeitgeber.

> **IN DIESEM KAPITEL**
>
> Immer bei der Wahrheit bleiben
>
> Mit Wohlwollen werben
>
> Die verschiedenen Arten von Zeugnissen
>
> Das Aussehen und Verbotenes

Kapitel 12
Die zehn wichtigsten Rechtsgrundlagen

Jeder Arbeitnehmer wird im Laufe seines Arbeitslebens am Ende einer Beschäftigung ein Arbeitszeugnis erhalten. Wenn nicht, wurde gegen eine grundsätzliche rechtliche Bestimmung verstoßen. Da es zum Thema Arbeitszeugnisse weitere wichtige Rechtsgrundlagen gibt, die jeder Arbeitnehmer wie auch Arbeitgeber kennen sollte, habe ich für Sie die wichtigsten zehn zusammengestellt.

Bei Austritt Anspruch auf ein Arbeitszeugnis

Arbeitnehmer haben gemäß § 109 Gewerbeordnung bei Beendigung ihres Arbeitsverhältnisses Anspruch auf ein schriftliches Zeugnis. Das Zeugnis muss mindestens Angaben zu Art und Dauer der Tätigkeit beinhalten. Das nennt man einfaches Arbeitszeugnis. Arbeitnehmer können fordern, dass das Zeugnis darüber hinaus auf Leistung und Verhalten im Arbeitsverhältnis eingeht. Das nennt man qualifiziertes Arbeitszeugnis. Der Zeugnisempfänger entscheidet, ob er ein einfaches oder ein qualifiziertes Zeugnis möchte.

Der Zeugnisanspruch entsteht laut § 109 Gewerbeordnung zum Kündigungszeitpunkt beziehungsweise bei Abschluss einer Aufhebungsvereinbarung und ist grundsätzlich eine Holschuld. Der Arbeitnehmer muss dem Arbeitgeber mitteilen, ob er ein einfaches oder ein qualifiziertes Zeugnis wünscht. Das Zeugnis muss dann ohne sogenanntes schuldhaftes Zögern angefertigt werden. Eine Regelfrist gibt es allerdings nicht.

Dauer des Anspruchs

Nach § 195 BGB hat man drei Jahre lang Anspruch auf ein Arbeitszeugnis nach Austritt. Die Frist beginnt nach § 199 BGB mit dem Ende des Jahres, in dem der Anspruch entstanden ist. Wenn dieser Anspruch nicht innerhalb einer angemessenen Frist geltend gemacht wurde und der Arbeitgeber nicht mehr damit rechnen kann, dass das Zeugnis beantragt wird, ist das Recht auf das Zeugnis verwirkt.

Wer Anspruch auf ein Zeugnis hat

Jeder Arbeitnehmer hat Anspruch auf ein Arbeitszeugnis nach Ausscheiden. Weitere Anspruchsberechtigte sind laut § 16 Berufsbildungsgesetz Auszubildende. Das Ausbildungszeugnis muss Angaben über Art, Dauer und Ziel der Ausbildung sowie über die erzielten Fähigkeiten und Kenntnisse enthalten. Darüber hinaus kann der Auszubildende auch ein qualifiziertes Ausbildungszeugnis anfordern, das zusätzlich die Bewertung der Leistung und des Verhaltens beschreibt.

Dienstleister, wie etwa freie Mitarbeiter, können laut § 630 BGB bei Beendigung eines dauernden Dienstverhältnisses auch ein einfaches oder qualifiziertes Arbeitszeugnis beanspruchen.

Wann es teuer wird für den Arbeitgeber

Wenn der Arbeitgeber gegen seine Zeugnispflicht verstößt, hat der Arbeitnehmer im Falle eines Schadens ein Recht auf Schadenersatz, wenn das Fehlen des Arbeitszeugnisses etwa nachweislich die Suche nach einer neuen Stelle erschwert oder sie nicht angetreten werden kann. Der ausgeschiedene Mitarbeiter muss jedoch beweisen, dass tatsächlich ein finanzieller Schaden entstanden ist.

Das Zeugnis für zwischendurch

Der Anspruch auf ein Zwischenzeugnis unterliegt keiner gesetzlichen Norm, es sei denn es liegt ein sogenannter triftiger Grund vor, wie zum Beispiel der Wechsel des direkten Vorgesetzten, ein Positionswechsel oder das mögliche Ende des Arbeitsverhältnisses durch eine Umstrukturierung oder Betriebsschließung.

Zwischenzeugnisse haben laut Bundesarbeitsgericht eine Bindungswirkung, das heißt nur wenn sich signifikante Leistungs- oder Verhaltensänderungen zwischen dem Zeitpunkt der Erstellung des Zwischenzeugnisses und dem Zeitpunkt der Erstellung des Endzeugnisses ergeben, kann eine Abweichung vom Zwischenzeugnis erfolgen. Auch Zwischenzeugnisse können als einfaches oder als qualifiziertes Zeugnis ausgefertigt werden.

Wahr und trotzdem gut gemeint

Wichtigster Grundsatz der Zeugniserstellung ist die Wahrheitspflicht. Dieser Grundsatz besteht aufgrund der Informationsfunktion von Zeugnissen. Künftige Arbeitgeber sollen einen korrekten Eindruck, insbesondere von den Aufgaben und der Beurteilung des Arbeitnehmers erhalten können.

Der Arbeitgeber ist im Rahmen seiner Fürsorgepflicht zusätzlich verpflichtet, das Zeugnis mit »verständigem Wohlwollen« auszustellen, was der Werbefunktion des Zeugnisses dienen soll. Die Erfüllung dieser beiden Pflichten stellt Arbeitgeber vor die größte Herausforderung beim Schreiben eines Arbeitszeugnisses. Hier liegt auch der Ursprung der viel zitierten Zeugnissprache, mit der man versucht, auch negative Tatsachen noch gut klingend zu formulieren.

Das äußere Erscheinungsbild

Das Erscheinungsbild eines Arbeitszeugnisses muss korrekt sein. Da es sich um eine Urkunde handelt, muss es auf sauberem Papier und mit ordnungsgemäßem Briefkopf und/oder Fußzeile mit Namen und Anschrift des Ausstellers ausgedruckt werden. Es darf nicht geknickt werden und darf keine Flecken haben. Ein Arbeitszeugnis muss maschinenschriftlich erstellt sein und darf keine Unterstreichungen, Fettgedrucktes, Ausrufe- und Fragezeichen oder sichtbare Verbesserungen enthalten. Geburtsdatum und -ort sowie die Adresse des Zeugnisempfängers dürfen nur auf dessen Wunsch im Text stehen. Zu guter Letzt muss das Arbeitszeugnis vom Arbeitgeber unterschrieben sein und bei unleserlicher Unterschrift der Name in Druckschrift aufgeführt werden.

Verbotenes im Arbeitszeugnis

Laut § 109 Abs. 2 der Gewerbeordnung darf ein Arbeitszeugnis nicht dazu dienen, negative Bewertungen zu vertuschen. »Das Zeugnis muss klar und verständlich formuliert sein. Es darf keine Merkmale oder Formulierungen enthalten, die den Zweck haben, eine andere als aus der äußeren Form oder aus dem Wortlaut ersichtliche Aussage über den Arbeitnehmer zu treffen.« Unter diese unzulässigen Formulierungen fällt beispielsweise »Für die Belange der Belegschaft bewies er stets Einfühlungsvermögen.« Hiermit soll versteckt mitgeteilt werden, dass der Zeugnisempfänger sexuelle Kontakte im Kollegenkreis gesucht hat. Verboten in Arbeitszeugnissen sind außerdem Geheimzeichen, wie etwa ein Häkchen bei der Unterschrift nach rechts oder links, womit auf eine Mitgliedschaft in einer rechts- oder linksgerichteten Partei hingewiesen werden soll. Auch nicht erwähnt werden dürfen unter anderem Abmahnungen, Krankheiten, Behinderungen, Betriebsratstätigkeiten und Einkommen.

Gegen ein Arbeitszeugnis klagen

Sind die Fronten zwischen Arbeitnehmer und Arbeitgeber zur Änderung eines ausgestellten Zeugnisses verhärtet, bleibt für den Zeugnisempfänger nur noch der Gang zum Arbeitsgericht mit einer Klage. Hier muss der Arbeitgeber beweisen, wie etwa durch Vorlage von dokumentierten Mitarbeitergesprächen und bereits erstellten Zwischenzeugnissen oder durch die Befragung von Kollegen, dass er den Arbeitnehmer korrekt bewertet hat. Kann er dieser Beweispflicht nicht nachkommen, muss er ein neues und ausgehandeltes Arbeitszeugnis ausstellen. Falls er das nicht tut, kann das mit einem gerichtlichen Zwangsgeld bestraft werden.

Wer das Zeugnis unterschreibt

Der Aussteller eines Arbeitszeugnisses und somit auch der Unterschreibende sollte immer ein in der Hierarchie höhergestellter Angestellter sein. Eine gesetzliche Norm hierfür gibt es jedoch nicht. Häufig unterschreibt der direkte Vorgesetzte zusammen mit dem Personalleiter oder HR Business Partner. Es unterzeichnet auch schon mal der Geschäftsführer, beispielsweise wenn das der direkte Vorgesetzte ist. Einen rechtlichen Anspruch darauf hat man aber nicht.

> **IN DIESEM KAPITEL**
>
> Die unterschiedlichen Zeugnisarten
>
> Die Struktur eines qualifizierten Arbeitszeugnisses
>
> Verschiedene Zeugnisbausteine
>
> Optisch überzeugende Zeugnisse

Kapitel 13
Zehn Tipps zum Aufbau eines Arbeitszeugnisses

Es gibt viele verschiedene Meinungen darüber, wie das perfekte Arbeitszeugnis aussehen soll. Bloß nicht zu kurz, aber auch nicht zu lang, nicht übertrieben gut, aber auch nicht zu schlecht formuliert, auf Geschäftspapier oder lieber auf hochwertigem Zeugnispapier und so weiter und so fort. In diesem Kapitel habe ich für Sie die zehn wichtigsten Hinweise zum Aufbau und der Gestaltung von Arbeitszeugnissen zusammengetragen.

Das Schnörkellose – das einfache Arbeitszeugnis

Arbeitnehmer haben gemäß § 109 Gewerbeordnung bei Beendigung ihres Arbeitsverhältnisses Anspruch auf ein schriftliches Zeugnis. Das Zeugnis muss mindestens Angaben zu Art und Dauer der Tätigkeit enthalten. Dieses sogenannte einfache Arbeitszeugnis ist meist über eine halbe bis eine DIN-A4-Seite lang. Ein einfaches Zeugnis enthält folgende Komponenten:

- ✔ Name und Vorname
- ✔ Wenn vom Zeugnisempfänger gewünscht: Titel oder Hochschulabschluss und das Geburtsdatum
- ✔ Optional Angaben zum Unternehmen
- ✔ Dauer und Art der Tätigkeiten

- ✔ Neutrale Abschlussformulierung mit Angabe des Grundes der Zeugnisausstellung
- ✔ Ausstellungsdatum und -ort
- ✔ Firmenname und Unterschrift

Ein einfaches Arbeitszeugnis enthält keine Bewertung der Leistung und des Verhaltens. Häufig werden einfache Arbeitszeugnisse ausgestellt, wenn die Dauer der Beschäftigung zu kurz war, wie etwa bei einer Kündigung während der Probezeit. Wie ein einfaches Arbeitszeugnis im Detail aussieht, zeigt das folgende Beispielzeugnis.

Beispiel für ein einfaches Arbeitszeugnis

Herr Peter Paulsen, geboren am 11.06.1975, war in der Zeit vom 01.08.2018 bis zum 30.11.2018 in unserem Hause tätig.

Die Beispiel GmbH ist ein Finanzdienstleistungsunternehmen mit Hauptsitz in Frankfurt am Main. Wir gehören im Bereich der Kartenakzeptanz zu den führenden Anbietern im bargeldlosen Zahlungsverkehr.

Der Einsatz von Herrn Paulsen erfolgte als Facility Manager in der Abteilung Facility Service. Zu seinem Aufgaben- und Verantwortungsgebiet zählten im Einzelnen:

- ✔ Steuerung des Wachdienstes und des Reinigungspersonals
- ✔ Budgetverantwortung, Rechnungsprüfung und Ausschreibungen für Dienstleister
- ✔ Gewährleistung der Ordnung in den Konferenzräumen und öffentlichen Bereichen
- ✔ Tägliche Durchgänge in den Mietflächen und in der Tiefgarage sowie Durchsicht nach Mängeln
- ✔ Sicherstellung des Brandschutzes, des Sicherheitskonzepts und Betreuung des Zutrittssystems
- ✔ Planung der Möblierung, Umzüge, Arbeitsplatz- und Raumgestaltung
- ✔ Zusammenarbeit mit dem Hauseigentümer und den beauftragten Kooperationspartnern

Herr Paulsen verlässt uns zum 30.11.2018 auf eigenen Wunsch während der Probezeit. Wir danken ihm für die Mitarbeit und wünschen ihm für die Zukunft alles Gute.

Frankfurt am Main, 30. November 2018

Beispiel GmbH

Bernd Fischer, Bereichsleiter   Maria Müller, Personalleiterin

Das Ausführliche – das qualifizierte Arbeitszeugnis

Arbeitnehmer können verlangen, dass im Arbeitszeugnis auf Leistung und Verhalten im Arbeitsverhältnis eingegangen wird, das wäre dann ein sogenanntes qualifiziertes Arbeitszeugnis. Die meisten Arbeitgeber erstellen unaufgefordert qualifizierte Arbeitszeugnisse. Folgende Bestandteile muss ein solches Zeugnis enthalten:

- Name und Vorname
- Wenn vom Zeugnisempfänger gewünscht: Titel oder Hochschulabschluss und das Geburtsdatum
- Optional Angaben zum Unternehmen
- Dauer und die Art der Tätigkeiten
- Beurteilung der Leistung und des Verhaltens
- Grund der Zeugnisausstellung
- Abschluss mit Bedauern, Dank und Wünschen für die Zukunft
- Ausstellungsdatum und -ort
- Firmenname und Unterschrift

Der Arbeitnehmer kann entscheiden, ob er ein einfaches oder ein qualifiziertes Zeugnis haben möchte. Damit Sie eine bessere Vorstellung zum Inhalt eines qualifizierten Arbeitszeugnisses erhalten, habe ich auch hierfür ein Beispielzeugnis angefügt.

Beispiel für ein qualifiziertes Arbeitszeugnis

Frau Annika Krämer, geboren am 04.10.1989, war in der Zeit vom 01.11.2016 bis zum 30.09.2018 als Sekretärin der Geschäftsführung tätig.

Die Muster GmbH & Co. KG ist seit über 15 Jahren spezialisiert auf Dienstleistungen für Gewerbe- und Investment-Immobilien in der Region Köln und dem direkten Umland. Das Spektrum unserer Beratungs- und Vermittlungstätigkeit umfasst Vermietung, Verkauf, Investition, Beratung und Marktforschung.

Zu den Aufgaben von Frau Krämer gehörten im Wesentlichen:

- Unterstützung und Entlastung der Geschäftsführung in allen organisatorischen und administrativen Aufgaben
- Klärung von Personalfragen

- ✔ Erledigung der vorbereitenden Buchführung
- ✔ Koordination und Organisation von Terminen und Dienstreisen
- ✔ Aktive Begleitung von Entwicklungsprozessen
- ✔ Erstellung von Entscheidungsvorlagen
- ✔ Realisierung von Projekten

Frau Krämer verfügt über ein sehr gutes, umfassendes und detailliertes Fachwissen in ihrem Arbeitsumfeld, das sie stets sehr erfolgreich in der Praxis anwandte. Die üblichen PC-Programme (etwa MS Office) beherrschte sie absolut sicher und vollumfänglich. Darüber hinaus profitierten wir in hohem Maße von ihren ausgezeichneten organisatorischen Fähigkeiten. Dank ihrer sehr guten Auffassungsgabe arbeitete Frau Krämer sich immer äußerst zügig in neue Anforderungen ein. Wir schätzten sie zudem als sehr ausdauernde und belastbare Mitarbeiterin mit einer stets großen Flexibilität.

Frau Krämer überzeugte jederzeit durch außerordentliches Engagement sowie hohe Eigeninitiative und identifizierte sich mit den übernommenen Aufgaben. Sie brachte immer wieder eigene Ideen und wertvolle Vorschläge in ihre Arbeit ein und setzte sie zielstrebig und sehr gewinnbringend um. Frau Krämer ging stets sehr effizient, selbstständig und lösungsorientiert vor. Zudem war ihr Arbeitsstil in sehr hohem Maße von Zuverlässigkeit, Systematik und Sorgfalt geprägt. Ihre Arbeitsergebnisse waren daher auch unter schwierigen Bedingungen jederzeit von einer sehr guten Qualität. Die Leistungen von Frau Krämer erfüllten stets höchste Ansprüche und unsere Erwartungen in allerbester Weise.

Frau Krämer war bei Vorgesetzten und Kollegen aufgrund ihrer hohen fachlichen Kompetenz, ihrer absoluten Vertrauenswürdigkeit sowie Loyalität sehr geschätzt und anerkannt. Sie führte dank ihrer Kommunikationsstärke und ihrer vorbildlichen Serviceorientierung jederzeit einen überaus freundlichen wie höflichen Umgang mit unseren Kunden sowie Geschäftspartnern und stellte sich immer rasch auf deren individuelle Anliegen ein. Ihr persönliches Verhalten gegenüber allen internen und externen Ansprechpartnern war in jeder Hinsicht und stets einwandfrei.

Das Arbeitsverhältnis mit Frau Krämer endet auf ihren Wunsch zum 30.09.2018. Wir bedauern ihr Ausscheiden außerordentlich und danken ihr für die jederzeit sehr erfolgreiche und angenehme Zusammenarbeit. Für ihre berufliche und private Zukunft wünschen wir Frau Krämer alles Gute und weiterhin viel Erfolg.

Köln, 30. September 2018

Muster GmbH & Co. KG

Harald Schmitt, Geschäftsführer

Für dazwischen – das Zwischenzeugnis

Ein Zwischenzeugnis kann man während einer noch laufenden Beschäftigung beantragen. Einen gesetzlichen Anspruch hat man nur dann, wenn ein sogenannter triftiger Grund vorliegt. Die prominentesten Gründe sind:

- Vorgesetztenwechsel
- neue Position
- eine geplante externe Bewerbung
- eine bevorstehende längere Unterbrechung der Tätigkeit wie etwa eine Elternzeit oder ein Sabbatical
- anstehende Umstrukturierungen, Betriebsübergänge oder Unternehmensschließungen

Ein Zwischenzeugnis kann sowohl als einfaches oder qualifiziertes Zeugnis mit den gleichen Formalien erstellt werden. Wichtig zu beachten ist, dass es im Präsens geschrieben wird, da die Anstellung ja noch besteht. Das folgende Beispiel zeigt ein qualifiziertes Zwischenzeugnis.

Beispiel für ein Zwischenzeugnis

Herr Philipp Wagner, geboren am 13.04.1977, ist seit dem 01.05.2017 als Pharmareferent im Bereich Gastroenterologie in unserem Unternehmen tätig.

Die MedSales GmbH ist ein bundesweit tätiges, auf Marketing und Vertrieb pharmazeutischer Produkte spezialisiertes Unternehmen mit 550 Mitarbeitern. Unser Produktportfolio umfasst die Bereiche Onkologie, Hämatologie und Gastroenterologie.

Zum Aufgabenbereich von Herrn Wagner zählen insbesondere:

- Beratung der Zielkunden über wissenschaftlich komplexe Produkte und Überzeugungsarbeit zur Initiierung von Verschreibungen
- Aufbau und Pflege von Kundenbeziehungen
- Regelmäßiger Besuch aller produktrelevanten Verordner in Kliniken und Praxen
- Akquisition von Neukunden gemäß Patientenpotenzial
- Organisation und Durchführung von Kundenveranstaltungen

Herr Wagner verfügt über hervorragende, umfassende sowie tiefgreifende Fach- und Produktkenntnisse in seinem Arbeitsumfeld, die er stets zielführend und sehr erfolgreich in der Praxis einsetzt. Um sein berufliches Wissen auf dem aktuellen Stand zu halten und zu erweitern, besucht er sehr intensiv und mit großem Erfolg Fortbildungen und Fachveranstaltungen.

> Aufgrund seiner sehr guten Auffassungsgabe und ausgeprägten analytischen Fähigkeiten arbeitet sich Herr Wagner immer schnell in neue fachliche Anforderungen ein. Anstehende Entscheidungen trifft er dank seines sehr treffsicheren, fundierten Urteilsvermögens stets im Sinne der Unternehmensstrategie sowie mit dem erforderlichen Weitblick. Selbst unter sehr hoher Arbeitsbelastung behält Herr Wagner die Übersicht und agiert überaus besonnen und fokussiert. Wir schätzen ihn als immer äußerst engagierten, kommunikativen und kundenorientierten Mitarbeiter, der sich mit seinen Aufgaben und unseren Produkten identifiziert. Seine verkäuferischen Fähigkeiten führen zu einer konstant sehr guten Umsatzentwicklung. Herr Wagner nimmt seine Aufgaben stets sehr selbstständig und äußerst gewissenhaft wahr. Seine Arbeitsergebnisse sind immer von allerbester Qualität. Die ihm übertragenen Aufgaben erfüllt Herr Wagner stets zu unserer vollsten Zufriedenheit.
>
> Sein Verhalten gegenüber Vorgesetzten und Kollegen ist immer vorbildlich. Herr Wagner fördert durch seine hohe Teamfähigkeit und ausgeglichene Art maßgeblich die sehr angenehme und konstruktive Arbeitsatmosphäre. Im Kontakt mit unseren Kunden und Geschäftspartnern ist er aufgrund seiner ausgezeichneten Beratung und Betreuung ein sehr geschätzter und anerkannter Gesprächs- und Verhandlungspartner.
>
> Dieses Zwischenzeugnis haben wir aufgrund eines Vorgesetztenwechsels erstellt. Wir möchten diese Gelegenheit nutzen, Herrn Wagner für seine stets hervorragenden Leistungen zu danken und freuen uns auf eine auch künftig sehr gute und vertrauensvolle Zusammenarbeit.
>
> Berlin, 31. Dezember 2018
>
> MedSales GmbH
>
> Sabine Schaar, Leiterin Vertrieb   Walter Bischoff, Leiter der Personalabteilung

Der perfekte Anfang eines qualifizierten Arbeitszeugnisses

Ein qualifiziertes Arbeitszeugnis ist die meist ausgestellte Zeugnisart und fehlt in keiner professionellen Bewerbungsunterlage. Dieses Dokument sollte der Norm entsprechen, damit es überzeugt. Man glaubt es kaum, aber viele Zeugnisaussteller machen schon bei der Überschrift Fehler. Was in die Überschrift, aber auch die Einleitung und Unternehmensbeschreibung gehört und dem Zeugnis einen korrekten Einstieg gibt, erfahren Sie hier:

- ✔ Überschrift: Arbeitszeugnis, Zeugnis, Zwischenzeugnis, Ausbildungszeugnis oder Praktikumszeugnis

- ✔ Einleitung: Titel (optional: Bildungsabschluss), Vorname, Nachname, Geburtsdatum und -ort (bei Einwilligung durch Zeugnisempfänger), Positionsbezeichnung, Dauer des Arbeitsverhältnisses oder Eintrittsdatum

- ✔ Unternehmensskizze (optional): Unternehmensbeschreibung mit Angabe von Branche, Produkten oder Dienstleistung, Mitarbeiteranzahl, Standort und so weiter)

Die Wohnanschrift gehört nicht mehr in die Einleitung. Wichtig in der Einleitung sind aktive Formulierungen. Passive Formulierungen vermitteln den Eindruck eines antriebslosen, unselbstständigen Mitarbeiters. Hier ein Beispiel für eine passive Einleitung.

Hiermit bescheinigen wir, dass Frau Isabelle Seiler, geboren am 17.03.1979, in der Zeit vom 15.08.2014 bis zum 30.09.2018 in unserem Unternehmen als Sekretärin in der Abteilung Marketing beschäftigt war.

Wie eine aktive und somit vorteilhaftere Einleitung aussieht, finden Sie in folgendem Beispiel.

Frau Isabelle Seiler, geboren am 17.03.1979, war in der Zeit vom 15.08.2014 bis zum 30.09.2018 in unserem Unternehmen als Sekretärin in der Abteilung Marketing tätig.

Der Unterschied zwischen einem Austrittszeugnis und einem Zwischenzeugnis bei der Einleitung ist die fehlende Angabe des Austrittsdatums. Bei Zwischenzeugnissen wird meist die Formulierung mit »ist seit« verwendet.

Frau Isabelle Seiler, geboren am 17.03.1979, ist seit dem 15.08.2014 in unserem Unternehmen als Sekretärin in der Abteilung Marketing tätig.

Auch bei der Einleitung eines Zwischenzeugnisses sollten Sie passive Formulierungen, wie etwa wurde beschäftigt oder eingesetzt, vermeiden.

Worauf es beim Tätigkeitenteil ankommt

Personalentscheider legen häufig ihr Hauptaugenmerk auf den Tätigkeitenteil des qualifizierten Arbeitszeugnisses, da dieser frei von Codierungen ist und somit einen in der Regel wertfreien Überblick über die beruflichen Qualifikationen und Fähigkeiten des Bewerbers gibt. Hier die Inhalte einer optimalen Beschreibung der Tätigkeiten:

✔ Hierarchische Einordnung der Position: Berichtslinie, Führungsebene, Stellvertretungsfunktionen

✔ Tätigkeiten im Einzelnen: Hauptaufgaben, Sonderaufgaben, Projekte, Mitgliedschaften in Ausschüssen oder Gremien

✔ Kompetenzen: Prokura, Handlungsvollmacht, Kreditkompetenz, Budget- oder Umsatzverantwortung und so weiter

Die Tätigkeitsbeschreibung sollte in chronologischer Reihenfolge erfolgen, beginnend mit der Einstiegsposition bis zur aktuellen beziehungsweise zuletzt ausgeübten Position. Bei mehr als drei unterschiedlichen Stationen empfiehlt sich eine Konzentration auf die letzten beiden und deren ausführliche Beschreibung. Firmenspezifische Ausdrücke und Abkürzungen haben in einem Zeugnis nichts zu suchen und die Auflistung von Produkten und Projekten ohne Ergänzung deren Bedeutung haben auch keinen Mehrwert für den Zeugnisleser.

Die Tätigkeiten sollten adäquat zur Position beschrieben sein und nach Wichtigkeit sortiert. Bei einem Techniker beispielsweise werden an oberster Stelle die Reparatur und Wartung von Geräten erwartet und nicht die Reinhaltung des Arbeitsplatzes. Wenn nebensächliche Aufgaben zuerst aufgeführt oder sogar hervorgehoben werden, entsteht der Eindruck, dass der Zeugnisempfänger den Hauptaufgaben nicht gewachsen war.

Wie man den Tätigkeitenteil bei mehreren ausgeübten Positionen beziehungsweise bei einem Werdegang mit verschiedenen Stationen gestaltet, zeigt folgendes Beispiel.

Aufbau des Tätigkeitenteils bei mehreren Stationen im Unternehmen

Frau Elisabeth Müller, geboren am 26.06.1983, war in der Zeit vom 01.01.2015 bis zum 31.12.2018 in unserem Hause tätig. Ihr Einsatz erfolgte zunächst als Sachbearbeiterin im Einkauf. Dort lag ihr Aufgabenschwerpunkt auf der Einholung von Angeboten, deren Prüfung sowie der Durchführung von Bestellungen.

Mit Wirkung vom 01.07.2016 wechselte Frau Müller als Sachbearbeiterin in den Bereich Human Resources, Team Recruiting. Seither zählten zu ihren Hauptaufgaben:

- ✔ Erstellung der internen Stellenausschreibung
- ✔ Schaltung von Stellenanzeigen
- ✔ Erste Prüfung der eingehenden Bewerbung und Weiterleitung an den zuständigen Personalreferenten
- ✔ Terminkoordination für Bewerber-Interviews
- ✔ Teilnahme an Interviews und Auswahlveranstaltungen
- ✔ Erledigung der Bewerberkorrespondenz

Zum 01.02.2018 übernahm Frau Müller innerhalb des Teams Recruiting die Position einer Personalreferentin. Ihr Aufgabenspektrum umfasste im Wesentlichen:

- ✔ Suche und Auswahl geeigneter Mitarbeiter
- ✔ Entwicklung von Anforderungsprofilen und zielgruppengerechten Stellenanzeigen
- ✔ Eigenständige Suche nach geeigneten Kandidaten und Direktansprache über verschiedene Social-Media-Portale
- ✔ Ausbau des eigenen Bewerbernetzwerks
- ✔ Eigenständige Führung von telefonischen und persönlichen Interviews
- ✔ Organisation und Durchführung von Auswahlveranstaltungen
- ✔ Teilnahme an und Planung von Recruiting Events zur Ansprache von Fachkräften, Nachwuchskräften und Spezialisten

Darüber hinaus arbeitete Frau Müller im Projekt »Mitarbeiterbefragung« mit und betreute unsere Auszubildenden während ihres Einsatzes im Team Recruiting.

Das gehört in die Leistungsbewertung

Der Teil der Leistungsbewertung wird zumeist besonders kritisch geprüft, da hier die berühmt-berüchtigte Zeugnissprache mit ihren codierten Formulierungen verwendet wird. Die Leistungsbewertung ist noch einmal in einzelne Zeugnisbausteine gemäß einer bestimmten Reihenfolge unterteilt. Was die einzelnen Bausteine im Wesentlichen enthalten, finden Sie hier:

- ✔ Fachwissen und Weiterbildung: Umfang und Inhalt, Aktualität, Einsatz und Anwendung des Wissens und von erworbenen Kenntnissen

- ✔ Arbeitsbefähigung: Auffassungsgabe, Denk- und Urteilsvermögen, Ausdauer, Belastbarkeit, Flexibilität

- ✔ Arbeitsbereitschaft und Motivation: Engagement, Initiative, Zielstrebigkeit, Interesse, Identifikation

- ✔ Arbeitsweise: Selbstständigkeit, Systematik, Effizienz, Sorgfalt, Zuverlässigkeit, Genauigkeit

- ✔ Arbeitserfolg: Qualität, Quantität und Verwertbarkeit

- ✔ Zusammenfassende Bewertung: zur vollen, stets vollen, stets vollsten Zufriedenheit

- ✔ Führungskompetenz (nur bei disziplinarischer Personalverantwortung): Abteilungsleitung, Mitarbeitermotivation, Arbeitsatmosphäre, Aufgabendelegation, Mitarbeiterförderung

Das gehört in die Verhaltensbewertung

Nicht zu unterschätzen ist der Teil der Verhaltensbewertung, da es darin vor allem auf die richtige Einhaltung der Reihenfolge der Personengruppen (Vorgesetzte, Kollegen und bei Führungskräften zusätzlich Mitarbeiter) ankommt. Komplettiert wird die überzeugende Verhaltensbewertung durch Worte zur Teamfähigkeit, Hilfsbereitschaft oder Kompromissbereitschaft. Wenn Umgang mit Externen bestand, sollte der auch in diesem Teil bewertet werden. Hier finden Sie die wichtigen Bestandteile im Einzelnen:

- ✔ Verhalten zu Vorgesetzten und Kollegen (bei Führungskräften zusätzlich Mitarbeitern): Vorbildlichkeit, ohne Einwand, Loyalität und so weiter

- ✔ Verhalten zu Externen wie Kunden und Geschäftspartner: Auftreten, Kontaktfähigkeit, Gesprächsverhalten, Verhandlungsstärke, Beratungskompetenz

- ✔ Soziale Kompetenz: Teamorientierung, Kritikfähigkeit, Vertrauenswürdigkeit, Kompromissbereitschaft, Durchsetzungsvermögen

Das Beste zum Schluss

Am Ende eines perfekten qualifizierten Arbeitszeugnisses steht die korrekte Abschlussformulierung, die sich aus folgenden Komponenten zusammensetzt:

- ✔ Grund der Zeugnisausstellung: eigene Kündigung, Aufhebung, Kündigung durch Arbeitgeber, Ende Befristung, Ruhestand

- ✔ Bedauern und Dank: Bedauern des Ausscheidens oder des Verlustes einer wertvollen Fachkraft, Dank für die erbrachten Leistungen sowie für die Art der Zusammenarbeit

- ✔ Zukunftswünsche: persönliche Wünsche und Erfolgswünsche

Wichtig ist das korrekte Ausstellungsdatum. Das Datum unter einem Austrittszeugnis muss mit dem Datum der Beendigung des Anstellungsverhältnisses übereinstimmen und ist nicht zwangsläufig der letzte Arbeitstag (beispielsweise bei Freistellungen oder Abbau von Resturlaub). In der Regel ist es der 15., der 30. oder 31. eines Monats. Bei einem Zwischenzeugnis kann es das aktuelle Datum sein, wenn die Erstellung auf Wunsch des Mitarbeiters erfolgt. Im Falle eines Vorgesetztenwechsels sollte es beispielsweise auf den Tag vor Vollzug der Änderung datiert werden. Wenn der Vorgesetzte zum 01.08. wechselt, steht unter dem Zeugnis der 31.07. als Ausstellungsdatum.

Unter jedes Arbeitszeugnis gehört eine Unterschrift, denn sonst ist es wertlos. Es wird jedoch unterschiedlich gehandhabt, wer das Arbeitszeugnis unterschreibt. Es gibt keinen gesetzlichen Anspruch, dass der Geschäftsführer unterschreiben muss. Allerdings sollte es sich um einen ranghöheren Mitarbeiter handeln. Bei einem Arbeitszeugnis für einen Abteilungsleiter sollte ein Bereichsleiter unterschreiben. Wenn der Zeugnisempfänger direkt an den Vorstand berichtet, wird das zuständige Vorstandsmitglied als Unterzeichner unter dem Zeugnis erwartet. Bei den meisten Arbeitszeugnissen unterschreibt die nächsthöhere Führungskraft und zusätzlich jemand aus dem Personalbereich. Zwei Unterschriften erhöhen grundsätzlich die Glaubwürdigkeit des Zeugnisses. Bei kleineren Unternehmen reicht eine Unterschrift aus, zumal hier häufig der Geschäftsführer oder Inhaber unterzeichnet und es keine eigene Personalabteilung gibt.

Besondere Anforderungen an ein Zeugnis für Führungskräfte

Grundsätzlich hat ein Arbeitszeugnis für eine Führungskraft denselben Aufbau, wie das eines Angestellten und muss auch die entsprechenden Komponenten enthalten. Darüber hinaus sollte ein Mitarbeiter mit Führungsverantwortung in seinem Zeugnis zusätzlich Aussagen zu seiner Führungskompetenz nachweisen können. Also Anmerkungen dazu, wie er seine Mitarbeiter geführt, motiviert und entwickelt hat. Zudem werden Führungskräfte häufig an ihren konkreten Arbeitserfolgen für das Unternehmen gemessen. Daher sollte auch hierzu etwas im Zeugnistext zu finden sein. Fehlen die genannten Formulierungen in einem Arbeitszeugnis für eine Führungskraft, führt das häufig zu einer negativen Bewertung der gesamten Leistung des Zeugnisempfängers. Hier die wichtigsten zusätzlichen Angaben für ein Führungskräftezeugnis:

✔ Führungsspanne (wie viele Mitarbeiter sind direkt beziehungsweise indirekt unterstellt)

✔ Vollmachten wie Handlungsvollmacht oder Prokura

✔ Titel wie Abteilungsdirektor, Vice President oder Managing Director

✔ Budgetverantwortung

✔ Führungskompetenz (im Einzelnen: Führungsstil, Mitarbeitermotivation, Mitarbeiterleistung, Aufgaben- beziehungsweise Verantwortungsdelegation sowie Mitarbeiterentwicklung)

✔ Zielerreichung und besondere Arbeitserfolge (beispielsweise Umsatzsteigerung, Neukundengewinnung, Kostenersparnisse, Produktionsoptimierung, Zertifizierungen, Publikationen, Auszeichnungen)

✔ Verhalten gegenüber den Mitarbeitern im Verhaltensteil

Auf die Optik und den Umfang kommt es an

Wer sich erfolgreich bewerben möchte, braucht Arbeitszeugnisse, die nicht nur inhaltlich überzeugen, sondern auch durch ihr Äußeres. Hier die wichtigsten Kriterien:

✔ maschinenschriftliche Ausstellung sowie Ausdruck auf gutem Geschäftspapier

✔ keine Flecken und Eselsohren sowie keine Rechtschreibfehler

✔ nicht gefaltet, gelocht oder getackert

✔ Schriftfarbe schwarz und angemessene Schriftgröße (nicht kleiner als Schriftgröße 10 und größer als Schriftgröße 12)

✔ keine Fett- oder Kursivschrift sowie Durchstreichungen oder sichtbare Verbesserungen

✔ keine Sonderzeichen wie Ausrufezeichen oder Fragezeichen

✔ eigenhändige Unterschrift, keine Paraphe, darunter maschinengeschrieben der Name, mit Angabe der Positionsbezeichnung

Wie umfangreich das optimale Arbeitszeugnis sein soll, hängt insbesondere von der ausgeübten Position sowie der Dauer der Beschäftigung ab. Ein kurzes Zeugnis wird häufig mit schlechter Leistung gleichgesetzt, ein zu langes Zeugnis wirkt auf viele Leser oft überzogen und somit unglaubwürdig.

Folgende Liste, gegliedert nach Positionen, bietet eine Orientierungshilfe:

- ✔ Angestellter (Beschäftigungszeitraum bis zehn Jahre): anderthalb bis zwei Seiten
- ✔ Führungskraft (Beschäftigungszeitraum bis zehn Jahre): zwei Seiten
- ✔ Angestellter (Beschäftigungszeitraum größer zehn Jahre): zwei bis maximal drei Seiten
- ✔ Führungskraft (Beschäftigungszeitraum größer zehn Jahre): zwei bis maximal drei Seiten
- ✔ Aushilfen, Azubis und Praktikanten: eine Seite

IN DIESEM KAPITEL

Die Zeugnissprache übersetzen

Woran man ein schlechtes Arbeitszeugnis erkennt

Wenn man mit seinem Zeugnis nicht zufrieden ist

Wodurch sich ein sehr gutes Zeugnis auszeichnet

Welche Alternativen es zum Arbeitszeugnis gibt

Kapitel 14
Zehn Tipps für Arbeitnehmer

Nicht alles, was in einem Arbeitszeugnis positiv klingt, ist auch positiv gemeint. Arbeitete der Mitarbeiter »stets sehr sorgfältig und genau«, klingt das zunächst nach einem sehr ordentlichen Arbeitnehmer. In einem Arbeitszeugnis bedeutet es aber, dass der Mitarbeiter ein Pedant war und sich mit Kleinigkeiten aufgehalten hat. Dies ist nur ein Beispiel dafür, wie schwierig es ist, ein Zeugnis richtig zu lesen und zu interpretieren. Dies führt auch heute immer noch zu viel Verunsicherung bei Arbeitnehmern, wenn sie ihr Arbeitszeugnis erhalten. Viele Chefs delegieren auch gerne das Schreiben des Zeugnisses an ihre Mitarbeiter. Aber einen eigenen Zeugnisentwurf anzufertigen, stellt viele Arbeitnehmer vor eine riesige Herausforderung. Genauso verhält es sich auch, wenn man mit seinem Zeugnis nicht zufrieden ist. Wie man in so einem Fall vorgehen sollte, habe ich auch in diesen Top-Ten-Teil mit aufgenommen.

Zeugnissprache entschlüsseln

Zeugnisaussteller müssen beim Schreiben eines Arbeitszeugnisses der Wahrheitspflicht und zugleich der Wohlwollenspflicht gerecht werden. Der Aussteller muss also den Empfänger wahrheitsgemäß bewerten, darf dabei aber keine Kritik äußern oder negative Eigenschaften und Verhaltensweisen aufzählen. Das hat dazu geführt, dass sich die sogenannte Zeugnissprache entwickelt hat, die es den Zeugnisempfängern schwer macht, den wahren Inhalt ihres Zeugnisses herauszulesen.

Eigentlich ist es ganz einfach: Hinter den typischen Zeugniscodes verbergen sich die in Deutschland klassischen Schulnoten von 1 bis 6. Häufig sind es nur kleine Unterschiede zwischen den Formulierungen, die aber eine ganze Note ausmachen können. Wer kennt Sie nicht, die Zufriedenheitsfloskel. An diesem Beispiel kann ich Ihnen am besten zeigen, dass es oft nur kleine Unterschiede zwischen den Formulierungen gibt, die aber eine große Auswirkung auf Ihre Bewertung haben:

- ✔ Alle ihr übertragenen Aufgaben erledigte Frau Meier stets zu unserer vollsten Zufriedenheit. (Note 1)
- ✔ Alle ihm übertragenen Aufgaben erledigte Herr Müller stets zu unserer vollen Zufriedenheit. (Note 2)
- ✔ Alle ihr übertragenen Aufgaben erledigte Frau Schulze zu unserer vollen Zufriedenheit. (Note 3)
- ✔ Alle ihm übertragenen Aufgaben erledigte Herr Möller zu unserer Zufriedenheit. (Note 4)
- ✔ Alle ihr übertragenen Aufgaben erledigte Frau Schumann insgesamt zu unserer Zufriedenheit. (Note 5)
- ✔ Er hat sich bemüht, die ihm übertragenen Aufgaben zu erledigen. (Note 6)

Hier wird mit der sogenannten Positiv-Skala-Technik gearbeitet, derzufolge selbst schlechte Beurteilungen noch positiv formuliert werden. Welche weiteren Techniken der Verschlüsselung von Zeugnissen es gibt, erfahren Sie im Folgenden:

- ✔ **Passivierungstechnik:** Wenn Formulierungen gewählt werden, die den Zeugnisempfänger initiativlos beziehungsweise unselbstständig erscheinen lassen. Eine häufig verwendete Aussage ist »wurde beschäftigt«.
- ✔ **Leerstellentechnik:** Eine Aussage, die erwartet wird, wird weggelassen. Wenn das Verhalten gegenüber den Mitarbeitern bei einer Führungskraft im Arbeitszeugnis nicht erwähnt wird, kann man von Schwierigkeiten ausgehen.
- ✔ **Negationstechnik:** Anwendung von Verneinungen, wie etwa »Er war nie unpünktlich« oder »Ihr Verhalten war ohne jeden Tadel«.
- ✔ **Ausweichtechnik:** Banalitäten oder Selbstverständlichkeiten werden aufgeführt, wie zum Beispiel der ehrliche Umgang mit Bargeld bei einem Kassierer.
- ✔ **Widerspruchstechnik:** Wenn sich verschiedene Zeugnisaussagen widersprechen. Wenn etwa dem Zeugnisempfänger insgesamt sehr gute Leistungen bestätigt werden, aber im Abschluss des Zeugnisses kein Bedauern über das Ausscheiden erscheint.

Hier heißt es aufgepasst

Eine »kreative Arbeitsweise« ist für einen Frisör sicher vorteilhaft, aber im Arbeitszeugnis eines Finanzbuchhalters wohl eher fehl am Platz. Wenn dann noch im Zeugnis steht »Er verstand es geschickt, seine Interessen mit denen des Unternehmens zu verbinden«, dann handelte es sich in Wirklichkeit um einen Mitarbeiter, der es mit den internen Regeln und

Richtlinien wohl nicht so ernst meinte. Damit so etwas in Ihrem Arbeitszeugnis nicht steht, sollten Sie ein Auge auf folgende Zeugnisformulierungen haben:

- ✔ Begriffe, die mehrdeutig sind, wie zum Beispiel »Herr Müller ist ein kritischer Mitarbeiter« oder »Frau Schmitt hatte oft originelle Ideen.«

- ✔ Distanzierende beziehungsweise passivierende Formulierungen, wie etwa »Wir setzten sie als … ein.«

- ✔ Einschränkende Adverbien oder auffällige (doppelte) Verneinungen, wie beispielsweise »nicht ohne Engagement« oder »es kam nicht zu Verzögerungen.«

- ✔ Missverständliche Charaktereigenschaften, wie »Er überzeugt durch sein natürliches Wesen« oder »Sie ist eine anspruchsvolle Mitarbeiterin.«

- ✔ Hervorhebungen von Bemühen (Der Klassiker: »Sie war stets bemüht« … hat aber das Ziel nicht erreicht.)

- ✔ Unpassende Beurteilungen wie eben die kreative Arbeitsweise bei einem Finanzbuchhalter

- ✔ Nebensächliche und selbstverständliche Eigenschaften: Einer Führungskraft wird beispielsweise Pünktlichkeit bestätigt oder einer Sekretärin die sichere Rechtschreibung

Was in Arbeitszeugnissen verboten ist

Laut § 109 Abs. 2 der Gewerbeordnung muss ein Arbeitszeugnis klar und verständlich formuliert sein. Es darf keine Merkmale oder Formulierungen enthalten, die den Zweck haben, eine andere als aus der äußeren Form oder aus dem Wortlaut ersichtliche Aussage über den Arbeitnehmer zu treffen. Daher ist auch die Verwendung sogenannter Geheimcodes in Zeugnissen, die man nur dann entschlüsseln kann, wenn man ihre wahre Bedeutung kennt, verboten. Hier einige Beispiele:

- ✔ Er hat mit seiner geselligen Art zur Verbesserung des Betriebsklimas beigetragen (ein Mitarbeiter mit Alkoholproblemen).

- ✔ Sie trat engagiert für die Interessen der Kollegen ein (sie war im Betriebsrat).

- ✔ Für die Belange der Belegschaft bewies er immer Einfühlungsvermögen (er suchte sexuellen Kontakt).

- ✔ Sie zeigte Verständnis für ihre Arbeit (sie war unfähig).

- ✔ Er verstand es, alle Aufgaben erfolgreich zu delegieren (er war faul).

- ✔ Sie wusste sich gut zu verkaufen (ihre Leistungen waren schlecht).

Es gibt darüber hinaus noch weitere Tabus für Arbeitszeugnisse. Was außerdem nicht in ein Arbeitszeugnis gehört, finden Sie in der folgenden Aufstellung:

- ✔ Angabe des Gehalts
- ✔ Kündigungsgrund
- ✔ Vorstrafen
- ✔ Abmahnungen
- ✔ Fehlzeiten, wie etwa Krankheiten oder Bildungsurlaub
- ✔ Behinderungen, Sucht oder andere Erkrankungen
- ✔ Betriebsratstätigkeiten, Gewerkschafts- oder Parteizugehörigkeiten
- ✔ Religiöse Zugehörigkeiten
- ✔ Homosexualität
- ✔ Nebentätigkeiten und ehrenamtliches Engagement

Auch die Verwendung von Geheimzeichen ist verboten. Dennoch sollten Sie Ihr Zeugnis auf jede noch so kleine Abweichung von der gängigen Schreibweise durchsuchen. Wenn Sie eines der folgenden Geheimzeichen finden, wenden Sie sich umgehend an Ihren Arbeitgeber und bitten um Korrektur:

- ✔ Ein Häkchen nach links bedeutet Mitgliedschaft in einer linksgerichteten Partei, ein Häkchen nach rechts in einer rechtsgerichteten Partei.
- ✔ Ausrufungszeichen, Anführungszeichen und Unterstreichungen sollen die geschriebenen Aussagen ins Gegenteil verkehren.
- ✔ Ein »Ausrutscher« bei oder vor der Unterschrift soll auf eine Mitgliedschaft in einer Gewerkschaft oder verfassungsfeindlichen Organisation hinweisen.
- ✔ Ein Doppelpunkt am Satzende will sagen, dass es hier noch mehr zu sagen gäbe …

Das Zeugnis ändern lassen

Was nun aber tun, wenn man einen Geheimcode oder ein Geheimzeichen im Arbeitszeugnis gefunden hat. Schließlich haben Sie Anspruch auf ein inhaltlich korrektes Arbeitszeugnis und ein Recht darauf, es bei nachweislich berechtigten Zweifeln anzufechten. Der Arbeitgeber muss das Zeugnis unverzüglich korrigieren, da er sonst gegen § 109 Abs. 2 der Gewerbeordnung verstößt.

Wie verhält es sich aber, wenn man mit seiner Bewertung im Zeugnis nicht zufrieden ist. Zunächst sollten Sie mit dem Zeugnisaussteller persönlich Kontakt aufnehmen und um Korrektur bitten. Wenn Sie das nicht telefonisch machen möchten, können Sie das auch per

E-Mail oder Brief tun. Hier ist es ratsam eine Frist zu setzen und nach deren Ablauf nochmals nachzuhaken. Wenn weder ein klärendes Gespräch beziehungsweise Telefonat oder die schriftliche Kontaktaufnahme etwas bringen, können Sie als Nächstes den Betriebsrat mit einschalten und um Unterstützung bitten. Wenn all das nicht von Erfolg gekrönt ist, dann bleibt nur noch der Gang zum Anwalt für Arbeitsrecht und die Einreichung einer Klage beim Arbeitsgericht.

Im Rahmen einer Klage muss der Arbeitgeber zunächst beweisen, dass er den Arbeitnehmer richtig beurteilt hat und das Arbeitszeugnis inhaltlich korrekt ist. Das kann unter anderem durch die Befragung von Vorgesetzten und Kollegen, Einsicht in die Personalakte, die Prüfung dokumentierter Mitarbeitergespräche oder bereits erstellter Zwischenzeugnisse erfolgen. Kann der Arbeitgeber seiner Beweispflicht nicht gerecht werden, wird er dazu verpflichtet, ein neu verhandeltes Arbeitszeugnis auszustellen. Falls er dem nicht nachkommt, kann das mit einer gerichtlichen Zwangsgeldauflage bestraft werden. In den meisten Fällen wird sich jedoch geeinigt und der Arbeitnehmer erhält ein neues Zeugnis.

Die optimale Tätigkeitsbeschreibung

Für viele Personalentscheider ist die Tätigkeitsbeschreibung der wichtigste Teil des Arbeitszeugnisses, denn dort bestätigt der Arbeitgeber offiziell, wie der Werdegang im Unternehmen war und welche Aufgaben der Mitarbeiter im Einzelnen übernommen hat. Hier findet auch die Zeugnissprache meist keine Anwendung. Allerdings gibt es auch in diesem Teil Fallstricke, auf die es zu achten gilt. Wichtig zu wissen ist, dass auch dieser Teil einen bestimmten Aufbau haben muss, um zu überzeugen. Die Tätigkeitsbeschreibung sollte in chronologischer Reihenfolge (von der Einstiegsposition bis zur aktuellen beziehungsweise zuletzt ausgeführten Position) erfolgen. Übertragene Kompetenzen und Vollmachten, wie zum Beispiel Prokura, sollten in der korrekten zeitlichen Abfolge ergänzt werden. Die Tätigkeitsbeschreibung sollte möglichst neutral formuliert und nicht mit dem Bewertungsteil vermischt werden. Wichtiger Bestandteil der Tätigkeitsbeschreibung ist dann die detaillierte Darstellung der ausgeübten Aufgaben, wobei Folgendes beachtet werden sollte:

✔ Die verantwortungsvollsten beziehungsweise wichtigsten Aufgaben sollten in der Auflistung zuerst aufgeführt werden.

✔ Daran anschließend sollten die Nebentätigkeiten aufgelistet sein.

✔ Die Beschreibung der Tätigkeiten kann mit Spiegelstrichen oder auch im Fließtext erfolgen (bei einer umfangreichen Beschreibung empfehle ich wegen der besseren Lesbarkeit allerdings die Spiegelstriche).

✔ Unwichtige oder selbstverständliche Punkte sollten nicht erwähnt sein (wie bei einer Sekretärin die Erstellung von Briefen), da eine zu detaillierte Beschreibung eher zu einer Abwertung führt.

Wie eine optimale Tätigkeitsbeschreibung aussieht, können Sie sich am folgenden Beispiel anschauen.

> **Beispiel für eine sehr gute Tätigkeitsbeschreibung**
>
> Frau Vera Meyer, geboren am 22.07.1982, trat am 01.09.2015 in unser Unternehmen ein. Zunächst absolvierte Frau Meyer eine Ausbildung zur Kauffrau für Büromanagement in unserem Hause, die sie am 28. Juni 2018 erfolgreich vor der Industrie- und Handelskammer Frankfurt am Main abschloss. Im direkten Anschluss haben wir Frau Meyer als Team-Assistentin im Bereich Einkauf in ein unbefristetes Anstellungsverhältnis übernommen. Seither umfasst ihr Aufgabenbereich im Wesentlichen die folgenden Tätigkeiten:
>
> ✔ Terminkoordination für Manager und Teammitglieder
>
> ✔ Reiseplanung und -buchung sowie Reisekostenabrechnung für Manager und Teammitglieder
>
> ✔ Unterstützung der Anfertigung von Kundenpräsentationen
>
> ✔ Verantwortung für die Erledigung der Kundenkorrespondenz
>
> ✔ Teilnahme an Kundenterminen
>
> ✔ Allgemeine Verwaltungsaufgaben sowie die Vorbereitung und Koordination von Kundenterminen und anderen Veranstaltungen (Raumbuchung, Catering, Bereitstellung von Equipment und so weiter)
>
> ✔ Bearbeitung und Verteilung der täglichen Eingangspost

Daran erkennt man ein sehr gutes Arbeitszeugnis

Anhand der folgenden Checkliste können Sie feststellen, ob Ihr Arbeitszeugnis ein sehr gutes Arbeitszeugnis ist, mit dem Sie bei zukünftigen Arbeitgebern punkten können:

✔ Das Zeugnis ist auf hochwertigem Geschäftspapier gedruckt, hat keine Flecken, ist nicht geknickt oder hat gar Eselsohren.

✔ Es hat die korrekte Überschrift: Bei einem Austrittszeugnis lautet die Überschrift »Zeugnis« oder »Arbeitszeugnis«, bei einem Zwischenzeugnis muss auch »Zwischenzeugnis« in der Überschrift stehen.

✔ Das Zeugnis ist frei von Rechtschreib- und Grammatikfehlern.

✔ Die Länge des Zeugnistextes steht in einem angemessen Verhältnis zu Ihrer Beschäftigungszeit und Position (grundsätzlich gilt: je kürzer das Zeugnis, desto schlechter die Bewertung, allerdings ist ein zu langes Zeugnis mit mehr als drei Seiten nachteilig). Die meisten sehr guten Arbeitszeugnisse sind anderthalb bis zwei Seiten lang.

✔ Das Zeugnis hat einen klaren Schreibstil und enthält keine Schachtelsätze.

- ✔ Der Teil des Werdegangs und der detaillierten Beschreibung von Tätigkeiten und Aufgaben ist bewertungsfrei und in chronologischer Reihenfolge.

- ✔ Eine stetige Weiterentwicklung und Übernahme von verantwortungsvolleren Aufgaben wurde aufgenommen.

- ✔ Der Bewertungsteil entspricht der gängigen Norm und enthält die einzelnen Zeugnisbausteine in der richtigen Reihenfolge: Fachwissen und Weiterbildung, Arbeitsbefähigung, Arbeitsbereitschaft, Arbeitsweise, Arbeitserfolg, zusammenfassende Leistungsbewertung, Verhalten (bei Führungspositionen ergänzt um die Führungskompetenz).

- ✔ Der Bewertungsteil enthält eine Mischung von guten und sehr guten Formulierungen, Standardformulierungen wurden durch Individuelles ergänzt. Besondere Arbeitserfolge, Sonder- und Projektaufgaben sind aufgeführt.

- ✔ Die Abschlussformel enthält den Ausstellungsgrund, das Bedauern über das Ausscheiden, den Dank für die sehr gute Zusammenarbeit sowie berufliche und private Zukunftswünsche (Wichtig! »weiterhin viel Erfolg«).

- ✔ Das Zeugnis hat das korrekte Datum (bei Austritt das Vertragsende beziehungsweise der 15., 30. oder 31. eines Monats).

- ✔ Die Unterschrift wurde durch einen oder besser zwei (erhöht die Glaubwürdigkeit) ranghöhere Mitarbeiter ausgeführt.

Textbausteine für ein gutes oder sehr gutes Austrittszeugnis

Da sich dieser Top-Ten-Teil an Arbeitnehmer wendet, habe ich gemäß der korrekten Reihenfolge eines wohlgeordneten Arbeitszeugnisses Textbausteine für jeweils ein Arbeitszeugnis der Note 2 und der Note 1 zusammengestellt, mit denen Sie den Bewertungsteil Ihres eigenen Zeugnisses anfertigen können.

Fachwissen

- ✔ **Note 2:** Herr Kalter verfügt über ein gutes, umfassendes und tiefgreifendes Fachwissen, das er auch bei schwierigen Aufgaben zielführend und stets erfolgreich einsetzte.

- ✔ **Note 1:** Herr Wüstenberg verfügt über ein sehr gutes, umfassendes und tiefgreifendes Fachwissen, das er auch bei schwierigen Aufgaben zielführend und stets überaus erfolgreich einsetzte.

Weiterbildung

- ✔ **Note 2:** Sie erweiterte und aktualisierte ihre fachlichen Kenntnisse beständig zu unserem Nutzen und hat neu erworbenes Wissen immer sofort sowie wirksam in der Praxis angewendet.

✔ **Note 1:** Sie erweiterte und aktualisierte ihre fachlichen Kenntnisse beständig zu unserem großen Nutzen und hat neu erworbenes Wissen immer sofort sowie sehr wirksam in der Praxis angewendet.

Arbeitsbefähigung

✔ **Note 2:** Seine schnelle Auffassungsgabe ermöglichte es ihm, auch komplexe Fragestellungen umgehend und präzise zu erfassen. Dank seines sicheren und logischen Denk- und Urteilsvermögens kam Herr Widmer immer zu hochwertigen und zugleich praktikablen Lösungen, die er beharrlich umsetzte.

✔ **Note 1:** Seine sehr gute Auffassungsgabe ermöglichte es ihm, auch sehr komplexe Fragestellungen umgehend und präzise zu erfassen. Dank seines äußerst sicheren und logischen Denk- und Urteilsvermögens kam Herr Sammer immer zu sehr hochwertigen und zugleich praktikablen Lösungen, die er beharrlich umsetzte.

Belastbarkeit

✔ **Note 2:** Selbst unter hoher Arbeitsbelastung behielt Frau Karich jederzeit die Übersicht und verstand es, effizient und erfolgreich Prioritäten zu setzen.

✔ **Note 1:** Selbst unter höchster Arbeitsbelastung behielt Frau Feldmann jederzeit die Übersicht und verstand es, effizient und sehr erfolgreich Prioritäten zu setzen.

Arbeitsbereitschaft

✔ **Note 2:** Er überzeugte stets durch seine große Einsatzbereitschaft und sein hohes Maß an Eigeninitiative sowie Zielstrebigkeit. Gerne war er auch bereit, zusätzliche Aufgaben zu übernehmen, auch über den eigentlichen Verantwortungsbereich und die übliche Arbeitszeit hinaus.

✔ **Note 1:** Er überzeugte stets durch seine außerordentliche Einsatzbereitschaft und sein sehr hohes Maß an Eigeninitiative sowie Zielstrebigkeit. In vorbildlicher Weise war er auch bereit, zusätzliche Aufgaben zu übernehmen, auch über den eigentlichen Verantwortungsbereich und die übliche Arbeitszeit hinaus.

Arbeitsweise

✔ **Note 2:** Frau Herz brachte neue Ideen in ihr Arbeitsgebiet mit ein und arbeitete jederzeit effizient, zuverlässig und genau.

✔ **Note 1:** Frau Tafelmann brachte kontinuierlich neue Ideen in ihr Arbeitsgebiet mit ein und arbeitete jederzeit sehr effizient, zuverlässig und genau.

Arbeitserfolg

✔ **Note 2:** Die Arbeitsergebnisse von Herrn Sandkorn übertrafen quantitativ und qualitativ konstant unsere Erwartungen.

✔ **Note 1:** Die Arbeitsergebnisse von Herrn Wiedermann übertrafen quantitativ und qualitativ konstant weit unsere Erwartungen.

Zusammenfassende Leistungsbeurteilung

✔ **Note 2:** Alle ihr übertragenen Aufgaben erfüllte sie stets zu unserer vollen Zufriedenheit.

✔ **Note 1:** Alle ihr übertragenen Aufgaben erfüllte sie stets zu unserer vollsten Zufriedenheit.

Führungskompetenz (nur bei Führungspositionen)

✔ **Note 2:** Auch seiner Führungsrolle wurde er jederzeit in hohem Maße gerecht. Durch eine konsequente fach- und personenbezogene Führung motivierte Herr Kümmerling sein Team stets zu hohem Einsatz und guten Leistungen. Dabei förderte er engagiert die fachliche und persönliche Weiterentwicklung seiner Mitarbeiter und delegierte Aufgaben sowie Verantwortung immer in angemessener Weise.

✔ **Note 1:** Auch seiner Führungsrolle wurde er jederzeit in sehr hohem Maße gerecht. Durch eine konsequente fach- und personenbezogene Führung motivierte Herr Sieckmann sein Team stets zu hohem Einsatz und sehr guten Leistungen. Dabei förderte er durchweg und sehr engagiert die fachliche und persönliche Weiterentwicklung seiner Mitarbeiter und delegierte Aufgaben sowie Verantwortung immer in angemessener Weise.

Verhalten

✔ **Note 2:** Das Verhalten von Frau Hempel sowohl gegenüber Vorgesetzten und Kollegen (bei Führungspositionen: gegenüber Vorgesetzten, Kollegen und Mitarbeitern) als auch Kunden und Geschäftspartnern war stets einwandfrei. Durch ihre kooperative, freundliche und offene Art prägte sie maßgeblich die angenehme Arbeitsatmosphäre. Frau Hempel war aufgrund ihrer fachlichen Qualitäten und überzeugenden Persönlichkeit eine allseits geschätzte Ansprechpartnerin.

✔ **Note 1:** Das Verhalten von Frau Weniger sowohl gegenüber Vorgesetzten und Kollegen (bei Führungspositionen: gegenüber Vorgesetzten, Kollegen und Mitarbeitern) als auch Kunden und Geschäftspartnern war stets vorbildlich. Durch ihre sehr kooperative, freundliche und offene Art prägte sie maßgeblich die angenehme Arbeitsatmosphäre. Frau Weniger war aufgrund ihrer fachlichen Qualitäten und überzeugenden Persönlichkeit eine allseits äußerst geschätzte Ansprechpartnerin.

Diese Zeugnisbausteine können auch für den Entwurf eines Zwischenzeugnisses verwendet werden. Achten Sie nur dann darauf, dass schon in der Überschrift erkennbar ist, dass es sich um ein solches handelt. Außerdem sollte es in der Gegenwartsform geschrieben werden, da Sie Ihre Tätigkeit ja noch ausüben beziehungsweise Mitarbeiter des Unternehmens sind.

So gestaltet man ein Arbeitszeugnis individuell

Damit sich Ihr Arbeitszeugnis nicht wie jedes andere liest, sollte es einige individuelle Ergänzungen enthalten. Ansonsten wirkt es wie abgeschrieben oder mit einer Zeugnissoftware generiert. Das kann auch zu der Vermutung führen, dass man sich keine Mühe mit dem Zeugnis machen wollte und es nur eine lästige Pflichterfüllung war. Was ein individuelles Arbeitszeugnis ausmacht, können Sie in folgender Auflistung nachlesen:

✔ Für die Position ausschlaggebende und wichtige Eigenschaften, Fähigkeiten und Kompetenzen werden im Zeugnistext erwähnt (beispielsweise bei einem Sachbearbeiter im Controlling das ausgeprägte Zahlenverständnis sowie die präzise und strukturierte Arbeitsweise).

✔ Je verantwortungsvoller die Position, desto wichtiger ist die Auflistung besonderer Arbeitserfolge und deren konkrete Auswirkung.

✔ Zusätzliche Sonder- und Projektaufgaben werten die Fachkompetenz, das Engagement und die Bereitschaft zur Übernahme weiterer Verantwortung auf.

✔ Die Erwähnung innovativer und kreativer Beiträge ist beim heutigen Wettbewerbsdruck für Unternehmen sehr wertvoll und rundet ein Arbeitszeugnis vorteilhaft ab.

✔ Kostenbewusstes Handeln und Erzielung von Einsparungen sind weitere Pluspunkte für ein überzeugendes Arbeitszeugnis.

Die Globalisierung nimmt stetig zu in unserer Arbeitswelt. Deshalb werden Arbeitszeugnisse für Mitarbeiter im internationalen Umfeld durch die Erwähnung von Sprachkenntnissen, insbesondere Englisch, und interkultureller Kompetenz zusätzlich aufgewertet.

Arbeitszeugnisse für Führungskräfte

Im Großen und Ganzen sieht das Arbeitszeugnis einer Führungskraft genauso aus wie bei ihren Mitarbeitern. Darüber hinaus sollte es aber einige Ergänzungen enthalten, die wesentlich für ein Führungskräftezeugnis sind und zu einer schlechten Gesamteinschätzung führen können, wenn sie fehlen. Denn was bei dieser Zielgruppe im Arbeitszeugnis fehlt, wiegt meist schwerwiegender als das, was darin aufgeführt wird.

Folgende Punkte gehören unbedingt in ein Führungskräftezeugnis:

✔ Berichtslinie (beispielsweise direkt an den Vorstand)

✔ Führungsspanne (für wie viele Mitarbeiter besteht disziplinarische Führungsverantwortung?)

✔ Vollmachten wie Handlungsvollmacht oder Prokura oder Kompetenzen wie Kreditkompetenz

✔ Titel wie Abteilungsdirektor, Vice President oder Managing Director

✔ Budgetverantwortung (am besten unter Angabe über welche Höhe)

✔ Führungskompetenz (im Einzelnen: Führungsstil, Mitarbeitermotivation, Mitarbeiterleistung, Aufgabendelegation sowie Mitarbeiterentwicklung)

✔ Zielerreichung und besondere Erfolge (beispielsweise Umsatzsteigerung, Neukundengewinnung, Kostenersparnisse und so weiter)

✔ Strategische und unternehmerische Fähigkeiten

✔ Entscheidungs- und Durchsetzungsvermögen

✔ Verhalten gegenüber den Mitarbeitern im Verhaltensteil

Grundsätzlich gilt, dass die Erwartungshaltung an ein Führungskräftezeugnis höher ist. Je individueller es gestaltet ist, desto besser wird es bewertet werden.

Alternativen zum Arbeitszeugnis

Was aber gilt für all jene, die auf freiberuflicher Basis arbeiten oder studieren, oder sich beispielsweise für ein Masterstudium bewerben möchten. In diesen Fällen ist eine Alternative zum Arbeitszeugnis gefragt. Dies sind:

✔ Referenzschreiben

✔ Empfehlungsschreiben

Ein Referenzschreiben wird unspezifisch ausgestellt und soll insbesondere einen Eindruck über erworbene Qualifikationen und erledigte Tätigkeiten geben. Im Gegensatz zu einem Referenzschreiben wird ein Empfehlungsschreiben persönlicher formuliert. Häufig besteht eine etwas engere Beziehung zwischen Aussteller und dem Empfohlenen, wie zwischen Studenten und Professor oder Dozent. Grundsätzlich kann sich jeder ein Empfehlungsschreiben ausstellen lassen, wobei keine Vorgaben eingehalten werden müssen und es auch gern etwas emotionaler formuliert werden darf.

Referenzschreiben und Empfehlungsschreiben sollten eine Din A4-Seite möglichst nicht überschreiten und auf Firmenpapier ausgestellt sein. Außerdem sollte der Aussteller einen guten Ruf haben und seine Position und seine fachliche Kompetenz aus dem Empfehlungsschreiben deutlich werden. Auch wenn ein Referenz- oder Empfehlungsschreiben immer der Eigenwerbung dient, sollte es dennoch glaubwürdig sein und nicht übertrieben wirken. Je mehr Fakten und Differenzierungen in das Dokument einfließen, desto aussagekräftiger und glaubwürdiger wird es sein. So haben Referenz- und Empfehlungsschreiben einen großen Vorteil, weil sie persönlicher sind und keine Zeugniscodes enthalten. Passende Aussteller sind nicht nur direkte Vorgesetzte, sondern auch Bereichsleiter, Professoren und Ausbilder. Maßgeblich ist, dass der Aussteller, wie auch beim Arbeitszeugnis, in der Hierarchie mindestens eine Ebene höher steht. Aber auch für Festangestellte machen sich zusätzlich zu den Arbeitszeugnissen Referenzen in der Bewerbungsmappe gut, um weitere Erkenntnisse über die Fähigkeiten des Bewerbers zu erhalten.

Im Folgenden können Sie anhand meiner Musterdokumente den Unterschied zwischen einem Referenzschreiben und einem Empfehlungsschreiben nachvollziehen. Zunächst ein Beispiel für das eher sachliche Referenzschreiben.

Muster für ein Referenzschreiben

Paul Schneider

Münchnerstr. 11

70191 Stuttgart

0171 999888

Felix Bechthold

Trainer & Coach

Im Hohl 17

70191 Stuttgart

Referenzschreiben für Herrn Felix Bechthold

Herr Bechthold begleitet den Bereich Human Resources (HR) unseres Unternehmens seit bereits zwei Jahren immer wieder als Berater, Trainer und Dozent zu Führungsthemen.

Wir sind ein weltweit führender Anbieter für die Produktionsautomatisierung mit Sitz in Stuttgart-Feuerbach.

Herr Bechthold leitete Workshops für Vorstände, Führungsseminare für die zweite und dritte Führungsebene und moderierte ein Strategiewochenende. Gerne empfehlen wir Herrn Bechthold für all diese Themen weiter. Seine hervorragende Vorbereitung und sein strukturiertes, zielorientiertes und praxisnahes Vorgehen überzeugten uns bei allen Veranstaltungen. Durch den guten Kontakt von Herrn Bechthold zu den Teilnehmern wurde eine immer sehr vertrauensvolle Zusammenarbeit ermöglicht. Wir werden mit Herrn Bechthold auch zukünftig zusammenarbeiten, da die gewünschten Erfolge stets erreicht und sogar übertroffen wurden. Wenn Sie weitere Fragen haben, können Sie sich auch sehr gern vertrauensvoll persönlich unter der angegebenen Telefonnummer an mich wenden.

Stuttgart, 31. Oktober 2018

Unterschrift Paul Schneider, Bereichsleiter HR

Bei einem Empfehlungsschreiben wird der Empfänger oft direkt angesprochen.

Muster für ein Empfehlungsschreiben

Empfehlungsschreiben für Sarah Selters

Sehr geehrte Frau Selters,

hiermit bedanken wir uns sehr herzlich für die von Ihnen durchgeführte Trainingsveranstaltung für unsere Führungskräfte zum Thema Teambildung.

Die Veranstaltung hat die Erwartungen unserer Führungsmannschaft bei Weitem übertroffen. Nicht nur Ihre hohe Vermittlungskompetenz haben unsere Mitarbeiter überzeugt, sondern auch die so angenehme und vertrauensvolle Lernatmosphäre sowie die lebendige Gestaltung des Seminars. Alle Teilnehmer waren durchweg begeistert. Wir werden Ihre Dienste zukünftig sehr gerne wieder in Anspruch nehmen und Sie wärmstens weiterempfehlen.

Mit freundlichen Grüßen

Johannes Kraft, Personalleiter

> **IN DIESEM KAPITEL**
>
> Warum Arbeitszeugnisse etwas mit Wertschätzung zu tun haben
>
> Die Außenwirkung von Arbeitszeugnissen
>
> Möglichkeiten der Zeitersparnis
>
> Arbeitszeugnisse analysieren

Kapitel 15
Zehn Tipps für Arbeitgeber

Für viele Arbeitgeber beziehungsweise Personalabteilungen ist es eine ungeliebte Aufgabe: das Arbeitszeugnis! Wer opfert schon noch gern Zeit für einen Mitarbeiter, der sowieso das Unternehmen verlässt. Und dann gibt es auch noch den Stapel mit Bitten um Zwischenzeugnisse, die abgearbeitet werden müssen. Aber Personalentscheider möchten von Bewerbern vollständige Bewerbungsunterlagen sehen. Dazu zählen auch die Arbeitszeugnisse der Vorarbeitgeber, die möglichst lückenlos vorliegen sollten. Auch heute sind überzeugende Arbeitszeugnisse immer noch ein Vorteil, um die erste Auswahl im Bewerbungsprozess zu überstehen. Hier finden Sie die wichtigsten Tipps, um sich als Arbeitgeber dem Thema Arbeitszeugnisse motivierter zu stellen und effektiver damit umzugehen.

Mit einem Arbeitszeugnis wertschätzen und werben

Arbeitszeugnisse werden in vielen Unternehmen standardisiert und eher lieblos geschrieben, denn möglichst schnell will man diese unangenehme Arbeit vom Schreibtisch haben. Das führt aber meistens zu großer Enttäuschung bei den Arbeitnehmern, die ihr Arbeitszeugnis dann häufig reklamieren oder gar rechtliche Schritte dagegen einleiten. Neben dem erneuten Zeitaufwand entstehen dadurch auch höhere Kosten für das Unternehmen.

Unterschätzen Sie nicht die emotionale Wirkung eines Zeugnisses auf den Zeugnisempfänger. Hier können Sie nachlesen, warum es sich für Arbeitgeber lohnt, in das Schreiben von Arbeitszeugnissen etwas mehr Zeit und Mühe zu investieren:

- ✔ Mit einem ordentlich geschriebenen Zeugnis vermeiden Sie, dass sich ausgeschiedene Mitarbeiter negativ über ihren ehemaligen Arbeitgeber äußern.

- ✔ Ein lieblos geschriebenes Zwischenzeugnis kann für einen noch aktiven Mitarbeiter zu einer echten Motivationsbremse werden, was sich gegebenenfalls auf die Stimmung in einem ganzen Arbeitsteam auswirken kann. Im Gegensatz dazu können Sie mit einem gut formulierten Zwischenzeugnis die Motivation und das Engagement eines Mitarbeiters maßgeblich fördern.

- ✔ Das Arbeitszeugnis hat eine große Außenwirkung, da es im Zuge von Bewerbungen immer wieder anderen Personalabteilungen vorgelegt wird. Mit einer sorgfältigen Erstellung Ihrer Arbeitszeugnisse können Sie aktiv Personalmarketing betreiben.

- ✔ In unserer Berufswelt gehen die Anerkennung und Wertschätzung der Leistungen von Mitarbeitern immer mehr unter. Ein Arbeitszeugnis ist eine gute Gelegenheit, Lob und Dank mit auf den Weg zu geben, was besonders für Zwischenzeugnisse wichtig ist.

Den Prozess der Erstellung eines Arbeitszeugnisses durchleuchten

Viele Personalabteilungen müssen ein hohes und vielfältiges Arbeitspensum bewältigen und suchen nach Optimierungsmöglichkeiten. Insbesondere in Zeiten von Umstrukturierungen und Stellenabbau wird die Nachfrage nach Zeugnissen immer größer und belastet die Personalmitarbeiter zusätzlich. Nicht erst dann lohnt es sich, den Prozess der Erstellung von Arbeitszeugnissen genauer anzuschauen.

Beschwerden über Arbeitszeugnisse oder lange Wartezeiten hierauf sind für Personalabteilungen fast schon alltäglich, belasten aber die Mitarbeiter in der täglichen Arbeit. Hier die wichtigsten negativen Einflussfaktoren auf eine reibungslose Zeugniserstellung:

- ✔ zu wenig Mitarbeiter im Personalbereich und somit zu wenig Zeit
- ✔ fehlendes Fachwissen
- ✔ komplizierte Arbeitsabläufe
- ✔ Personalakten sind nicht gut gepflegt, sodass sich die Informationen für das Zeugnis nur schwer recherchieren lassen
- ✔ keine vereinbarten Fristen beziehungsweise Service Level Agreements

Um den negativen Einflussfaktoren entgegenzuwirken, kann ein neuer und effizienter Prozess für die Erstellung von Arbeitszeugnissen die Lösung sein, da er nicht nur für zufriedenere Mitarbeiter und Führungskräfte, sondern auch zu einer maßgeblichen Entlastung der Personalabteilung führen kann. Folgende Zielsetzungen sollte dieser neue Prozess haben:

- ✔ Abbau von aufgelaufenen Zeugnissen
- ✔ Entlastung der Personalmitarbeiter in der täglichen Arbeit
- ✔ Entlastung der Führungskräfte

✔ Senkung der Beschwerdequote

✔ Verbesserung der Qualität der Zeugnisdokumente

✔ Schaffung freier Ressourcen für andere wichtige Personalarbeit

Führungskräfte und Mitarbeiter ins Boot holen

In vielen Unternehmen liegt die Verantwortung für die Zeugniserstellung bei der Personalabteilung. In mühevoller Kleinarbeit wird die Personalakte durchforstet, nach passenden Stellenbeschreibungen gesucht und werden Bewertungen bei Führungskräften eingeholt, auf die häufig lange gewartet werden muss. Die Bearbeitungszeit wird lang und länger und die Beschwerden der Mitarbeiter nehmen immer mehr zu.

Mit den folgenden Veränderungen können Sie den Prozess der Erstellung von Arbeitszeugnissen schneller und somit effektiver gestalten:

✔ Wer weiß besser, was er in all den Jahren im Unternehmen gemacht hat, als der Mitarbeiter selbst? Beteiligen Sie die Mitarbeiter an der Erstellung ihres Zeugnisses, indem Sie sich von ihnen die Tätigkeiten mit den entsprechenden Zeitangaben liefern lassen. Wenn Ihr Vertrauen nicht so weit geht, können Sie immer noch anhand von Stichproben die Angaben in der Personalakte nachprüfen. Die meisten Mitarbeiter gehen aber erfahrungsgemäß sehr verantwortungsvoll damit um. Sie vermeiden somit auch nachträgliche Reklamationen und umfangreiche Änderungen nach Aushändigung des Arbeitszeugnisses.

✔ Setzen Sie den Führungskräften straffe Fristen zur Lieferung der nötigen Zeugnisinhalte und verschicken Sie regelmäßige Erinnerungen.

✔ Ein Arbeitszeugnis sollte möglichst zwei Seiten nicht überschreiten, also konzentrieren Sie sich im Zeugnistext auf die zuletzt ausgeübte Position, maximal die letzten beiden Positionen. Beschreiben Sie den Werdegang im Einzelnen und fügen Sie nur bei der aktuellen Position die Aufgaben im Detail hinzu.

✔ Führen Sie ein verständliches und schnell auszufüllendes Zeugnisformular ein.

✔ Schulen Sie Ihre Führungskräfte zum Thema Arbeitszeugnis, um ein richtiges Verständnis hierfür zu erzielen.

Ein Zeugnisformular sollte in erster Linie der Zeitersparnis dienen und optimal auf die Zeugnisanforderungen des Unternehmens zugeschnitten sein. Hier die Bestandteile eines wirkungsvollen Zeugnisformulars:

1. Stammdaten wie Name, Vorname, Eintrittsdatum, aktuelle Position/Abteilung/Bereich

2. Grundlegende Informationen zur Ausstellung wie Zwischen- oder Austrittszeugnis, Ausstellungsgrund (beispielsweise Eigenkündigung bei Austritt oder Vorgesetztenwechsel bei einem Zwischenzeugnis), Name/n der Beurteiler und Unterzeichner, liegen gegebenenfalls bereits Zwischenzeugnisse vor?

3. Ausreichend Platz für die chronologische Darstellung des Werdegangs und der entsprechenden Positionen mit Hauptaufgaben sowie Sonder- und Projektaufgaben

4. Bewertungsteil mit einer Notenskala zum Ankreuzen, unterteilt nach den Zeugniskomponenten: Wissen und Weiterbildung, Arbeitsbefähigung, Arbeitsbereitschaft, Arbeitsweise, Arbeitserfolg, zusammenfassende Bewertung, Führungsverhalten (bei Vorgesetzten) und Sozialverhalten (intern/extern)

5. Fügen Sie Spalten für Kommentare ein, um das Zeugnis individueller gestalten zu können.

6. Stellen Sie das Zeugnisformular mit einer detaillierten Anwendungsbeschreibung bereit, sodass die Nutzer es eigenständig ausfüllen können.

Schnelle Fertigstellung und zufriedene Mitarbeiter

Mit standardisierten Zeugnissen ist man zwar schnell fertig und hat sie zunächst vom Tisch, aber häufig sind die Mitarbeiter damit unzufrieden und beschweren sich, was wiederum zu erneutem Zeitaufwand führt. Wie man eine zügige Erstellung mit Individualität der Zeugnisse verbindet, können Sie in der folgenden Auflistung nachlesen:

✔ Legen Sie für die am meisten vertretenen Positionen Ihres Unternehmens einheitliche Tätigkeitsbeschreibungen für die Zeugniserstellung an und fragen Sie nur noch Sonder- und Projektaufgaben ab, die dazu im Zeugnistext ergänzt werden.

✔ Häufig setzen Führungskräfte ihre Bewertungskreuze bei durchgängig einer Note. Stellen Sie daher jeweils Bewertungsteile komplett mit Note 1, Note 2 und Note 3 (falls nötig auch schlechter) zusammen und ergänzen nur noch spezielle Fachkenntnisse, Weiterbildungen und besondere Arbeitserfolge zur Individualisierung.

✔ Stellen Sie sich im Laufe der Zeit eine »Bibliothek« von besonders gut gelungenen Zeugnissen zusammen, auf die Sie bei komplexeren Fällen, wie etwa für Zeugnisse für das höhere Management, immer wieder zurückgreifen können.

✔ Nutzen Sie einen sogenannten Zeugnisgenerator oder eigens erstellte Zeugnisbausteine für Zwischen- und Austrittszeugnisse (männlich/weiblich) mit Notenstufen für einen ersten Zeugnisentwurf, den Sie dann an einzelnen Stellen noch etwas individualisieren können, wie durch die Ergänzung besonderer Arbeitserfolge.

✔ Holen Sie sich Anregungen beim Lesen von Zeugnissen anderer Unternehmen, wie etwa bei den Zeugnissen, die Ihnen von Bewerbern im Rahmen einer Personalauswahl zur Verfügung gestellt werden.

Ein sehr gutes Arbeitnehmerzeugnis schreiben

Die Praxis zeigt es: Heutzutage werden meistens sehr gute Arbeitszeugnisse ausgestellt. Mitarbeiter sind gut informiert und gehen daher auch selbstbewusst mit Änderungswünschen zu ihrem Arbeitszeugnis um. Die Bereitschaft die Wünsche der Arbeitnehmer umzusetzen und somit den Prozess schnell abschließen zu können, ist daher groß. Darüber hinaus werden häufig in Aufhebungsvereinbarungen die Note 1 und auch die entsprechend sehr gute Abschlussformel für das Arbeitszeugnis festgelegt. Wie so ein sehr gutes Arbeitszeugnis für einen Arbeitnehmer ohne Führungsverantwortung aussieht, können Sie sich im folgenden Beispielzeugnis anschauen.

Beispiel für ein sehr gutes Arbeitszeugnis

Frau Hanna Helfer, geboren am 14.05.1984, war in der Zeit vom 01.03.2008 bis zum 31.12.2018 als Bürokauffrau in unserem Unternehmen tätig.

Der Einsatz von Frau Helfer erfolgte seit ihrem Eintritt in der Abteilung Vertriebsinnendienst. Zu ihren Hauptaufgaben gehörten:

- Führung und Organisation des Abteilungssekretariats
- Erledigung der Korrespondenz in deutscher und englischer Sprache
- Terminplanung, -überwachung und -koordination
- Kostenkontrolle und -überprüfung der Kostenstellen mit SAP/R3
- Vor- und Nachbereitung von Meetings und Dienstreisen
- Organisation von Kunden-Events sowie deren Nachbereitung
- Erstellung und Prüfung von Reisekostenabrechnungen
- Erstellung von Präsentationsunterlagen

Frau Helfer beherrschte ihr Arbeitsgebiet stets vollkommen sicher und war den fachlichen Anforderungen in jeder Hinsicht sehr gut gewachsen. Mit allen internen Prozessen, Richtlinien und Schnittstellen war sie aufgrund ihrer langjährigen Erfahrung in unserem Hause bestens vertraut. Ihr sehr geschickter Umgang mit den MS Office Anwendungen sowie den unternehmensspezifischen EDV-Systemen rundeten ihr Profil ab. Ebenso gehörten ihre ausgezeichneten organisatorischen Fähigkeiten zu ihren Stärken. Frau Helfer hielt sich beruflich immer auf dem neuesten Stand und bildete sich zu unserem Nutzen beständig mit großem Erfolg weiter.

Ihre sehr schnelle Auffassungsgabe ermöglichte es ihr, sich stets umgehend in neue Aufgaben und Themen einzuarbeiten und auch sehr komplexe Sachverhalte rasch zu erfassen und effizient zu bearbeiten. Auch brachte Frau Helfer regelmäßig neue Ideen und wertvolle Optimierungsvorschläge in die Praxis ein. Sie identifizierte sich sehr mit ihrer Tätigkeit und mit dem Unternehmen und zeigte eine stets außerordentliche Leistungsbereitschaft und viel Eigeninitiative. Frau Helfer übernahm immer wieder zusätzliche Aufgaben und bot gerne ihre Unterstützung bei personellen Engpässen an. Auch unter stärkster Arbeitsbelastung und in Stresssituationen behielt sie Ruhe sowie Übersicht und agierte konzentriert und jederzeit ausgesprochen flexibel.

Frau Helfer ging an ihre Aufgaben sehr selbstständig und planvoll heran und erledigte sie fortwährend mit größter Sorgfalt, Effizienz und Genauigkeit. Termine und Absprachen wurden immer konsequent eingehalten sowie wichtige Informationen weitergegeben. Frau Helfer bewältigte konstant ein enormes Arbeitsaufkommen und erzielte jederzeit Arbeitsergebnisse von sehr guter Qualität. Alle ihr übertragenen Aufgaben erfüllte Frau Helfer stets zu unserer vollsten Zufriedenheit.

Ihr Verhalten sowohl gegenüber Vorgesetzten und Kollegen als auch Kunden und Geschäftspartnern war jederzeit vorbildlich. Durch ihre stets hilfsbereite und offene Art trug sie maßgeblich zu einer sehr angenehmen und erfolgreichen Teamarbeit bei. Sowohl im Innen- als auch Außenkontakt galt Frau Helfer als immer überaus serviceorientierte, verbindliche und freundliche Ansprechpartnerin. Unser Unternehmen wurde von ihr stets sehr loyal und professionell repräsentiert.

Das Arbeitsverhältnis mit Frau Helfer endet auf ihren Wunsch zum 31.12.2018. Wir bedauern ihr Ausscheiden außerordentlich und danken ihr für die langjährige ausgezeichnete Zusammenarbeit. Für ihre Zukunft wünschen wir ihr beruflich wie auch privat alles Gute und weiterhin viel Erfolg.

Stuttgart, 31. Dezember 2018

Hans-Peter Müller, Abteilungsleiter   Sabine Schreiber, Personalleiterin

Ein sehr gutes Führungskräftezeugnis schreiben

Die Erwartungshaltung an ein Führungskräftezeugnis ist immer höher, insbesondere was die Individualität angeht. Grundsätzlich hat ein Arbeitszeugnis für eine Führungskraft denselben Aufbau wie das seiner Angestellten und muss auch die entsprechenden Komponenten enthalten. Allerdings sollte es um ein paar wichtige Aussagen ergänzt werden, denn was bei dieser Zielgruppe im Arbeitszeugnis fehlt, wiegt meist schwerwiegender als das, was darin aufgeführt wird. Ein Führungskräftezeugnis sollte insbesondere ergänzt werden um:

- ✔ Berichtslinie und Führungsspanne
- ✔ Titel und Vollmachten
- ✔ Zielerreichung und besondere Erfolge

✔ Führungskompetenz wie Führungsstil, Mitarbeitermotivation, Mitarbeiterleistung, Aufgabendelegation und Mitarbeiterentwicklung

✔ Das Verhalten gegenüber den Mitarbeitern im Verhaltensteil

Beispiel für ein sehr gutes Führungskräftezeugnis

Herr Karl Klose, geboren am 24.09.1979, war in der Zeit vom 01.07.2011 bis zum 31.10.2018 als Teamleiter im Bereich Recruiting Europe in unserem Unternehmen tätig. In dieser Position berichtete er direkt an den Bereichsleiter Human Resources Europe und war mit Handlungsvollmacht ausgestattet. Im Einzelnen oblagen ihm folgende Aufgaben und Verantwortlichkeiten:

✔ Steuerung des Recruiting Prozesses für Deutschland, Österreich und die Schweiz (DACH)

✔ Organisation und Umsetzung von Personalmarketingaktionen wie Personal- und Fachmessen sowie die Entwicklung und Bereitstellung des zielgruppenspezifischen Werbematerials

✔ Führung von Praktikanten und DH-Studenten in der Personalbeschaffung

✔ Beratung von Führungskräften bei der Gestaltung von Recruiting-Strategien, Unterstützung bei der Führung von Auswahlgesprächen sowie bei der Erstellung von Angeboten für interne und externe Kandidaten

✔ Information über Zahlen, Daten und Fakten der Personalbeschaffung in der DACH-Region gegenüber dem Management und den Mitbestimmungsgremien

✔ Durchführung von Schulungsmaßnahmen für Führungskräfte und HR Business Partner für den Bereich Personalbeschaffung

✔ Auswahl und Steuerung externer Agenturen (Personalberatungen) für die Akquise von Positionen im oberen Management als auch von spezifischen Fachkräften

Herr Klose verfügt über ein hervorragendes, umfassendes und fundiertes Fachwissen in seinem Arbeitsbereich, das er jederzeit zielführend und äußerst erfolgreich in der Praxis einsetzte. Seine sehr guten Englischkenntnisse kamen ihm im Rahmen der internationalen Kommunikation und Korrespondenz laufend sehr zugute. Herr Klose erweiterte und aktualisierte seine fachlichen Kenntnisse beständig und zum Nutzen des Unternehmens und setzte neu erworbenes Wissen stets umgehend praktisch um. Mit allen internen Prozessen, Systemen und Schnittstellen war er sehr gut vertraut. Es fiel Herrn Klose immer leicht, sich auf unerwartete und neue Situationen einzustellen und sich sicher darin zurechtzufinden. Auch brachte er regelmäßig neue wertvolle Ideen in sein Verantwortungsgebiet ein. Er identifizierte sich in höchstem Maße mit seiner Tätigkeit und mit dem Unternehmen und zeigte eine stets sehr große Leistungsbereitschaft, positive

Arbeitseinstellung und viel Eigeninitiative. Herr Klose arbeitete jederzeit äußerst ergebnisorientiert wie auch sehr selbstständig und gewissenhaft. Auch stärkstem Arbeitsanfall und Termindruck begegnete er mit Ruhe, Konzentration und hoher Ausdauer. An seine Aufgaben ging Herr Klose immer sehr strukturiert heran und erledigte sie mit größter Sorgfalt und Genauigkeit. Termine und Absprachen wurden stets konsequent von ihm eingehalten sowie wichtige Informationen weitergegeben. In der Begleitung und Beratung unserer Manager überzeugte Herr Klose durch seine hohe Serviceorientierung und sehr kompetente Gesprächsführung. In den Verhandlungs- und Abstimmungsgesprächen mit den externen Kooperationspartnern bewies er hohes Durchsetzungsvermögen sowie eine konstant sachliche und verbindliche Kommunikation. Seine Arbeitsergebnisse waren quantitativ und qualitativ jederzeit weit überdurchschnittlich. Besonders hervorheben möchten wir seinen sehr erfolgreichen Einsatz im Rahmen der Auslagerung von Teilen des Recruiting-Prozesses an einen externen Dienstleister für die DACH-Region, wodurch eine signifikant schnellere Bearbeitung von Bewerbungsunterlagen erzielt werden konnte. Alle ihm übertragenen Aufgaben erfüllte Herr Klose stets zu unserer vollsten Zufriedenheit.

Im Rahmen seiner Führungsrolle ging er seinen Mitarbeitern jederzeit mit bestem Beispiel voran. Herr Klose verhielt sich den Mitarbeitern gegenüber aufgeschlossen und kooperativ, verstand es aber auch, sich in kritischen Situationen durchzusetzen und zu hohem Arbeitseinsatz und sehr guten Leistungen zu motivieren. Er setzte klare Ziele und delegierte Aufgaben sowie Verantwortung immer angemessen und sinnvoll. Durch seine hohe Integrität, ausgeprägte Kontaktstärke sowie seine sehr freundliche und hilfsbereite Art genoss Herr Klose bei Vorgesetzten, Kollegen und Mitarbeitern gleichermaßen größte Anerkennung und Wertschätzung. Sein persönliches Verhalten gegenüber allen internen und externen Ansprechpartnern war stets vorbildlich.

Das Anstellungsverhältnis von Herrn Klose endet auf seinen eigenen Wunsch zum 31.10.2018, da er eine neue berufliche Herausforderung annehmen möchte. Wir bedauern sein Ausscheiden außerordentlich und danken ihm für seine ausgezeichneten Leistungen sowie die äußerst angenehme Zusammenarbeit. Für seine berufliche wie auch private Zukunft wünschen wir Herrn Klose alles Gute und weiterhin viel Erfolg.

Duisburg, 31. Oktober 2018

Hans Hubert, Geschäftsführer

Wenn man ein schlechtes Zeugnis ausstellen möchte

Es kommt immer wieder vor, dass man auch einmal ein schlechtes Arbeitszeugnis ausstellen muss beziehungsweise möchte. Es bietet sich die Ausstellung eines einfachen Arbeitszeugnisses an, mit dem man den bewertenden Teil einfach umgehen kann. Hat der Mitarbeiter aber ein qualifiziertes Arbeitszeugnis verlangt, kommt diese Alternative nicht infrage. Grundsätzlich gilt: Je kürzer das Zeugnis ausfällt, desto schlechter ist die Bewertung des Arbeitnehmers. Hier ein Beispielzeugnis, das insgesamt einer Note 4 entspricht.

> **Beispiel für ein Zeugnis mit der Note 4**
>
> Frau Gerda Gärtner, geboren am 17.04.1969, war bei uns vom 01.09.2016 bis zum 30.06.2018 als Hausmeisterin tätig. Folgende Aufgaben gehörten zu ihrem Tätigkeitsbereich:
>
> ✔ Pflege des Objekts hinsichtlich Sauberkeit und Renovierung (innen und außen)
>
> ✔ Durchführung kleinerer Reparaturen
>
> ✔ Beauftragung von Subunternehmen
>
> Frau Gärtner war ihrem Aufgabenbereich gewachsen. Sie zeigte Einsatz und behielt auch bei höherem Arbeitsanfall die Übersicht. Ihre Arbeitsweise war von Selbstständigkeit und Umsicht gekennzeichnet, sodass ihre Arbeitsergebnisse in der Regel unseren Erwartungen entsprachen. Die ihr übertragenen Aufgaben erledigte sie zu unserer Zufriedenheit. Ihr Verhalten gegenüber Kollegen und Vorgesetzten war einwandfrei. Das Arbeitsverhältnis endet zum 30.06.2018 auf ihren Wunsch. Wir danken Frau Gärtner für ihre Mitarbeit und wünschen ihr für die Zukunft alles Gute.

Die Mitarbeiterin wird von diesem Zeugnis nicht begeistert sein und es ziemlich sicher reklamieren. Bedenken Sie, dass Sie im Falle einer Zeugnisklage (die Mitarbeiterin verlangt ein besseres Zeugnis) in die Beweispflicht kommen und diese schlechte Leistung anhand von beispielsweise Abmahnungen, dokumentierten Mitarbeitergesprächen oder Ähnlichem nachweisen müssen.

Ein Zeugnis schnell analysieren

Als Personalentscheider werden Sie im Rahmen der Personalauswahl häufig mit der Prüfung eingereichter Arbeitszeugnisse konfrontiert sein. Die Erfahrung zeigt: »Zeig Dein Zeugnis drei Personalern und Du wirst drei verschiedene Analysen erhalten«. Denn ein Arbeitszeugnis zu prüfen, ist gar nicht so einfach. Jeder Leser eines Zeugnisses sucht nach versteckten Botschaften, um potenzielle Probleme des Zeugnisempfängers herauszulesen. Oftmals führt auch das fehlende Know-how über eine Zeugniserstellung zu falschen Interpretationen. Um Ihnen eine aussagekräftige Analyse zu ermöglichen, hier ein Analyse-Check für Arbeitszeugnisse.

Einleitung:

✔ Enthält die Einleitung Vor- und Zunamen und gegebenenfalls Titel des Zeugnisempfängers?

✔ Ist der Tätigkeitszeitraum oder das Eintrittsdatum (bei Zwischenzeugnissen) angegeben?

✔ Wurde die Einstiegsposition mit Angabe der Abteilung beziehungsweise des Bereichs aufgeführt?

Unternehmensbeschreibung (nicht zwingend nötig):

✔ Gibt es eine Beschreibung des Unternehmens mit Angabe von Branche, Produkten, Mitarbeiteranzahl, Sitz und weiteren wichtigen Informationen?

Tätigkeitsbeschreibung:

✔ Werden die Tätigkeiten insgesamt aktiv beschrieben?

✔ Ist die Tätigkeitsbeschreibung in korrekter chronologischer Reihenfolge (von der Einstiegsposition bis zur aktuell beziehungsweise zuletzt ausgebübten Position)?

✔ Ist bei einer Veränderung der Position beziehungsweise des Aufgabengebiets eine Weiterentwicklung zu erkennen?

✔ Wurden die Tätigkeiten adäquat zur Position beschrieben und auch nach Wichtigkeit sortiert?

✔ Wurden keine Nebensächlichkeiten hervorgehoben?

✔ Ist die Länge der Tätigkeitsbeschreibung angemessen?

✔ Wurden firmeninterne Bezeichnungen und Abkürzungen vermieden?

Leistungs- und Verhaltensbewertung:

✔ Wurden alle Zeugnisbestandteile eines wohlgeordneten Arbeitszeugnisses beurteilt?

- Wissen und Weiterbildung
- Arbeitsbefähigung
- Arbeitsbereitschaft
- Arbeitsweise
- Arbeitserfolg
- Zusammenfassende Bewertung
- Führungskompetenz (bei Führungspositionen)
- Sozialverhalten

✔ Wurde Folgendes vermieden?

- Begriffe, die mehrdeutig sind, wie etwa »kritischer« Mitarbeiter
- Distanzierende Formulierungen wie »wir setzten sie ein als x«
- Einschränkende Adverbien oder auffällige (doppelte) Verneinungen, wie »nicht ohne Engagement« oder »es kam nicht zu Verzögerungen«
- Missverständliche Charaktereigenschaften, wie zum Beispiel »Er überzeugt durch sein natürliches Wesen.« oder »Sie ist eine anspruchsvolle Mitarbeiterin.«

- Hervorhebungen von Bemühen

- Unpassende Beurteilungen wie die Bescheinigung der engagierten Einarbeitung nach langjähriger Betriebszugehörigkeit oder nur solider Englischkenntnisse nach mehrjährigem Auslandseinsatz in den USA

- Nebensächliche und selbstverständliche Eigenschaften: Einer Führungskraft wird beispielsweise Pünktlichkeit bestätigt oder einer Sekretärin die sichere Rechtschreibung

✔ Unbedingt noch prüfen!

- Wurden Tabus gebrochen und/oder Geheimzeichen verwendet?

- Wurden besondere Arbeitserfolge hervorgehoben?

- Bestätigt die Benotung der zusammenfassenden Bewertung die Benotung der einzelnen Zeugnisbestandteile?

- Wurde bei einer Führungsposition das Führungsverhalten bewertet?

- Wurde beim Verhalten die Nennung aller Personengruppen sowie die richtige Reihenfolge eingehalten, nämlich Vorgesetzte, Kollegen, Mitarbeiter (bei Führungspositionen), Kunden beziehungsweise Geschäftspartner?

Abschluss

✔ Bei Austrittszeugnissen:

- Wurde der Austrittsgrund erwähnt, bestmöglich Eigenkündigung?

- Wurde das Ausscheiden bedauert?

- Wurde Dank ausgesprochen?

- Sind Zukunftswünsche enthalten, mit »weiterhin viel Erfolg«?

- Stehen Ort und korrektes Ausstellungsdatum (Vertragsende, kein krummes Datum) unter dem Zeugnis?

✔ Bei Zwischenzeugnissen:

- Wurde der Ausstellungsgrund erwähnt (zum Beispiel: Auf Wunsch des Mitarbeiters, aufgrund eines Vorgesetztenwechsels, aufgrund der Übernahme einer neuen Position)?

- Wurde Dank ausgesprochen für die bisherige Mitarbeit?

- Gibt es eine Aussage zur weiteren positiven Zusammenarbeit?

Unterschrift:

✔ Wurde das Zeugnis möglichst vom Fachbereich und der Personalabteilung oder bei Führungspositionen von der Geschäftsleitung unterschrieben?

Form und gesamter Eindruck:

✔ Ist das Papier sauber und nicht geknickt?

✔ Ist das Zeugnis frei von Schreibfehlern?

✔ Wurde die korrekte Zeitform gewählt – bei Austrittszeugnissen die Vergangenheitsform und bei Zwischenzeugnissen die Gegenwartsform?

✔ Ist das Zeugnis unangemessen lang oder kurz, entspricht es in angemessener Art und Weise der Beschäftigungszeit?

✔ Ist das Zeugnis übertrieben gut geschrieben, sodass es unglaubwürdig erscheint?

✔ Wurde ein Zeugnisgenerator mit Standardfloskeln verwendet oder macht das Zeugnis einen individuellen Eindruck?

Sich von Profis unterstützen lassen

Wie in vielen anderen Bereichen wurden in den letzten Jahren auch in den Personalabteilungen massiv Mitarbeiter eingespart. Aufgaben des Personalmanagements sind jedoch komplex und ressourcenintensiv. Das hat dazu geführt, dass sich immer mehr Unternehmen für das Outsourcing von Aufgaben entschieden haben. Hierunter fällt als besonderer »Zeitfresser« auch das Schreiben der Arbeitszeugnisse.

Wann das Outsourcing der Zeugniserstellung für Sie sinnvoll ist, erfahren Sie in der folgenden Liste:

✔ Ihre Mitarbeiter müssen überdurchschnittlich lange auf ihr Zeugnis warten.

✔ Sie erhalten regelmäßig Reklamationen von den Mitarbeitern zur Qualität der Zeugnisse.

✔ Es fehlt am nötigen Know-how ein korrektes, rechtssicheres und präzises Zeugnis zu schreiben.

✔ Es stehen einschneidende Umstrukturierungen, Stellenabbau oder ein Betriebsübergang mit vielen Zeugnisanforderungen bevor.

✔ Es sind viele Zeugnisse aufgelaufen, die geschrieben werden müssen.

✔ Der Prozess der Erstellung von Arbeitszeugnissen ist nicht optimal, wie etwa lange Rücklaufzeiten der Zeugnisformulare, zu viel Zeitaufwand bei der Recherche der Zeugnisinformationen.

✔ Sie benötigen mehr Zeit für andere wichtige Aufgaben des Personalmanagements, wie das Recruiting oder die Personalentwicklung.

Der Erfolg des Outsourcings hängt maßgeblich von der Auswahl des richtigen Dienstleisters ab. Ein guter und seriöser Dienstleister kann entsprechende Referenzen vorlegen. Außerdem wird er bereit sein, für Sie ein kostenfreies Probezeugnis zu erstellen, damit Sie sich von der Qualität seiner Arbeit ein Bild machen können.

So kann ein Zeugnisgenerator helfen

Eine Alternative zum Zeugnisdienstleister kann der Einsatz einer Software, eines sogenannten Zeugnisgenerators, sein. Damit Sie für sich entscheiden können, ob ein Einsatz in Ihrem Unternehmen sinnvoll ist, hier eine Gegenüberstellung der Vor- und Nachteile.

Vorteile des Einsatzes eines Zeugnisgenerators:

- ✔ Sicherstellung rechtlich einwandfreier Zeugnisse
- ✔ einfache Handhabung
- ✔ Erläuterung und Hilfetexte
- ✔ Importfunktion von Personalstammdaten in den Zeugnistext
- ✔ automatische Zusammenstellung der verschiedenen Textbausteine des Bewertungsteils

Nachteile des Einsatzes eines Zeugnisgenerators:

- ✔ sehr einheitliche Zeugnistexte
- ✔ wenig Individualität
- ✔ Das integrierte Zeugnisformular bietet nur Platz für die Beschreibung der aktuellen Position.
- ✔ Zeitersparnis nur bei Erstellung des Bewertungsteils, die zeitaufwendigere Arbeit der Recherche des Werdegangs des Mitarbeiters kann der Generator nicht abdecken.
- ✔ Die erstellten Texte des Generators müssen in Microsoft Word noch importiert werden, was zu Kompatibilitätsproblemen führen kann.

Mein Fazit: Wenn Sie über wenig Erfahrung in der Erstellung rechtssicherer Arbeitszeugnisse verfügen, ist ein Zeugnisgenerator ein gutes Werkzeug, um in die Thematik hineinzukommen und Sicherheit zu gewinnen. Er ist hilfreich, um ein erstes Zeugnisgerüst anzufertigen, nicht aber um deutlich Zeit zu sparen. Es verbleibt immer noch der hohe Zeitaufwand, alle Stationen des Mitarbeiters mit den entsprechenden Aufgaben aus der Akte und/oder den Personalsystemen zusammenzustellen.

Stichwortverzeichnis

A

Abkürzung 193, 231
Abmahnung 240
Abschlussformel 46–47, 83–84, 94, 160, 189, 234, 243, 255
Abschlussformulierung siehe Abschlussformel
Analyse 192, 194, 198, 200, 206, 211, 213, 259
Analyse-Check 189, 200
Anschrift 29, 231
Anspruch 24, 26–27, 32
 verjährt 27
Anspruchsberechtigte 222
Arbeitsbefähigung 75, 77, 233, 243
Arbeitsbereitschaft 75, 77, 233, 243
Arbeitsbescheinigung 24
Arbeitserfolg 75, 78, 233–235, 243, 246
 besonderer 196, 254
Arbeitsergebnis 78–79
Arbeitsweise 75–76, 78, 233, 243
Arbeitszeugnis
 Alternative 217
 Aufbau 64, 81
 einfaches 24–25, 35–37, 190, 221, 225
 individuelles 245
 Länge 205
 Prozess zur Erstellung 146
 qualifiziertes 24–25, 35–38, 190, 221, 227, 230–231, 234
 schlechtes 205, 214
 selbst schreiben 63, 107
 verloren 26
Arbeitszeugnisdienstleister 150
Aufhebungsvereinbarung 26–27, 31, 206, 255
Aufhebungsvertrag siehe Aufhebungsvereinbarung
Ausbildung 107
Ausbildungszeugnis 37–39, 108, 222, 230
Aussagekraft 216
Außenwirkung 145, 150, 252
Ausstellung
 maschinenschriftliche 235
Ausstellungsdatum 26, 234
Ausstellungsgrund 36, 42, 46–47, 83, 198, 202, 243, 253, 261
Austrittsdatum 231
Austrittsgrund 95–96
Austrittszeugnis 100, 103, 155, 160, 167, 174, 181, 205–206, 213, 231, 234
Ausweichtechnik 90, 238
Auszubildende 25, 28

B

Baustein 97
Bedauern 36–37, 42–43, 46, 198, 234, 243
Behinderung 240
Beispiel-Analysen 205
Beispielzeugnis 255, 258
bemüht 88, 90, 239
Berichtslinie 246
Beschwerde 252–253
Betriebsratstätigkeit 240
Beweispflicht 31, 156, 224, 241
Bewertung
 zusammenfassende 75, 233
Bewertungsteil 189, 194, 241, 243
Bewertungs- und Verhaltensteil 80, 197
BGB 25, 27
Bindungswirkung 222
Budgetverantwortung 235
Bürgerliches Gesetzbuch 23

C

Checkliste 242

D

Dankes- und Bedauernsformel 198
Datenschutz 151–152
Datum,
 korrektes 243
Dienstleister 55–56, 222, 263
Dienstzeugnis 27

E

Eigeninitiative 77
Einleitung 230
Elternzeit 28, 32
Empfehlungsschreiben 49–51, 53–54, 59, 247, 249
Endzeugnis 160
Erfolg 106
 besonderer 193, 256
erster Eindruck 93

F

Fachwissen 76, 233, 243
Formfehler 93
Formulierung 98, 100, 103, 106
 aktive 231
 passive 208, 231
Formulierungshilfe 103, 156
Freiberufler 49, 52–53
Freistellung 234
Führungskompetenz 233–235, 243, 246, 257
Führungskraft 79–80, 82, 84–85, 197, 234, 236, 246
Führungskräftezeugnis 81–82, 234, 246–247, 256
Führungsspanne 81, 235, 246, 256
Führungsstil 79, 81, 197, 235, 246
Führungsverantwortung 234

Führungsverhalten
  bei Vorgesetzten 75
Fürsorgepflicht 223

G

Geburtsdatum 24, 29,
  36, 39, 230
Geburtsort 24, 29, 36, 39, 230
Gegenwartsform 213, 245
Gehalt 240
Geheimcode 64, 87,
  88, 239–240
Geheimzeichen 200,
  202, 223, 240
Gesamteindruck 198, 203
Geschäftspapier 235, 242
Gesetzbuch
  Bürgerliches 27
Gewerbeordnung 239–240
Globalisierung 246

H

Handlungsvollmacht
  235, 246
Heimarbeit 32
Holschuld 26

I

Individualität 213,
  254, 256, 263
individuell 97, 155,
  167, 181–184

K

Klage 31, 224, 240
Krankheit 32, 240
Kündigung 191
  fristlose 206
Kündigungsgrund 206, 240

L

Leerstellentechnik 90, 238
Leistungsbewertung
  36–37, 192, 233
  zusammenfassende 243
Leistungs- und Ver-
  haltensteil 75
Lernbereitschaft 77
Letter of Recommenda-
  tion 49, 58–60
Letter of Reference 58, 60

M

Mitarbeiter
  freie 25
Mitarbeitergespräch 146
Musterzeugnis 107, 155, 181

N

Nebentätigkeit 240
Negationstechnik 90, 238
Note 190
Notenskala 254

O

Optimierung 147–148
Optimierungsmöglich-
  keit 143, 252
Österreich 27
Outsourcing 150–152, 262
  Gründe 151

P

Passivierungstechnik 90, 238
Personalakte 146, 252–253
Personalmarketing 145
Positionsbezeichnung 65
Positiv-Skala-Technik
  89–90, 238
Praktikant 26
Praktikum 107
Praktikumszeugnis 25,
  38–39, 230
Projektarbeit 65
Projekt- und Sonderaufgabe
  65–66, 99, 102, 104, 106,
  147, 243, 246, 254
Prokura 235, 241, 246

R

Rechtschreibfehler 92,
  145, 205, 235
rechtssicher 97
Recommendation
  Letter 58–59
Referenz 51, 57–58
Referenzschreiben 49, 51–56,
  58, 60, 247
Reihenfolge
  chronologische
  64, 192, 243
Reklamation 146,
  148, 151, 253

S

Schadenersatz 27, 30, 144
Schriftgröße 235
Schweiz 27
Schwerbehinderung 33
Selbstständige 49
Sonder- und Projektauf-
  gabe siehe Projekt- und
  Sonderaufgabe
Sonderzeichen 235
Sozialverhalten 75
Stellenabbau 252, 262
Studie 216

T

Tabu 240
Tätigkeiten 192
  ehrenamtliche 33
Tätigkeitenteil 231
Tätigkeitsbeschreibung 36,
  64, 107, 192, 231, 241
  einheitliche 148
Teilzeit 32
Textbaustein 100, 103, 243
Titel 246

U

Überschrift 39, 44,
  230, 242, 245
Umfang 92
Umstrukturierung 252, 262
Unternehmensbeschreibung
  36, 39, 230
Unterschrift 24–25, 29, 32,
  85, 202, 234–235, 243

V

Verhalten 233, 235, 243
  Bewertung 37, 233
Verhaltensteil 247
Verjährungsfrist 215
Versetzung 192
Vier-Augen-Prinzip 150
Vollmacht 256
Vorgesetztenwechsel 37,
  47, 229, 234
Vorstrafe 240

W

Wahrheitspflicht 29,
  32, 223, 237

Weiterbildung 76, 233, 243
Widerspruchstechnik 90, 238
Wissen und Weiterbildung 75
Wohlwollen 37
Wohlwollenspflicht 30, 37, 237

Z

Zeugnis
  analysieren 189
  fälschen 215
Zeugnisart 35–37
Zeugnisbaustein 149, 233, 243, 245, 254
Zeugniscode 87–88, 237, 247
Zeugnisdienstleister 63, 97
Zeugnisformular 147, 151–152, 253–254, 263
Zeugnisformulierung 238
Zeugnisgenerator 145, 149, 152–153, 190, 203, 254, 263
Zeugniskomponente 35–36, 41
Zeugniskorrektur 215
Zeugnislaufwerk 148
Zeugnisseminar 147
Zeugnissprache 37, 41, 45, 87, 223, 233, 237, 241
Zeugnisüberschrift 36
Zögern
  schuldhaftes 144, 221
Zufriedenheitsfloskel 79, 88, 197, 237
Zukunftswunsch 37, 42, 198–199, 234, 243
Zwangsgeldauflage 241
Zwischenzeugnis 24, 27–28, 35–37, 45–47, 97, 100, 103, 107, 144, 155, 158–160, 165–167, 172–174, 181, 205, 213–214, 222, 229, 231, 234, 242, 245, 252
  einfaches 214
  qualifiziertes 214, 229